Jörg Wontorra
BITTE MELDE DICH!

Jörg Wontorra

BITTE MELDE DICH!

Auf der Suche nach Vermißten

Redaktion:
GOERNEMANN & KOLLEGEN GmbH, München
Holger G. Dörner
Martina Goernemann
Stefan Parrisius
Petra Schäfer
Christoph Steinkamp

S&L MedienContor
Hamburg

Originalausgabe
© 1996 by S&L MedienContor GmbH, Hamburg
und SAT.1 NBD, Berlin

Umschlaggestaltung: Susanne Tietgens
Umschlagfotos: SAT.1/Kurt Bauer
Herstellung: Ebner Ulm
Printed in Germany

ISBN 3-931962-16-4

Die Folie des Schutzumschlags sowie die Einschweißfolie sind PE-Folien und biologisch abbaubar. Dieses Buch wurde auf chlor- und säurefreiem Papier gedruckt.

Wir schicken Ihnen gern unser Verlagsprogramm:
S&L MedienContor
Willhoop 7
22453 Hamburg

Inhalt

Vorwort

„Seid ihr sicher, daß sich da überhaupt jemand meldet?"
An diese bange Frage kurz vor der ersten Sendung im Jahr 1992 kann ich mich noch ganz genau erinnern. Ich saß mit den Kolleginnen und Kollegen in der Redaktion, war fasziniert von der Idee, Menschen wieder zusammenzuführen, hatte aber so meine Zweifel, daß Vermißte dieser Idee die gleiche Faszination abgewinnen würden. „Ich gehe mir mal kurz Zigaretten holen." Mit diesem fast schon geflügelten Satz hatten sich viele auf Nimmerwiedersehen verabschiedet und in ihren Familien Ängste und Ungewißheit hinterlassen. Aber waren sie nicht in den meisten Fällen freiwillig gegangen? Hatten sie nicht in der Regel zwingende Gründe, aus ihrem Umfeld zu verschwinden? Und wollten die meisten von ihnen nicht sogar ganz bewußt abtauchen? Warum also sollten sie sich dann ausgerechnet nach dem Aufruf in einer Fernsehsendung bei ihren Angehörigen zurückmelden?
Trotz aller Skepsis: Es war einen Versuch wert. Und wenn nur ein einziger Vermißter zurückkommen würde, hätten sich die Mühen schon gelohnt . . .
Bereits eine Viertelstunde nach der ersten Live-Sendung schlug die anfängliche Unsicherheit in helle Freude um. Jawohl! Der erste Vermißte war am Telefon. Eine junge Frau aus der Schweiz wollte Kontakt zu ihrem Vater aufnehmen – nach über 20 Jahren. Und über die Service-Nummer von *Bitte melde Dich* kam der Kontakt tatsächlich zustande. Manuela konnte es kaum fassen. Mit zögernden Schritten ging sie zum Telefon, nahm den Hörer auf – und dann versagte ihr erst einmal die Stimme. Die Gefühle überwältigten sie. Alles hätte sie erwartet, nicht aber dieses prompte Lebenszeichen. Noch am selben Abend wurde ein Treffen vereinbart – ein Treffen, das zwei Menschen ein fehlendes Stück ihres Lebens zurückgab.
Vater und Tochter waren durch die Scheidung der Eltern getrennt worden. Aus den Augen, aber nie aus dem Sinn. Auch der Papa träumte schon seit langem von einem Wiedersehen, wußte aber nie, wo er suchen sollte. Mutter und Tochter waren umgezogen, es gab keine Anknüpfungspunkte mehr. Da kam die Suche in *Bitte melde Dich* gerade recht.
Dieser erste Erfolg löste natürlich Jubel aus, und er machte vor allem Mut. Suchen via Fernsehen – das hatten wir gerade erfahren – funktionierte also. Inzwischen ist die Sendung zur Institution gereift, bisweilen gar zur letzten Hoffnung für Menschen, die schon alles Erdenkliche versucht haben, um Spuren ihrer vermißten Angehörigen zu finden. Und die Bilanz ist überwältigend: Bei über einem Viertel aller Gesuchten ha-

ben die Angehörigen wieder Gewißheit bekommen – in den ersten 80 Sendungen rund 220 Menschen.

Wie aber ist dieses Phänomen zu erklären, daß erst eine öffentliche Suche die Initialzündung bei den Vermißten auslöst? Die Betroffenen selbst haben uns darauf die Antworten gegeben. In vielen Fällen hatten sie es schon nach relativ kurzer Zeit bereut, untergetaucht zu sein. Und am liebsten wären sie sofort wieder zurückgekehrt in ihre kleine vertraute Welt. Doch da war dann diese Hemmschwelle. Konnte man sich überhaupt noch zu Hause sehen lassen? Würde es nicht Vorwürfe hageln? Was würden die Nachbarn sagen? Und war man eigentlich noch willkommen, nachdem man den Angehörigen tiefen Schmerz bereitet hatte? Diese offenen Fragen ließen Vermißte häufig vor einem Lebenszeichen zurückschrecken. Als sie dann aber sahen, daß gerade die Menschen, die ihnen am nächsten standen, über den Fernsehschirm die Hand ausstreckten, war der Bann gebrochen. Sie hatten zwar Fehler gemacht, aber sie wurden weiterhin geliebt. Diese Erkenntnis setzte letztendlich Kräfte frei, um die Hemmschwelle zu überwinden und auf den öffentlichen Suchaufruf zu reagieren. Hans, damals 33, brauchte freilich ein wenig länger, um seine Erlebnisse zu verarbeiten und wieder in den Schoß der Familie zurückzukehren. Der Bahnbedienstete aus Österreich verschwand zwei Tage vor seiner Hochzeit. Es war alles gerichtet – das Aufgebot bestellt, die Gäste geladen, selbst ein Bauplatz für das junge Paar stand bereit. Doch Hans schien alles zu eng geworden zu sein: Jetzt heiraten und dann ein Leben lang die gleichen Abläufe – das konnte es noch nicht gewesen sein. Und dann schien er seine Chance zu sehen. Als der Ehemann in spe mit dem Zug in den Nachbarort fahren mußte, um noch Besorgungen für die große Feier zu machen, stieg er einfach nicht mehr aus. Es war der Beginn einer ungeahnten Odyssee. Über Abstecher nach Holland und Frankreich führte es Hans in die neuen Bundesländer. Dort machte er sich mit einem kleinen Versicherungsbüro selbständig, aber eigentlich hatte er seinen Entschluß, die Heimat zu verlassen, schon längst bereut. Es folgte der Tag, an dem seine Eltern und die Verlobte ihn über *Bitte melde Dich* suchten. Fernsehzuschauer halfen, den Mann aus dem kleinen österreichischen Dorf auszumachen. Doch Hans scheute die Kontaktaufnahme mit seinen Angehörigen, die Scham saß immer noch tief nach seinem Aussetzer so kurz vor der geplanten Hochzeit. Wir einigten uns darauf, seine Mutter informieren zu dürfen, daß es ihm gut gehe und er sich melden würde, wenn er die Geschehnisse ganz verarbeitet habe. Mehr ist bei Menschen, die das 18. Lebensjahr vollendet haben, nicht möglich. Maria, die lange 19 Monate nichts von ihrem Sohn gehört hatte, war glücklich darüber, daß sie jetzt wenigstens wußte, daß er lebte und sich eine neue Existenz aufgebaut hatte.

Bitte melde Dich, das zeigt dieser Fall, ist oft die letzte Instanz für Menschen, die ihre Angehörigen suchen. Zuvor sind sie meist zur Polizei gegangen und haben Vermißtenanzeigen aufgegeben – häufig allerdings ohne Erfolg. Schuld daran sind freilich nicht die Ordnungshüter, sondern der Gesetzgeber. Denn Volljährige haben das Recht, über ihre Lebensumstände selbst zu entscheiden. Wer über 18 Jahre alt ist und nicht gegen die Gesetze verstoßen hat, wird von Amts wegen nicht gesucht. Und weil darum vielen Vermißtenanzeigen gar nicht nachgegangen werden kann, bleibt oft nur der Weg über die öffentliche Suche im Fernsehen.

Damit aber war die Geschichte um den verhinderten Bräutigam längst noch nicht zu Ende. 14 Monate später klingelte es in der Redaktion an der Tür. Draußen stand ein ziemlich deprimierter Hans. Er wollte nach Hause zu seinen Eltern, aber unterwegs hatte ihn einfach der Mut verlassen. Also stieg er in München aus dem Zug aus und bat uns um Vermittlung. Aus der Redaktion rief er dann bei seiner Mutter an – zum ersten Mal seit fast drei Jahren. „Warum kommst nicht hoam?" fragte ihn die alte Dame am anderen Ende der Leitung.

„Weil ich zuviel Angst hab' davor", antwortete Hans.

„Irgend einen Ausweg gibt's immer. Wir nehmen dich mit offenen Armen auf, also reiß Di zsam und komm hoam." Diese Worte von Mutter Maria brachen den Bann. Eltern und Sohn trafen sich an einem neutralen Ort, denn in „seinem" Dorf mochte er sich nicht sehen lassen. Die geplatzte Hochzeit steckte ihm immer noch in den Knochen.

Inzwischen hat sich der verlorene Sohn ein neues Leben im Nachbarort eingerichtet, und inzwischen hat auch die verlassene Braut geheiratet – allerdings trug der Bräutigam diesmal einen anderen Namen . . .

Ein besonderes Anliegen der *Bitte melde Dich*-Redaktion ist die Suche nach jungen Leuten, die durch fremde Einflüsse in dubiose Kreise hineingezogen werden. Jugendliche, die nach einem Streit mit den Eltern abgehauen sind, oder deren Gefühlsleben durch die erste große Liebe so durcheinander gerät, daß es oft ein Leichtes ist, Abhängigkeiten zu erzeugen.

Monika aus Nordrhein-Westfalen erging es so: Normaler Schulabschluß, Job als Verkäuferin, berufsfördernde Weiterbildung mit finanzieller Unterstützung durch das Arbeitsamt. Monika ist noch nicht volljährig, als sie Mustafa, einen jungen Türken, kennenlernt. Er wird ihr erster Freund. Von nun an klingelt das Telefon bei den Eltern den ganzen Tag. Und nicht nur Mustafa will sie sprechen – es gibt auch Ali, Achmed und viele andere. Monikas Eltern stellen natürlich Fragen, doch das junge Mädchen sagt immer nur: „Das sind alles Freunde. Die türkischen Männer sind doch viel netter als die deutschen." Erst viel später erfahren Josef und Helga, daß mehr dahintersteckte.

9

Am 1. September, vier Tage nach ihrem 18. Geburtstag, nimmt Monika einen Termin nicht wahr. Die Eltern werden unruhig, schauen in das Zimmer ihrer Tochter, und finden einen Abschiedsbrief. „Ich wohne bei Freunden und baue mir eine eigene Zukunft auf. Eure 18jährige Tochter." Danach folgen nur noch zwei Anrufe, und die düstere Ahnung der Eltern verdichtet sich, daß Monika ins Milieu abgeglitten ist.

Am Abend, als die Suche in *Bitte melde Dich* läuft, bestätigt sich der Verdacht. Ein Hinweisgeber, dessen Tochter ebenfalls in der Bordell-Szene gearbeitet hat – und die er dort herausgeholt hat –, ruft direkt im Anschluß an die Sendung an. Seine Tochter hatte mit Monika zusammengearbeitet und sie im Fernsehen erkannt. Nach einem weiteren Tip fährt Monikas Vater an den Ort, der ihm genannt worden ist – und steht plötzlich vor seiner Tochter.

Die Eltern bringen ihre Tochter bei ihrer besten Freundin unter, um sie weiteren Zugriffen aus dem Rotlichtbezirk zu entziehen. Sie findet einen Job, und schafft den Sprung zurück ins bürgerliche Leben.

Solche Geschichten sind keine Ausnahme in den *Bitte melde Dich*-Akten. Junge Mädchen landen auf dem Strich, junge Männer in der Drückerszene. Und kaum einer ist freiwillig dort. Notsituationen, wie sie bei Menschen entstehen, die Schulden haben, oder die nach Streitigkeiten einfach von zu Hause abgehauen sind, werden von skrupellosen Geschäftemachern gnadenlos ausgenutzt. Am Anfang stehen immer Versprechungen – die Aussicht auf bessere Lebensumstände. Am Ende wollen die Gestrandeten nur wieder raus, haben aber ohne fremde Hilfe meist keine Chance.

So erging es Carsten aus Berlin. Er war in eine Drückerkolonne geraten. Zeitschriften an der Haustür verkaufen, bei Mißerfolg Prügel statt Provision. Den Kontakt zur Außenwelt reduzieren die Chefs auf ein Minimum. An ein Telefon kommt Carsten nie heran.

Der gelernte Schlosser, Anfang 20, ist zutiefst frustriert. Darum wirbt er an der Haustür nicht für ein Abonnement, sondern erzählt die ganze Wahrheit über seine Situation – und erhält von dem potentiellen Kunden prompt die *Bitte melde Dich*-Notrufnummer 0130/2000. Carsten hat zwar keinen Pfennig in der Tasche, aber die Nummer ist gebührenfrei.

„Komm erst einmal zu uns", sagt die Redakteurin spontan, als sie Carstens Geschichte hört. *Bitte melde Dich* sorgt dafür, daß ein Bahnticket hinterlegt wird, und mit Hilfe wohlgesonnener Menschen beginnt eine abenteuerliche Flucht, um Carstens Drücker-Chef abzuhängen. Der junge Mann wird durch eine Tiefgarage zunächst zum Bahnhof und dann in die Obhut eines Pfarrers gebracht. Hier ist er erst mal in Sicherheit, die Spuren sind verwischt.

Nach einigen Tagen erst erscheint Carsten in der Redaktion in München und berichtet von seinen Erfahrungen als Drücker. Dann beginnt für ihn ein neues Leben. Er sucht sich einen richtigen Job und eine eigene Wohnung. Er hat den Sprung geschafft – Carsten lebt heute in Berlin und arbeitet bei einer Autovermietung.

Doch nicht immer hat *Bitte melde Dich* für Vermißte und Angehörige ein Happy-End parat. Einmal sogar schaute ich einem Mann in die Augen, der seine Frau umgebracht hatte. Der Täter saß in der Sendung live neben mir auf der Couch.

Lorenzo Scognamilio suchte gemeinsam mit seinen zwei Kindern seine Ehefrau Christel. Nach einer Familienfeier wollte sie noch in die Disco gehen. Danach wurde sie nicht mehr gesehen. Die Ehe kriselte. Aber man hatte beschlossen, es noch einmal zu versuchen.

Der Italiener schien völlig deprimiert zu sein, als er den Appell an seine Frau richtete. Er redete offen über die Scherben seiner Ehe und sagte: „Christel, komm zurück! Wenn du es nicht für mich tust, dann für die Kinder." Was wir damals nicht wußten: Christel Scognamilio war zu diesem Zeitpunkt bereits seit über einem Monat tot.

Drei Tage nach der Sendung wurde ihre Leiche in einem abgestellten Pkw gefunden, und am Tag der Beerdigung wurde ihr Ehemann festgenommen. Lorenzo Scognamilio legte zunächst ein Geständnis ab, widerrief es dann aber. Schließlich erhielt er neun Jahre Haft wegen Totschlags – die Beweise reichten zur Verurteilung aus. Nach Ansicht des Richters hatten Blutspuren am Schuh und die Offenbarung der Tat gegenüber der Familie den Täter überführt.

Gott sei Dank ein Einzelfall! Doch auch diese tragischen Geschichten machen *Bitte melde Dich* aus. Sie gehören dazu wie die Erfolgsstories, mit denen die Bemühungen der Redaktion belohnt werden. Wir erhalten tiefe Einblicke in die Seelenlage von Menschen, die oft vor lauter Verzweiflung keinen anderen Ausweg wissen als abzutauchen. Aber die Augenblicke der Freude beim Wiedersehen entschädigen dann für viele schwere Momente, die Angehörige und Vermißte durchleben mußten. Dafür machen wir die Sendung, und davon erzählt dieses Buch.

Jörg Wontorra

11

23. August 1993: Ein Mann, Mitte 50, steht mit dem Rücken zum Fenster. Neben ihm seine Frau, hinter ihm die Eiswüste des Stubaigletschers und vor ihm eine Kamera. Er spricht langsam. „Ich erinnere mich noch sehr gut, als ich während eines Sturms aus Calgary kam." Der Mann ist Pilot. Ein sachlicher, mutiger Mann. Jetzt ringt er mit jedem Wort. „Duncan sagte damals, wenn ich jemals mit einem Flugzeug abstürzen würde, und die Rettungsmannschaften die Suche abbrechen würden, dann würde er mit unserem Hund weitersuchen und nie aufgeben." Der Mann bemüht sich, nicht zu weinen. „Nun tue ich das, was er für mich getan hätte. Ich werde ihn immer weiter suchen – mein Leben lang." Der Mann heißt Robert MacPherson. Vor vier Jahren wurde sein Sohn Duncan hier am Stubaigletscher zuletzt gesehen.

Die Geschichte von Duncan MacPherson

Duncan MacPherson ist das, was man einen Traummann nennt. 23 Jahre alt, ein Meter dreiundachtzig groß, knapp 100 Kilo schwer, durchtrainiert bis zur letzten Muskelfaser. Ein Baum von einem Mann und gutaussehend dazu. Viele Frauen schauen ihm sehnsuchtsvoll hinterher, aber Duncan hat nur Augen für eine. Er ist verliebt in Tara, ein Mädchen, das er schon aus Kindertagen kennt. Die beiden wollen bald heiraten. Beruflich wartet eine neue Herausforderung auf ihn. Ein neuer Job in einer neuen Stadt auf einem neuen Kontinent. Duncan ist von Beruf Eishockeyspieler.

Mit drei Jahren hat er zum ersten Mal auf Schlittschuhen gestanden, mit fünf hat er seinen ersten Eishockeyschläger in der Hand. Als Duncan 13 ist, weiß er genau, was er will: Eines Tages wird er Profi sein, in der Amerikanischen Eishockeyliga. Duncan kämpft für seinen Traum. Er trainiert jede freie Stunde, und wenn seine Freunde Cola und Hamburger verdrücken, bestellt Duncan Orangensaft und Salat. Mit 16 beginnt er beim Club seiner kanadischen Heimatstadt Saskatoon seine Amateur-Karriere. Mit seiner Statur ist Duncan ein geborener Abwehrspieler.

12

Der Kanandier Duncan MacPherson bei seiner großen Leidenschaft, dem Eishockeyspiel. In Dundee, Schottland, sollte er im Sommer '89 als Eishockey-Trainer anfangen – aber er kam nie dort an. Zuletzt wurde er im Stubaital gesehen: am 9. 8. 1989, beim Skilaufen. Seither ist er spurlos verschwunden.

Eishockey ist ein harter Sport, aber es macht Duncan nicht mal etwas aus, als er ein paar Zähne für seinen Verein opfern muß. Er wird Mannschaftsführer und bald der Held von Saskatoon. Duncan ist beliebt. Viele sagen, es sei „etwas Besonderes" an ihm. Sein alter Trainer erinnert sich: „Während die anderen Spieler nur Karten klopften, konnte Duncan stundenlang reden und philosophieren." Über Musik, Literatur, Freundschaft und Wissenschaft. „Auf den langen Nachtfahrten mit dem Mannschaftsbus kam er oft nach vorne zum Fahrer. Dann schaute er stundenlang durch die Windschutzscheibe hinauf zu den Sternen."

Mit 18 zieht Duncan das große Los. Schluß mit dem Amateurverein. Duncan wechselt in das Profilager. Und was er macht, das macht er gründlich. Duncan geht nach New York, zu den „New York Islanders". Die „Islanders" sind echte Stars, mit Limousinenservice und Autogrammkarten. Duncan ist seinem Ziel ganz nah. Sommer 1984, Duncan trainiert mit seinen Idolen. Er ist glücklich, will alles geben. Und plötzlich beginnt eine Pechsträhne. Duncan verletzt sich beim Training. Immer und immer wieder. Der Verein kann ihn nicht in der ersten Reihe einsetzen. Er wird ausgeliehen an andere Clubs, die in der zweiten Liga spielen: zuerst nach Massachussetts, dann nach Indiana. Im April 1989 läuft sein Vertrag mit den New York Islanders aus. Duncan ist jetzt 23. Den Traum, in den USA ein Eishockeystar zu werden, kann er vergessen. Duncan ist enttäuscht, alles, wofür er gearbeitet hat, bricht in sich zusammen. Er hat nichts anderes gelernt als Eishockeyspielen. Er steht vor dem Nichts. Da kommt ein Anruf aus Schottland. Der Eishockeyverein in Dundee sucht einen Trainer. Duncan soll den Job bekommen. Er zögert keinen Moment, sagt sofort zu.

Im August soll er nach Schottland reisen, um seinen neuen Vertrag zu unterschreiben. Duncan freut sich auf Europa. Er schaut auf den Globus: „Schottland liegt ja fast neben Deutschland", denkt er sich. „Okay, ein bißchen Wasser dazwischen, aber wenn ich schon mal drüben bin." Er ruft zwei kanadische Eishockeyfreunde an, die ihr Geld in deutschen Clubs verdienen. Dann bucht er das Flugticket. Von Saskatoon in Kanada über Nürnberg nach London. In Nürnberg lebt Duncans Freund George Pesut. George hatte am Telefon erzählt, daß Nürnberg in der Weihnachtszeit eigentlich schöner sei als im August. Er hatte Duncan zum Lachen gebracht mit so merkwürdigen Wörtern wie „Christkindlmarkt" oder „Bratwürstl". Duncan hatte am Telefon versucht, seine ersten beiden deutschen Wörter nachzusprechen, aber der Versuch ging in allgemeinem Gelächter unter. Anfang August kommt Duncan bei George in Nürnberg an. Er entdeckt seine Leidenschaft für „Bratwürstl" und Bayern und fragt George nach vier Tagen, ob er ihm sein Auto für ein paar Tage leihen würde. George gibt ihm seinen roten Corsa, denn Duncan will nach Füssen. Hier steht das Märchenschloß von König Ludwig, das sogar in Kanada berühmt ist, und hier wohnt ein Eishockeykollege, den Duncan aus New York kennt. Als George Duncan in seinem roten Opel nachwinkt, weist nichts darauf hin, daß Duncan bald eine der größten Suchaktionen im Stubaital auslösen wird. „Spätestens am 12. August bin ich wieder da", sind Duncans letzte Worte an George.

Am Nachmittag des 7. August kommt Duncan bei Roger in Füssen an. Die beiden trainieren zusammen und gehen abends essen. Einen Tag später packt Duncan seine beiden Reisetaschen, steigt in den roten Corsa und fährt weiter. Er will die Alpen sehen – Österreich, Schweiz, Südtirol. „Bis Bozen will ich kommen", sagt er zu Roger. Duncan geht es wie vielen Amerikanern. Er will versuchen, in zwei, drei Tagen „Europa zu machen". Duncan startet durch in Richtung Süden.

Am 12. August wartet George auf Duncan und sein Auto. Duncan taucht nicht in Nürnberg auf. George ruft den Nürnberger Flughafen an. Vielleicht hatte Duncan Angst, sein Flugzeug nach London zu verpassen, und hat es gerade noch geschafft, den Opel vor dem Flugplatz abzustellen. Fehlanzeige. George ruft Duncans neuen Eishockey-Verein an. Duncan ist zur Vertragsunterzeichnung in London nicht erschienen. George wird unruhig, aber er wartet noch damit, Duncans Eltern anzurufen. Er will sie nicht unnötig aufregen. „Es wird alles in Ordnung sein", redet George sich ein. „Duncan ist vernünftig." Nach vier Tagen hält George es nicht mehr aus. Er wählt die Nummer von Familie MacPherson in Kanada. Die Eltern machen sich schon seit ein paar Tagen Sorgen, weil sie nichts von Duncan gehört haben. Normalerweise ruft Duncan mindestens einmal in der Woche zu Hause an, er braucht den ständigen Kontakt zu seinen Eltern. Doch der letzte Anruf liegt jetzt schon knapp zwei Wochen zurück. George geht zur Polizei. Doch die kann nur die Füssener Kollegen informieren. Die dortigen Beamten befragen Duncans Freund Roger, aber der kann auch nur sagen, daß Duncan ihn vor mehr als einer Woche verlassen hat. George verbringt Stunden am Telefon, aber kein Anruf führt zu irgend etwas. Zwischen Georges Nürnberger Wohnung und dem Haus der MacPhersons in Saskatoon glühen die Telefondrähte. Die Nerven der Eltern sind zum Zerreißen gespannt. Mehr als 18.000 Kilometer liegen zwischen den Eltern und der Region, in der Duncan zuletzt gesehen wurde. Das Schlimmste ist die Untätigkeit und das Warten. Duncans Mutter beginnt, Suchplakate zu entwerfen. Sie nimmt ein Foto von Duncan und bittet in drei Sprachen um Hilfe. In Englisch, Deutsch und Italienisch schreibt sie, daß ihr Sohn mit einem roten Opel Corsa unterwegs war. Und sie fleht jeden, der das Plakat sieht, an, bei der Suche nach ihrem Sohn zu helfen. Die Eltern lassen die Plakate vervielfältigen und buchen Flüge nach Europa. Drei Wochen nach Duncans Verschwinden fliegen Lydia und George MacPherson über den Atlantik. Duncans Verlobte Tara und sein jüngerer Bruder kommen mit. Mit einem gemieteten Auto klappern sie den ganzen Alpenraum ab. Sie suchen in Süddeutschland, in Österreich, Liechtenstein, im ehemaligen Jugoslawien. In jeder Stadt gehen sie zur Polizeiwache. Sie besuchen jede Lokalzeitung auf ihrem Weg. Überall erzählen sie ihre Geschichte. In Innsbruck gehen sie zum Landesstudio des ORF, sie flehen, daß man einen Suchaufruf im Österreichischen Fernsehen senden möge. Sie bekommen ihre Sendezeit. Aber erst einmal passiert nichts. Über 2000 Suchplakate hängen die Eltern auf. An Bäumen, Hausmauern, in Sportgeschäften, bei Eishokkeyclubs. 26 Tage dauert der Reise-Marathon von Duncans Eltern. Es ist wie die Suche nach der berühmten Stecknadel im Heuhaufen. Am 27. Tag ihrer Suchaktion, rund 6 Wochen nach Duncans Verschwinden, bekommen sie die erste Reaktion.

Auf dem Parkplatz der Stubaital-Gletscherbahn steht ein roter Opel Corsa mit Nürnberger Kennzeichen. Als der Parkwächter am 20. September seine übliche Runde macht, weiß er sofort: „Das Nummernschild habe ich gestern im Fernsehen gesehen". Er verständigt die Polizei, und kurze Zeit später steht fest: Das ist das Auto, mit dem Duncan MacPherson verschwand. Jetzt hat die Polizei einen Anhaltspunkt, jetzt kann sie weiter recherchieren, und ein paar Tage später kann sie Duncans Reise über die Alpen ein Stück zurückverfolgen.

Von Füssen aus fuhr Duncan am 8. August nach Innsbruck. Dort übernachtete er in einer Jugendherberge. Am Morgen des 9. August ging strahlend die Sonne über dem Patscherkofel auf. Es würde ein schöner Tag werden. Duncan will einen neuen Sport ausprobieren: Snowboard-Fahren. Jetzt im Sommer geht das nur auf einem Gletscher. Duncan sucht sich den nächstgelegenen aus den Stubaigletscher. Von Innsbruck ist man innerhalb von einer Stunde oben. Duncan fährt die 2600 Meter mit dem Lift zur Bergstation. Dort ist ein Laden, der Snowboards verleiht. Er hinterlegt seinen Ausweis und mietet sich einen Privatlehrer gleich dazu. Er heißt Walter Hinterhölzl. Der junge Kanadier und Walter verstehen sich auf Anhieb. Sie steigen zusammen in den Lift zum Gletscher und los geht's! Zwei Stunden lang übt Duncan, dann hat er den Bogen raus. Am Mittag verabschiedet sich Duncan von Walter. Er sagt, daß er vielleicht am nächsten Tag wiederkommen will. Am Nachmittag um halb drei wird Duncan am Skilift im Stubaital das letzte Mal gesehen. Duncan hatte also den Gletscher wieder verlassen und war zurück ins Tal gefahren. Es ist der 9. August 1989. Am frühen Abend telefoniert Duncan mit seinem neuen Chef vom Eishockeyclub in Schottland. Er klingt fröhlich und sagt, daß er sich auf das Treffen in London am 12. August freut. Das ist die letzte Nachricht von Duncan MacPherson.

Dreieinhalb Jahre später schreibt Duncans Freund George an *Bitte melde Dich*. Das Verschwinden seines Freundes läßt ihm keine Ruhe. Bei seinem ersten Telefonat mit der Redaktion erzählt er von Duncans Eltern und von ihrer Verzweiflung. Und er fragt, ob *Bitte melde Dich* nicht helfen könne. Die Redaktion setzt sich mit den Eltern in Kanada in Verbindung und mit der Polizei in Österreich. Und schnell wird deutlich, es gibt niemanden, den die Geschichte von Duncan unberührt gelassen hat. Die Polizeibeamten wollen helfen, die Bergwacht, der Snowboard-Lehrer. Alle. Duncans Eltern zögern nicht eine Sekunde, als klar ist, daß ein Film für *Bitte melde Dich* gedreht werden soll. Innerhalb weniger Stunden haben sie Flüge gebucht und sitzen auf ihren gepackten Koffern. Seit Duncans Verschwinden sammeln sie jeden Urlaubstag und sparen jeden kanadischen Dollar, um, so oft es geht, für ein paar Wochen nach Österreich zu kommen. Sie hoffen immer noch, im Stubaital Spuren zu finden, die zu ihrem Sohn führen könnten. Sie wissen, daß die Chancen, Klarheit zu bekommen, mit jedem Jahr, das vergeht, geringer werden. Aber Lydia und George MacPherson wollen nicht aufgeben.

Am 22. August 1993 trifft das Kamerateam von *Bitte melde Dich* im Hotel Edelweiß in Neustift ein. Neustift liegt im Stubaital. Die Redakteurin hat sich mit Duncans Eltern im Restaurant des Hotels verabredet. Es ist früher Abend. Die Eltern warten schon, als sie das Restaurant betritt. Robert und Lydia MacPherson sind müde nach der langen Reise, das sieht man, aber sie wollen sich nichts anmerken lassen. Sie erzählen von ihrem Jungen. Man spürt, daß es der Mutter gut tut, über ihren Sohn zu reden. Sie spricht von ihm, als würde er oben im Hotelzimmer sitzen, um sich von der Reise aus Kanada auszuruhen. „Duncan ist ein fröhlicher Junge", sagt sie. „Duncan ist immer so optimistisch". Duncan ‚ist', niemals Duncan ‚war'. Sie erzählt von ihrem Schock, als George anrief und fragte, ob sie etwas von Duncan wüßten. Die Eltern erzählen von ihrem Suchen in Österreich, ihren Hoffnungen, von ihrer Gewißheit, daß Duncan noch am Leben ist. Es wird spät. Ein Kellner kommt und fragt, ob denn wirklich kein Essen bestellt werden soll. Nein, Hunger hat niemand. Bald darauf bläst der Kellner die Kerzen auf den Restauranttischen aus, eine nach der anderen. Man verabschiedet sich bis zum nächsten Morgen. Die Redakteurin kann nicht einschlafen. Es ist *eine* Sache, immer wieder zu lesen, was die Zeitungen über Duncans Verschwinden geschrieben haben. Es ist eine *andere* Sache, die gleiche Geschichte von den Eltern erzählt zu bekommen. In dieser Nacht träumt sie von Duncan. Sie sieht ihn vor sich, ganz deutlich. So fröhlich, so optimisch, wie die Eltern ihn geschildert haben. Sie sieht ihn auf seinem Snowboard den Gletscher heruntersurfen. Duncan winkt ihr zu, sie hört sein Lachen und wird wach. „Mir war noch nie so unheimlich wie in dieser Nacht", erzählt sie später den Kollegen in der Münchener Redaktion.

Nächster Tag – Drehtag: Duncans Vater steht vor dem Panoramafenster eines Ausflugslokals am Stubaigletscher. Er ringt mit seinen Gefühlen. Seiner Frau Lydia, die neben ihm steht, geht es genauso. Beide bemühen sich, sachlich zu bleiben. Aber sie können es nicht. Mutter Lydia fleht in die Kamera: „Duncan, wir lieben dich. Wir sorgen uns heute noch genauso um dich wie vor vier Jahren. Wir appellieren an die Öffentlichkeit. Geben Sie uns jeden erdenklichen Hinweis. Ich kann nicht akzeptieren, daß ich nicht weiß, was passiert ist. Ich glaube, daß irgend jemand etwas weiß. Ich muß die Wahrheit wissen – egal, wie sie aussieht." Die Tränen stehen ihr in den Augen. Die Redakteurin gibt dem Kameramann ein Zeichen, den Dreh zu unterbrechen. Sie streckt Duncans Mutter die Hand hin und führt sie zu einem Tisch. Sie bestellt Kaffee für die Eltern. In einer solchen Situation ist es nicht leicht, die richtigen Worte zu finden. Die drei schweigen. Man hört nur das Rühren eines Löffels in einer Kaffeetasse. „Sie haben so unendlich verloren gewirkt", sagt die Redakteurin über Duncans Eltern, wenn sie an diesen Moment zurückdenkt.

Vielleicht hat Duncan damals auch hier am Fenster gestanden und hat die gewaltige Aussicht genossen. Vielleicht ist er mit derselben Gondel hier heraufgefahren. Vielleicht sogar am selben Stehplatz ganz hinten, von dem aus man weit ins Tal schauen kann. Die Dreharbeiten werden fortgesetzt. Duncans Eltern legen ihre ganze Liebe, ihre ganze Sorge und ihre ganze Hoffnung in die Worte, die sie vor der Kamera sprechen. Vielleicht wird Duncan die Worte hören, vielleicht wird er wieder nach Hause kommen. Niemand traut sich, die Möglichkeit auszusprechen, daß Duncan unter irgendeiner Lawine gestorben sein könnte. Die Liebe, die von den Eltern ausgeht, läßt es nicht zu, daß Duncan nicht mehr lebt. Jemand, der so geliebt wird, kann nicht tot sein.

Und außerdem gibt es Fakten, die ernsthafte Zweifel aufkommen lassen, daß Duncan auf dem Stubaigletscher verunglückt ist. Ein typischer Bergunfall ist es jedenfalls nicht gewesen. Nur die Polizei hält bis heute an der Unfalltheorie fest. Vor der *Bitte melde Dich*-Kamera gibt der zuständige Beamte zu Protokoll: „Ich glaube, daß Duncan MacPherson früher oder später hier irgendwo gefunden werden kann." Doch die näheren Umstände von Duncans Verschwinden werfen Fragen auf. Fragen, die auch die Polizei bis heute nicht beantworten kann.

Duncan MacPherson ist keiner, der ein unsinniges Risiko eingeht. Er ist Eishockeyprofi. Er hat gelernt, sein Können und seine Kräfte einzuschätzen. Beim Snowboard-Unterricht war er vorsichtig, übervorsichtig. Walter Hinterhölzl, der Snowboard-Lehrer, erinnert sich genau: „Der ist nicht aus der Pistenmarkierung rausgefahren. Er hat sogar das Brett abgeschnallt, wenn er nur in die Nähe gekommen ist und ist zu Fuß wieder in die Mitte der Piste. Deshalb glaube ich kaum, daß er irgendwo außerhalb der Markierungen gefahren ist." Wenn Duncan tatsächlich am Nachmittag des 9. August 1989 ohne Walter weitergefahren ist, warum sollte er innerhalb von ein paar Stunden übermütig und unvorsichtig werden?

Höchstwahrscheinlich ging Duncan aber von der Piste, kurz nachdem er sich von Walter verabschiedet hatte. Es ist gesichert, daß er am 9. August sein Snowboard im Laden neben der Bergstation wieder abgegeben hat. Er hat seinen Ausweis, der als Pfand hinterlegt war, zurückbekommen. Von der Bergstation sind es knapp 1000 Höhenmeter ins Tal. Und auch dort muß Duncan wieder angekommen sein, denn sein Ausweis ist später in dem roten Opel gefunden worden. Duncan muß also an diesem 9. August im sicheren Tal angekommen sein. Warum hätte Duncan noch einmal mit dem Lift und ohne Snowboard auf die Bergstation fahren sollen? Zumal klar war, daß der letzte Lift zurück ins Tal um Viertel nach vier fahren würde. Duncan hatte nur Straßenschuhe bei sich, nachdem er die Snowboardstiefel zurückgegeben hatte. Würde ein so vorsichtiger Mensch wie Duncan mit leichter Ausrüstung ins Gebirge gehen?

19

Sat 1
Bitte melde Dich
Postfach 860525
8000 München

Eishockeyprofi vermißt in den Bergen

Sehr geehrte Damen und Herrn,

als erstes einmal Angaben zur Person:
Duncan MacPherson, 23 Jahre alt,
Canadier.
Das ganze passierte im Sommer Aug 1989
Seine Eltern glauben bis heute noch nicht
an ein normales Verschwinden bzw. an ein
Unglück.
Da MacPherson der deutschen Sprache
nicht mächtig sind und bis heute jedes
Jahr zurück in dieses Skigebiet fahren um
weitere Informationen über sein Verschwinden
zu bekommen, wäre Ihre Sendung eine große Hilfe.
Mit Ihrer Haßung vielleicht in Ihre Sen-
dung eingeladen zu werden, hoffen Mac
Phersons und auch wir, Klarheit über
sein Verschwinden zu bekommen.

Vielen Dank
Peg Pesut + George M. Pesut

Und dann ist da noch die Sache mit dem roten Auto. Als der Wagen einige Wochen nach Duncans Verschwinden gefunden wird, sagt der Parkwächter Josef Steuxner, daß der Corsa unmöglich seit sechs Wochen dort gestanden haben kann. Und auch im *Bitte melde Dich*-Film, vier Jahre danach, bleibt er bei seiner Meinung: „Ich bin hundertprozentig sicher, daß der Wagen nicht länger als 10 Tage hier auf dem Parkplatz gestanden hat." Was also ist in den Wochen davor mit dem Auto passiert? Ist Duncan vielleicht zweimal im Stubaital gewesen – Anfang August und Anfang September? Aber im September wollte Duncan doch in Schottland einen neuen Anfang machen. Er wollte im Herbst seine Verlobte Tara heiraten. Solche Dinge vergißt man doch nicht!

Duncans Eltern können sich vorstellen, daß die Ursache seines Verschwindens nicht im Stubaital zu suchen ist. Sie erinnern sich, daß Duncan kurz vor seiner Abreise aus Kanada von einer Zecke gebissen wurde. Sie glauben, daß Duncan vielleicht dadurch sein Gedächtnis verloren haben könnte. Völlig von der Hand zu weisen ist so eine Spekulation nicht. Zeckenbisse können unter bestimmten Umständen Bewußtseinsstörungen auslösen. Hat Duncan vielleicht die Auswirkungen einer solchen Infektion als harmlosen Grippeanfall abgetan und nicht rechtzeitig einen Arzt gerufen? Duncans Mutter setzt ihre ganze Hoffnung darauf, daß Duncan bis heute irgendwo lebt und weder er selbst, noch irgendwer sonst herausfinden kann, daß er Duncan MacPherson aus Saskatoon in Kanada ist. Mediziner, die befragt worden sind, können weder „Ja" noch „Nein" zu dieser Theorie sagen. Man müsse erst wissen, welcher Art der Zeckenbiß gewesen sei, um eine „gültige Aussage" machen zu können. Duncans Eltern helfen solche Sätze wenig. Als sich ein Hüttenwirt aus dem Stubaital bei der Polizei meldet, fühlen sich die Eltern bestätigt. Der Mann erzählt folgende Geschichte: Zwei Wochen nach Duncans Verschwinden stolpert er eines Nachts über einen jungen Mann, der vor seiner Hüttentür schläft. Der Mann spricht eine dem Wirt unbekannte Sprache und wirkt seiner Sinne nicht mächtig. Der Hüttenwirt versteht nur, daß der Mann unbedingt telefonieren will. Am nächsten Morgen ist der Mann verschwunden. Duncans Beschreibung paßt auf ihn. Doch vor der *Bitte melde Dich*-Kamera will der Hüttenwirt diese Geschichte nicht erzählen. Er ist sich wohl seiner Sache nicht mehr so sicher. In den Akten der Polizei ist jedoch verzeichnet, daß in dem Sommer, als Duncan verschwand, im Stubaital ungewöhnlich viele Hütteneinbrüche registriert wurden. Vielleicht ist Duncan tatsächlich von Hütte zu Hütte geirrt. Niemand weiß es, und nachgeprüft werden kann es auch nicht mehr.

Am 25. November 1993 wird der Film über Duncan MacPherson in *Bitte melde Dich* gezeigt. Keine Geschichte zuvor hat bei den Zuschauern eine so große Anteilnahme hervorgerufen. Allein am Sendungsabend wollen 37 Zuschauer Duncan irgendwo gesehen haben: in Zürich, Passau, München, Hamburg, Füssen, Nürnberg, Duisburg, Essen, Kassel und im Harz. Aber nichts Greifbares ist dabei. Wieder sind die Hoffnungen der Eltern enttäuscht worden, wieder heißt es: abwarten und nicht den Mut verlieren. Fünf Monate später ruft ein Mann in der Redaktion an. Er hatte die 0130/2000 gewählt, die ständige Nummer für Notfälle. Er behauptete, einen Mann zu kennen, der sich als Gedächtnisloser in Österreich mit Jobs über Wasser halte. Der Mann würde amerikanisches Englisch sprechen und Ähnlichkeit mit Duncan MacPherson haben. Der Anrufer erinnerte sich, daß in *Bitte melde Dich* gesagt wurde, daß Duncan zwei künstliche Zähne habe. Auch das, so sagt er, träfe auf den Mann in Österreich zu. Nach diesem Anruf wird sofort eine Redaktionskonferenz abgehalten. Es ist, als ob jeder die Luft anhält. Da ist sie wieder, die Hoffnung. Ist es möglich, daß die Qual von Duncans Eltern ein Ende haben könnte? Es beginnen endlose Telefonate mit der Polizei in Österreich. „Ja", sagen die Beamten, „es gibt hier wirklich jemanden, der seit Jahren als Mann ohne Gedächtnis geführt wird." Nach langem hin und her und endlosen Diskussionen über Datenschutz faxt die Polizei ein Foto des Gedächtnislosen in die Redaktion. Ein junger Mann ist abgebildet. Die Übertragung ist so schlecht, daß sich niemand traut, eine Ähnlichkeit mit Duncan MacPherson festzustellen. Plötzlich ruft der Mann, der den Hinweis vor ein paar Stunden gegeben hatte, wieder an. Er will die Telefonnummer von Duncans Mutter, um ihr die gute Nachricht zu überbringen. Der Redakteur, der mit ihm spricht, gibt die Nummer nicht heraus. Er erklärt dem Anrufer, daß private Telefonnummern prinzipiell nicht weitergegeben werden und daß die Mutter von Duncan geschützt werden müsse. Zu oft schon habe diese Frau ihre Hoffnungen enttäuscht gesehen. Inzwischen war es nach 23 Uhr, aber kein Redakteur geht nach Hause. Der Mann ruft wieder an. Jetzt redet er über Filmrechte. Er schlägt vor, einen Spielfilm über die Rückkehr von Duncan zu drehen. Die Konferenzleitung ist eingeschaltet, das Team hört jedes Wort des Mannes. Die Hoffnung sinkt. Der Mann ist nicht seriös. Ein Redakteur steht auf und holt Kaffee für die Kollegen. Es wäre ein Märchen gewesen, wenn Lydia MacPherson ihren Sohn wiedergefunden hätte.

Am nächsten Morgen finden weitere Gespräche mit der Polizei und endlich auch ein Telefonat mit dem „Mann ohne Gedächtnis" statt. Er erzählt, daß er seine Vergangenheit nicht kenne. Der Mann spricht gebrochenes Deutsch. Er habe die Sprache gelernt, sagt er, weil er seit Jahren in Österreich lebe. Die Redakteurin spricht ihn auf englisch an. Der Mann erschrickt hörbar und beginnt sich in Widersprüche zu verwikkeln. Am Abend des gleichen Tages ruft Lydia MacPherson in der Redaktion an. Ihre Stimme ist kraftlos. Sie fragt, ob das Team den Mann kenne, der nachts am Telefon gewesen sei. Der Mann habe gesagt, daß er Duncan kenne und daß alles gut werden würde.

In der Redakteurin steigt Wut auf. Sie versucht, die Mutter zu beruhigen. Der Mann sei ein Spinner, sagt sie. Ein Angeber. Ein Mensch, der andere leiden lasse, nur um sich selber wichtig zu machen. Sie versucht, Duncans Mutter zu beruhigen. Sie ruft den Mann an, der die Qual ins Rollen brachte. Sie zwingt sich, ruhig zu bleiben und fragt ihn, woher er die Telefonnummer von Duncans Eltern habe. Der Mann ist fröhlich und erklärt, er habe bei diversen Eishockeyclubs recherchiert und so die Nummer herausgefunden. Er redet immer noch über den Spielfilm, den er drehen möchte. Die Redakteurin legt den Hörer auf. Wenige Tage später kommt ein Fax bei der österreichischen Polizei an. Es ist von einem Zahnarzt in Saskatoon in Kanada. Es ist der Zahnarzt, der Duncan behandelt hat, als er noch Milchzähne hatte. Der Zahnarzt, der Duncan die Stiftzähne eingesetzt hat, als er beim Eishockey ein paar echte Zähne verlor. Zähne sind untrüglich. Und die Zähne des Mannes aus Österreich, der so ergreifende Geschichten erzählen wollte, sind nicht die Zähne von Duncan MacPherson.

Eine Nacht lang hatte Duncans Mutter wieder gehofft. Dann hat sie geweint. Aber das Versprechen, das Duncans Vater sich selbst gegeben hat, das wird bestehen bleiben: „Ich werde ihn immer weiter suchen, mein Leben lang!"

24. April 1995. Es ist Montagabend, 21.38
*Uhr. Jörg Wontorra sitzt auf dem grünen **Bitte***
***melde Dich**-Sofa. Gerade hat er sich von einer*
jungen Frau aus Brandenburg verabschiedet,
deren Mann seit Wochen spurlos verschwunden
ist. Er kommt zu einer neuen Geschichte. „Liebe
Zuschauer, nun zu einem speziellen und heiklen
Thema: Kindesentführung!“ beginnt er seine
Moderation. „Ein schreckliches Verbrechen, das
jeden von uns schaudern läßt.
Unfaßbar ist es, wenn Kinder von einem
Elternteil entführt, man muß eigentlich sagen,
verschleppt werden. In Deutschland passiert dies
öfter als man denkt.“ Dann wird ein Film über
Dana Askoul gezeigt. Sie ist sechs Jahre alt und
vom Vater entführt worden. Vermutlich ins
Ausland. Monika Askoul, Danas Mutter, fleht
den Entführer an: „Das Kinderzimmer ist so
leer – bitte, gib mir mein Kind wieder!“ Doch
Danas Vater meldet sich nicht. Es gibt Hinweise
von Zuschauern, die das Mädchen gesehen haben
wollen: in Luxemburg, in Cottbus. Doch die
Recherchen der Redaktion bleiben ohne Erfolg.
Keine Spur von Dana. Der Beitrag war nur eine
Minute und 27 Sekunden lang, doch eine
Zuschauerin hat sich das Bild des kleinen
Mädchens besonders gut eingeprägt. So gut, daß
sie sich noch Monate später an Dana erinnern
wird . . .

Die Geschichte von Dana Askoul

Danas Leben hatte so wunderbar angefangen. Am 19. Juli 1988 wird sie
als Wunschkind geboren. Die Mutter ist glücklich über das gesunde,
schwarzhaarige Baby. Glücklich auch deshalb, weil der größte Wunsch
des Vaters in Erfüllung gegangen ist: Es sollte unbedingt ein Mädchen
sein. Der Vater sucht den Namen aus und nennt sein erstes Kind Dana.
Doch kurz nach der Geburt ist der Vater wie verwandelt. Er kümmert
sich kaum noch um seine Frau und sein Kind. Und er nutzt es aus, daß
Monika nach Danas Geburt kaum noch mit ihm ausgehen kann – er hat

Das glückliche Ende einer dramatischen Entführung. Die kleine Dana Askoul freut sich, endlich wieder zu Hause zu sein.

Freundinnen. Oft kommt er erst morgens um neun oder zehn nach Hause. „Wenn ich mich dann beklagt habe, hat er mich geschlagen", berichtet Monika Askoul. Die kleine Dana muß oft zuschauen, wie ihr Vater der Mami wehtut. Monika versucht, ihre Familie wenigstens finanziell sorgenfrei zu halten. Einen richtigen Beruf hat sie nicht gelernt. Sie hat drei Putzstellen jeden Tag. Ihr Mann verdient sein Geld als Waldarbeiter. „Aber oft hat er seinen Lohn auch verspielt", sagt Monika. Für Dana hat der Vater wenig Zeit, aber er schenkt ihr goldene Kettchen und Kleider mit Rüschen. Spielsachen bekommt das Kind vom Vater nicht. „Er wollte, daß sie schnell erwachsen wird", erzählt Danas Mutter.

Am 23. November 1994, neun Jahre nach der Hochzeit, wird die Ehe geschieden.

Noch vor dem Richter sträubt sich Monikas Mann gegen die Trennung, doch Monika bleibt hart. So kann es nicht weitergehen. Für sie nicht, und schon gar nicht für Dana. Auf Vorschlag des Jugendamts erhalten beide Eltern das Sorgerecht, aber Dana soll bei ihrer Mutter leben. Monika Askoul ist überglücklich. Endlich wieder frei atmen können. Keine Angst mehr haben. Die Quälerei hat ein Ende. Monika ahnt nicht, daß ihr Alptraum nun erst beginnt.

Danas Vater bezieht eine Wohnung in derselben Straße wie seine Ex-Frau. Monika ist nicht wohl dabei. Sie weiß, daß der Mann, den sie einmal so sehr liebte, über die Scheidung längst noch nicht hinweg ist. Und plötzlich ist da eine neue Angst. Sie hat schon soviel gelesen von Männern, die ihre eigenen Kinder entführen. Aus Rache, aus Stolz. Danas Vater ist Libanese. Aber, sagt sich Monika Askoul, er darf Dana ja besuchen, wenn er es will. Ich lege ihm keine Steine in den Weg. Und: Das Sorgerecht ist offiziell geteilt. Er hat sein Gesicht gewahrt. Wieso sollte er das Mädchen an sich reißen? Er nimmt sich doch sowieso keine Zeit für das Kind. Nein, denkt Monika Askoul, ich mach' mir zu viele Sorgen.

Ab und zu nimmt Monikas Ex-Mann Dana am Wochenende zu sich. Normalerweise ruft er eine Stunde, bevor er das Kind holen will, bei Monika an und fragt, ob er Dana bekommt. Meist sagt Monika zu – sie will nicht, daß Dana ohne Papa aufwächst. Der Vater holt das Mädchen dann am Nachmittag ab, und fast immer bleibt Dana eine Nacht bei ihm. Oft kommt es vor, daß Dana schon nach ein paar Stunden ihre Mutter anruft und sagt: „Mama, ich will heim." Manchmal berichtet Dana ihrer Mutter am Telefon, daß sie mit Papa durch die Kneipen gezogen ist. Wenn so ein Anruf von Dana kommt, schimpft Monika mit ihrem Ex-Mann und holt ihre Tochter wieder ab. Sofort.

Sonntag, 8. Januar 1995. Die Ehe der Askouls ist sei rund 2 Monaten geschieden. Es ist abends, halb acht. Dana soll noch in die Badewanne und dann bald ins Bett.

Das Wochenende ist vorbei, und morgen früh geht es wieder in den Kindergarten. Da klingelt das Telefon. Danas Vater ist am anderen Ende der Leitung: „Kann ich kommen?" fragt er. Monika sagt ja, eine halbe Stunde später ist er in ihrer Wohnung in der Endertstraße 113. Monika glaubt, ihr Ex-Mann sei nur vorbeigekommen, um sich von ihr Geld zu leihen. Dana interessiert ihn heute nicht. Erst, als er schon wieder gehen will, fragt ihn seine Tochter: „Papa, darf ich heute bei Dir schlafen?" „Wenn Mama das erlaubt", sagt er. Monika Askoul beginnt zu schmunzeln. Raffinierte kleine Dana, denkt sie. Sie will noch nicht ins Bett und weiß ganz genau, daß sie bei Papa länger aufbleiben darf. Die Mutter ist einverstanden. Dana solle dann am nächsten Tag nach Hause kommen und eben erst am Dienstag wieder in den Kindergarten gehen. „Wenn Du vorher heim willst, ruf mich an", sagt sie zu Dana. Vater und Tochter sind schon fast im Treppenhaus, als sich Monikas Ex-Mann plötzlich umdreht. Er sagt, daß er am nächsten Tag Fotos von Dana machen lassen möchte. Richtig schöne Fotos, beim Fotografen. Er habe nämlich kein wirklich gutes Bild von seiner Tochter. Monika geht zurück in die Wohnung und packt Danas Lieblingskleider in eine Plastiktüte. Wenn Dana schon fotografiert werden soll, denkt sie, dann wie eine Prinzessin! Dana läuft noch mal schnell ins Kinderzimmer und sucht sich drei Barbiepuppen zum Spielen aus. Dann ist sie soweit. Die Mutter gibt ihr einen dicken Kuß. Monika kann nicht ahnen, daß die Kleider, die sie eingepackt hat, nicht für den Termin beim Fotografen bestimmt waren, sondern für eine weite Reise. „Bis morgen." Es ist halb zehn, als Dana an der Hand ihres Vaters das Haus verläßt. Es hatte geschneit an diesem Abend Monika Askoul wird das nie vergessen . . .

Der nächste Tag. Dana ruft nicht an. Auch Monikas Ex-Mann meldet sich nicht. Es wird Abend, es wird Nacht. Dienstag. Monika Askoul will nicht länger warten. Sie geht zur Wohnung ihres Ex-Mannes. Sie klingelt. Nichts rührt sich. Sie klingelt ein zweites, ein drittes Mal. Keiner macht auf. Monika Askoul bekommt schweißnasse Hände, sie beginnt zu zittern. Minuten später ist sie bei der Polizei. Die Beamten reagieren prompt, fahren mit ihr zum Hausmeister der Wohnanlage. Der bekommt den Auftrag: Wohnung aufschließen, sofort. Monika fühlt sich erbärmlich. Wenn ihr Ex-Mann mit Dana nur bummeln ist? Was wird er sagen, wenn er merkt, daß sie in seiner Wohnung war mit der Polizei? Wird er Dana seinen Zorn spüren lassen? Der Hausmeister dreht den Schlüssel im Schloß, die Tür springt auf. Monika traut sich kaum, hinzuschauen. Die Wohnung ist leer. Die Möbel sind weg.

Sat 1
Bitte melde Dich
Postfach 860525
81632 München

Sehr geehrte Damen und Herren,
diesen Brief schreibe ich im Auftrag meiner Schwester Monika Askoul.
Sie ist seit dem Verschwinden ihrer 6-jährigen Tochter nervlich
so fertig, daß sie kaum etwas geregelt bekommt.
Es gab keine Anhaltspunkte wo Dana sein könnte .
Wir haben dann Handzettel in unserer Umgebung verteilt ("Ich suche
meine Tochter"...., liegt diesem Schreiben bei), aber dies brachte
auch nicht viel. Wir bekamen daraufhin zwar einige Hinweise,
u.a. daß Dana nach Schweden bzw. Dänemark verbracht worden sei.
Wir sind dorthin gefahren, haben auch dort unsere Handzettel verteilt und Fotos herumgezeigt, doch ohne Erfolg..
Da wir absolut nicht weiterkommen, möchten wir Sie bitten,
daß Sie uns mit Ihrer Sendung weiterhelfen. Von Dana gibt es
gute Fotos und auch Videoaufnahmen.

Mit ferundlichen Grüßen

(Roswitha Klink)   (Monika Askoul)

28

Monika erfährt, daß ihr Ex-Mann seine Möbel schon verkauft hatte, bevor er Dana am Sonntagabend bei ihr abgeholt hat. Als er aus der Tür ging, wußte er genau, daß es kein nächstes Mal geben würde. Monika fühlt sich gedemütigt, betrogen. Ihr Ex-Mann hat ihr das Liebste genommen. Aber sie will nicht kampflos aufgeben.

Die nächsten Wochen sind die härtesten ihres Lebens: Jede freie Minute verbringt sie damit, Handzettel zu verteilen: „Ich suche meine Tochter . . .“ Doch Monika will nicht nur abwarten, sie will handeln. Sie kann nicht zu Hause sitzen, wo alles sie an Dana erinnert. Sie hört sich um und erfährt, daß eine Schwester von Danas Vater in Schweden leben soll. Sie setzt sich ins Auto und fährt Hunderte von Kilometern ohne wirklichen Plan. Sie macht diese Reise trotzdem, irgendwie glaubt sie, ihrer Tochter so näher zu kommen – und vielleicht hilft ihr ja ein Zufall. Am Ende der Reise muß sie feststellen: Nicht die Schwester ihres Ex-Manns wohnt in Schweden, nur eine alte Freundin. Und die hat keine Ahnung, wo Dana ist. Monika fährt zurück nach Deutschland. Sie ist am Boden. Aber nicht am Ende.

Kaum zu Hause, bricht sie schon wieder auf: Reisende wollen Dana und ihren Vater im Zug nach Kopenhagen gesehen haben! Monika zögert nicht lange: Mit ihrer Schwester fährt sie nach Dänemark. Sie will ihre Tochter zurück, koste es, was es wolle. Von der Kopenhagener Polizei bekommt Monika die Adresse der Schwester ihres Ex-Mannes. Sie fährt zu dem Haus. Und plötzlich ist dieses Zittern wieder da, wie vor ein paar Wochen, als sie ihre Tochter abholen wollte und niemand aufgemacht hat. Monika hat Angst, sie traut sich nicht zu klingeln. Wenn Dana wirklich hier ist: Was wird man mit ihr machen, wenn plötzlich die Mutter vor der Türe steht? Monika klingelt bei den Nachbarn, fragt sie, ob sie Dana gesehen haben. Sie zeigt das Bild ihrer Tochter. Sicher sind die Nachbarn nicht. Aber vielleicht . . . Ja, ein Mädchen, das aussah wie Dana, habe man schon mal auf der Straße gesehen. Monika Askoul ist außer sich vor Glück. Eine Spur!

Die Polizei in Deutschland recherchiert, die Kollegen in Dänemark fahnden, Interpol ist aktiviert. Doch es kommt nichts dabei heraus. Monika Askoul beginnt zu verzweifeln. So nah dran und doch so fern. Sie ist mit den Nerven am Ende. Sie macht sich Vorwürfe: Sie hätte Dana an diesem Abend im Januar nicht gehen lassen dürfen. Oder schon am nächsten Tag Alarm schlagen sollen, als das Kind nicht anrief. Monika geht zum Jugendamt und beantragt das alleinige Sorgerecht für ihre Tochter. Dem Antrag wird sofort stattgegeben. Monika weiß, daß das Schriftstück ihr zur Zeit kein bißchen helfen kann, aber sie hat zumindest das Gefühl, etwas getan zu haben. Und noch etwas tut sie: Am 7.

März schreibt Monika Askoul einen Brief an *Bitte melde Dich*, eineinhalb Monate später wird der Beitrag ausgestrahlt. „Bitte, gib mir mein Kind wieder!" fleht Monika Askoul ihren Ex-Mann an. Die Telefone klingeln, viele Zuschauer wollen helfen. Doch der eine, der alles entscheidende Anruf, ist nicht dabei.

An diesem Abend sitzt auch Eva (Name von der Redaktion geändert) vor dem Fernseher. Monika Askouls Schicksal geht ihr nah – und es erinnert sie an ihr eigenes: Auch ihre Kinder wurden vom Vater entführt, in den Libanon. Sie hat viel versucht, um sie dort herauszuholen, ohne Erfolg. Eva hat eine Selbsthilfegruppe gegründet: Kindesentziehung e.V. Mit anderen Eltern versucht sie, dort tätig zu werden, wo die Behörden nicht weiterkommen. Sie prägt sich Danas Bild genau ein. Dann nimmt sie über die Redaktion Kontakt zu Monika Askoul auf. Sie will ihr Mut machen. Sie trösten. Ihr das Gefühl geben, daß sie nicht alleine ist.

Wochen vergehen. Wochen, in denen Eva oft mit Monika telefoniert, ihre Kontakte nutzt, um Monika Askoul zu helfen. Und tatsächlich – ihre Gewährsleute vor Ort finden heraus, was Interpol nicht geschafft hat: Dana lebt, in einem Palästinenserlager im Südlibanon! Monika Askoul kann es kaum fassen. Endlich, nach einem halben Jahr, die erste Nachricht über den Verbleib ihrer Tochter! Sofort fährt sie nach Bonn zur libanesischen Botschaft und beantragt ein Visum. Sie will Dana besuchen – und wenn es sein muß, entführen! Der Antrag wird abgelehnt. Begründung: keine. Monika erlebt ein Wechselbad der Gefühle. Jetzt weiß sie zwar, wo ihre Tochter ist – aber sie darf sie nicht sehen.

17. Dezember 1995. Dana ist seit fast einem Jahr von ihrer Mutter getrennt. In Beirut steigt Eva in ein Flugzeug der Middle East Airline. Sie will zurück nach Frankfurt. Wieder einmal hat sie ein paar Tage im Libanon zugebracht, um ihre eigenen Kinder zu sehen. Schon am Flughafen fällt ihr ein kleines Mädchen auf. Sie glaubt, es irgendwo schon mal gesehen zu haben. Im Flieger sieht sie das Mädchen wieder. Es ist sieben, vielleicht acht Jahre alt, hat dunkles Haar und dunkle Augen. Das Mädchen will nicht neben seinem Vater sitzen, es läuft auf dem Mittelgang herum. Irgendwann spricht das kleine Mädchen Eva an in einem Kauderwelsch aus Deutsch und Arabisch. Eva kramt in ihrem Gedächtnis. Woher kennt sie dieses ernste kleine Kindergesicht? Eva fragt: „Wie heißt Du?" Das Mädchen antwortet: „Dana."

Eva ist noch nicht sicher. „Ist deine Mama auch im Flugzeug?" fragt sie. „Nein", sagt Dana. „Wartet sie am Flughafen auf Dich?"- „Nein." Das kommt Eva komisch vor. Sie stellt noch eine Frage, die letzte: „Wie heißt Du denn mit Nachnamen?" „Askoul", sagt das Mädchen. Eva kann es nicht fassen. Das ist das Mädchen, daß sie in *Bitte melde Dich* gesehen hat, das Kind der Frau, die sie in den letzten Wochen so oft am Telefon trösten mußte! Der Mann fünf Reihen hinter ihr, das muß Danas Vater sein. Ihr ist klar: Der Mann darf den Flughafen mit dem Kind nicht verlassen! Denn wenn er erst mal in Frankfurt ist, wird er wieder untertauchen, da ist sie sicher. Sie überlegt, was sie tun soll. Mit der Besatzung reden? Besser nicht. Die Stewardessen kommen aus dem Libanon, die würden vielleicht nicht ihr helfen, sondern ihrem Landsmann. Eva holt Zettel und Stift aus ihrer Tasche. Ihr Gedächtnis arbeitet auf Hochtouren. Sie will alles aufschreiben, was ihr zu Dana einfällt: Ganz unten auf das Blatt schreibt sie: „Entführung!" Sie merkt, wie ihr der Schweiß auf der Stirn steht.

Kurz vor 13 Uhr. Die Maschine landet in Frankfurt. Eva hat Glück: Der Flieger ist halbleer, sie kann sich als erste aus der Maschine drängen. Jetzt heißt es: Nerven bewahren! Da ein Beamter am Zollschalter. Sie läuft zu ihm hin und flüstert ihm zu: „Hinter mir ist ein entführtes Kind!" Sie dreht sich um. Da kommen schon Dana und ihr Vater. Eva läuft zu einem Polizisten, sie will ein paar Meter zwischen sich und Danas Vater bringen. Sie steckt dem Beamten den Zettel zu, den sie im Flugzeug geschrieben hat. Er überfliegt ihn, schaut sich kurz um und dann geht alles ganz schnell. Der Polizist führt Danas Vater und das kleine Mädchen in einen separaten Raum. Eva rennt zum Telefon und wählt Monikas Nummer. „Bleib jetzt ganz ruhig",
sagt sie zu der Mutter, „ich hab Deine Tochter, sie ist in Frankfurt".
Kurz darauf ruft die Flughafenpolizei bei Monika an, es werden Daten verglichen, und Monika wird gebeten, sofort zum Flugplatz zu kommen. Sie soll das Sorgerechtsurteil mitbringen.

Monika weint am Telefon. Der Beamte sagt: „Bleiben Sie ganz ruhig, und fahren Sie jetzt nicht so schnell, sonst passiert Ihnen noch was." Aber Monika ist nicht mehr zu halten, sie gibt Vollgas. Nach zwei Stunden Fahrt ist sie am Flughafen.

Sie atmet schwer, als sie alle ihre Papiere vorlegen muß. Nirgendwo ist Dana zu sehen. Dann wird sie eine Treppe hinaufgeführt. Eine Tür geht auf. Drei Polizisten sitzen im Raum. Daneben Danas Vater und Dana! Sie schaut ihre Mutter an und sagt ein Wort, das sie in all den Monaten im Libanon nicht verlernt hat: „Mama!"

Monika Askouls Stimme zittert noch heute, wenn sie über diesen Moment spricht.

Dana ist endlich wieder zu Hause. Sie weicht ihrer Mutter nicht mehr von der Seite.

Im Libanon hatte man ihr erzählt, die Mama wäre tot.

Danas Vater war 10 Tage lang in Haft. Einen Prozeß wird es nicht ge-

ben. Er hat seine Tat damit erklärt, daß er seine kranke Mutter im Libanon besuchen wollte, und es eine Schande für ihn gewesen wäre, in der
Heimat ohne sein Kind zu erscheinen.
Monika Askoul ist mit ihrer Tochter umgezogen, mehr als 100 Kilometer von der alten Adresse entfernt. Sie hat ein Haus ausgesucht, das nur
schwer zu finden ist. Dana geht in die zweite Klasse. Alles ist wieder normal. Nur wenn die Mutter aus dem Haus gehen muß, sagt Dana manchmal: „Mama, fahr nicht in die Stadt, der Papa bringt dich um."

Sind Sie in einer ähnlichen Notlage?

KINDESENTZIEHUNG e.V.
POSTFACH 102509
40016 DÜSSELDORF

„Ich brauche 8000 Mark, dann kann ich herausfinden, wo Ihre Tochter ist." Der Mann am Telefon sagt, daß er Hansjörg heiße und Bodenleger sei. Der Mann ist die Hoffnung, die Ingrid und Harry Engelbrecht so dringend brauchen. Hoffnung, nach sechs Monaten purer Angst. Die Eltern zahlen das Geld. Drei Monate später ruft der Mann wieder an. Er sei in Berlin, am Bahnhof Zoo. Dort sei auch Sonja. Im Rotlichtmilieu. Die Eltern sollen packen und sich bereithalten. Am nächsten Tag könne die Tochter abgeholt werden. Er würde noch einmal anrufen. Sonjas Eltern haben nichts mehr von Hansjörg gehört. Heute wissen sie: Der Mann ist ein Betrüger.

Die Geschichte von Sonja Engelbrecht

„The Cure", „Sisters of Mercy", „Nirvana": das sind die Bands, auf die Sonja Engelbrecht steht. „Tilt", „Backstage", „Liberty": so heißen ihre Lieblings-Discos. Dunkle Klamotten, Ketten, Ringe: das zieht Sonja an, wenn sie mit ihrer Clique weggeht. „Wave": das ist ihr Stil, ihre Mode – düster schauen, cool sein, rumhängen. Alle ihre Freunde sind „Waver". Alle tragen dunkle Klamotten. Alle hören die gleiche Musik. Alle gehen in dieselben Clubs. Hier sind sie erwachsen.

Ein Schreibtisch, ziemlich klein. Eine schwarze Lampe steht darauf. Das Bett hat eine blaue Überdecke. Ein paar Regale aus hellem Holz, Kerzen stehen herum. Das ist Sonjas Reich. Die meisten Möbel hatte Sonja schon, als sie noch ein kleines Mädchen war. Und auch die Kuscheltiere. Die schwarze Katze, der Pandabär, der rosa Elefant haben Sonja schon gekannt, als sie noch Zöpfe trug. Sie haben Sonjas ersten Lippenstift miterlebt und immer in ihrem Arm gelegen, wenn der Liebeskummer kam. Der 10 Quadratmeter große Raum ist Sonjas Kinderzimmer. Schon hundertmal wollte Sonja eine Kiste nehmen, die Kuscheltiere hineinlegen und die Kiste ganz weit hinten unters Bett schieben. Und dann hat sie den rosa Elefanten angeschaut und sich gefühlt, als würde sie einen Freund verraten. Schon hundertmal hat sie gedacht, daß es cool wäre, eine eigene Wohnung zu haben, und dann hat sie ihre Mutter angesehen und schon Heimweh gehabt, bevor der Gedanke zu Ende gedacht war. Sonja ist 18. Sie geht in die 11. Klasse einer Fachoberschule. Die Wohnung ihrer Eltern ist in München-Laim. Sie ist nicht groß, die Familie muß zusammenrücken. Keiner hat viel Platz für sich, weil auch die kleine Tochter von Sonjas Schwester Silvia oft zu Besuch ist. Silvia selbst ist ausgezogen, sie studiert. 18 ist ein blödes Alter, denkt Sonja manchmal. Endlich ist man volljährig, und dann fehlt einem für die großen Träume das nötige Taschengeld. Endlich könnte man machen, wozu man Lust und Laune hat, und dann weiß man nicht, was man will.

Es gibt Tage, da will Sonja allein in ihrem Zimmer sein. Dann setzt sie sich zwischen ihre Kuscheltiere und ist glücklich. Dem rosa Elefanten ist es egal, ob sie cool ist. Ihm ist es egal, ob sie die Klamotten trägt, die gerade angesagt sind. Er lacht sie nicht aus, weil sie unsicher und verletzbar ist.

Sonja hat Poster ihrer Lieblingsgruppen an die Wand gehängt, überall liegt Modeschmuck. Sonja hat eine Stereoanlage, ein eigenes Telefon. Die Eltern akzeptieren, daß Sonja erwachsen wird. „Eigentlich sind die Eltern okay", denkt Sonja. Aber es gibt Tage, da geht ihr alles auf die Nerven, da wird ihr alles zu eng. Wenn sie im Wohnzimmer einen Horrorfilm sehen will und ihr Vater die Tagesschau, zieht Sonja den kürzeren. Wenn sie auf dem Bett liegt und einfach ihre Ruhe will, kräht Silvias dreijährige Tochter auf dem Flur. Und wenn sie abends länger weggehen möchte, sagen die Eltern: „Bevor Du per Autostop fährst, ruf uns an, wir holen Dich. Egal, wie spät es ist." Gut gemeint, das weiß Sonja, und billiger als ein Taxi. Aber sie will unabhängig sein, kein schlechtes Gewissen haben, weil der Vater nachts um drei noch mit dem Auto durch ganz München fährt. Ich bin 18, denkt sie an solchen Tagen, kein kleines Kind. Ich will mein Leben selbst in die Hand nehmen. Das sind die Tage, an denen sich Sonja doch eine eigene Wohnung wünscht, so wie ihre Schwester eine hat. Nur weiter weg. Vielleicht sogar in einer anderen Stadt.

4. April 1995, Sonjas 19. Geburtstag. Abends ist mit der Clique Party angesagt. Ins Bett kommt sie erst am frühen Morgen. Am übernächsten Tag ist sie im „Tilt", wieder Party, auch da wird es spät. Sonja schläft ein paar Stunden, dann steigt schon die nächste Fete, ihr eigentliches Geburtstagsfest bei zwei Freundinnen, denn Sonjas eigene Bude ist zu klein. Die Party dauert lang, Sonja kommt erst am nächsten Tag nach Hause, als ihre Eltern schon zu Mittag essen. Am Sonntag ist sie nochmal bei den Freundinnen, und diesmal kommt sie schon um halb elf

heim. Ein richtiger Geburtstagsparty-Marathon, Sonja ist total erledigt. Jetzt will sie bloß noch eins: schlafen. Und am nächsten Abend fernsehen, Musik hören, irgendwas. Nur nicht schon wieder ausgehen!

Sonja kann richtig ausschlafen, die Osterferien haben angefangen. Um halb zwölf steht sie auf. Einen richtig faulen Tag will sich Sonja machen, mit lesen und so. Am Nachmittag klingelt das Telefon: Stefan ist dran, ein Junge aus Sonjas Clique. Er will was unternehmen. Sonja hat keine Lust. „Bloß nicht schon wieder action", sagt sie zu ihm, „ich bin müde. Ich mag nicht." Stefan sagt, daß man ja mal in ein neues Lokal gehen könne, nichts zum Tanzen, was Gemütliches. Nur auf ein Bier oder 'ne Cola. Sonja ist nicht begeistert, aber sie will kein Spielverderber sein. Nicht, daß es dann in der Clique heißt: Die Sonja ist zu lasch. „Okay", sagt sie, „ich geh' mit."

20.45 Uhr. Sonja hat ihre schwarze Lederhose, einen lila Pulli und die Wildlederstiefel angezogen. Sie steckt sich fünf Mark in den Geldbeutel, wie immer. „Wenn ich nicht mehr mitnehm', kann mir schon keiner was klauen", hat sie mal gesagt. Auch ihren Ausweis, den Führerschein und das Trambahnticket nimmt Sonja mit. Dann sagt sie tschüß zu ihrer Mutter und geht aus dem Haus. Um halb zehn ist sie mit Stefan am Hauptbahnhof verabredet. Sie ist pünktlich. Die beiden fahren drei Stationen mit der U-Bahn, von da sind es nur ein paar Minuten zu Fuß zum „Vollmond". Das ist die Kneipe, von der Stefan so geschwärmt hat. Gegen zehn sind Sonja und Stefan dort.

Im „Vollmond" treffen sie einen Freund von Stefan und dessen Kumpel. Am Tisch der beiden sind noch ein paar Plätze frei, Sonja und Stefan setzen sich dazu. Sonja ist nicht begeistert: Das ist also der Laden, für den sie einen gemütlichen Abend zu Hause geopfert hat. Naja, bißchen ökomäßig, denkt sie. Und die Musik ist auch nicht so doll. Daheim hab' ich so schöne CDs, und hier muß ich mir zwanzig Jahre alten Käse anhören. Lang bleib' ich nicht.

Sonja bleibt dann doch bis zwanzig vor eins. Fast drei Stunden. Sie hat gar nicht gemerkt, wie die Zeit vergangen ist. Sie zahlt mit den anderen, dann geht sie mit den drei Jungs in die Wohnung des einen, der um die Ecke wohnt. Seine Eltern sind nicht da. Sturmfreie Bude! Sonja ist hundemüde, warum sie noch mitgegangen ist, weiß sie selbst nicht. Die vier hören Musik, sie reden über neue Platten und über Bands, die gerade auf Tour sind. Anderthalb Stunden vergehen, es ist zehn nach zwei. Die beiden Jungs wollen ins Bett. Sonja sowieso. Nur Stefan ist noch ganz fit. Aber sein Kumpel macht klar: Hier ist jetzt Zapfenstreich. Sonja und Stefan verlassen die Wohnung. Sie wollen zum Stiglmaierplatz, dort hält die Nachtlinie der Straßenbahn. Sonja will nur eins: nach Hause. Sagt sie jedenfalls.

Was dann passiert, das muß Stefan ein paar Tage später einem Polizisten erzählen. In allen Details. Wieder und wieder: Um zum Stiglmaierplatz zu kommen, müssen Sonja und er wieder am „Vollmond" vorbei, von da sind es noch zehn Minuten. Kurz vor halb drei stehen die beiden an der Haltestelle. Doch Sonja will nicht warten, bis die Trambahn kommt. Sie hat plötzlich andere Pläne.

Sonja hatte ja nur fünf Mark dabei, und im „Vollmond" hat sie ein Bier getrunken. Jetzt ist nur noch eine Mark zwanzig im Geldbeutel. Taxi ist also nicht drin, und zum Trambahnfahren ist Sonja einfach zu müde. An der Haltestelle ist eine Telefonzelle. Sonja sagt, sie wolle ihre Schwester anrufen, die soll sie mit dem Auto abholen. Stefan leiht ihr seine Telefonkarte.

Sonja schiebt die Karte in den Apparat. Da kommt Stefans Trambahn. Es ist 2.28 Uhr, die Tram ist vier Minuten zu früh. Was er sich denn dabei gedacht habe, ein 19jähriges Mädchen mitten in der Nacht an einer Haltestelle stehen zu lassen, wird der Kriminalbeamte einige Tage später zu Stefan sagen. Stefan wird diese Frage richtig spießig vorkommen. Sonja ist erwachsen und er schließlich auch. Sonja kommt damit schon klar, wenn sie allein am Stiglmaierplatz steht. Sie hat's ja so gewollt. Und eigentlich habe er ja Kavalier sein und warten wollen, bis Sonjas Schwester mit dem Auto kommt, erzählt Stefan dem Polizisten. Aber die nächste Tram wäre erst in einer Stunde gekommen. Stefan hatte nur ein paar Sekunden zum Nachdenken. Er schaut zu Sonja rüber. Die hat immer noch den Hörer am Ohr. Stefan weiß, daß die Tram gleich abfahren wird. Er läuft los. Gerade noch rechtzeitig. Kaum ist die Tür hinter ihm zu, fährt die Trambahn ab. Stefan schaut sich nicht um. Er sieht nicht, ob Sonja wirklich spricht. Oder ob sie nur den Hörer in der Hand hält . . .

Bei Sonjas Schwester klingelt das Telefon in dieser Nacht nicht. Seit 2.28 Uhr am Morgen des 11. April 1995 ist Sonja Engelbrecht wie vom Erdboden verschluckt.

Ihre Eltern sind mit den Nerven am Ende. Sie haben alles, was an diesem

Abend passiert ist, hundertmal gehört und durchgesprochen. Sie haben Uhrzeiten verglichen und nachgerechnet. Sie haben immer noch Fragen. Viele Fragen. Warum will Sonja nachts um halb drei ihre Schwester aus dem Schlaf klingeln? Das hat sie doch noch nie gemacht. Sie hat ja nicht einmal Silvias Telefonnummer im Kopf – wenn sie ihre Schwester von zu Hause angerufen hat, mußte sie jedesmal im Adreßbuch der Eltern nachschlagen. Es hätte auch keinen Sinn, die Auskunft zu fragen: Silvia hat eine Geheimnummer! Mit wem telefoniert Sonja wirklich? Bis heute hat sich niemand gemeldet, der von ihr angerufen worden ist in jener Nacht. Wählt sie überhaupt eine Nummer? Oder will sie Stefan täuschen, um ihn loszuwerden? Ist sie froh, daß er in die Trambahn springt? Weil sie Pläne hat in dieser Nacht, Pläne, von denen niemand wissen darf?

Harry und Ingrid Engelbrecht, Sonjas Eltern, wissen schon lange nicht mehr, was sie glauben sollen. Und wem sie trauen können. Zu oft sind sie enttäuscht worden, seit Sonja verschwunden ist. Ingrid Engelbrecht weiß noch genau, wie sie bei allen Radiostationen in München angerufen hat. Wie sie gefleht hat, eine Suchmeldung nach Sonja auszustrahlen. Und wie man ihr überall gesagt hat: „Geht nicht. Wir brauchen die Erlaubnis der Polizei."

Sonjas Eltern sind zur Polizei gegangen, abends um acht – vor 24 Stunden haben sie ihre Tochter zum letzten Mal gesehen. Sie werden nie vergessen, was es für ein Gefühl war, auf der Bank in der Wache zu sitzen. Zu warten, bis sich die Beamten Zeit für sie nehmen. Ingrid Engelbrecht weiß noch, wie sie mit den Tränen gekämpft hat, als sie die Geschichte erzählen mußte, daß Sonja am Morgen nicht zu Hause war. Und daß sie sonst immer daheim angerufen hat, wenn es mal länger wurde. Ingrid Engelbrecht erinnert sich noch genau an die Worte des Polizisten: Wie alt sei Sonja? 19! Dann sei sie volljährig und könne tun und lassen, was sie will. Selbstbestimmungsrecht heißt das, sagt der Polizist. „Wenn wir jeden vermißt melden würden, der mal 'ne Nacht nicht heimkommt, hätten wir viel zu tun." Und außerdem gebe es da die Polizeidienstvorschrift 389. Danach gelte nur als vermißt, wer . . .

Ingrid Engelbrecht hört nicht mehr, was der Beamte sagt. Sie weiß nur: Ihre Tochter ist weg. Verschwunden. Mitten in der Nacht. Und sie spürt: Sie muß jetzt all ihre Kraft zusammennehmen, um durchzuhalten. Sie muß stark sein, um die nächsten Tage zu überstehen, bis Sonja wieder da ist. Oder werden es Wochen sein? Monate?

Verschwundene Sonja: Noch immer kein Lebenszeichen

München – Ingrid Engelbrecht hat die Hoffnung fast aufgegeben: „Ich glaube, meine Sonja kommt nicht wieder." Die 19jährige Münchner Fachoberschülerin ist seit drei Wochen spurlos verschwunden (BILD berichtete). Und noch immer gibt es kein Lebenszeichen. Mutter Ingrid ist fest davon überzeugt: „Meine Tochter wurde gekidnappt." Die sechsköpfige Gruppe der Mordkommission, die den Fall von der Vermißtenstelle übernahm, tappt nach wie vor im dunkeln. Sechs Hinweise kamen aus der Bevölkerung, die aber im Sand verliefen. Kommissariatsleiter Udo Nagel: „Wir brauchen drigend Leute, die Sonja irgendwo gesehen haben." **Foto: Westermann**

BILD, 5. 5. 1995

Auch am nächsten Morgen ist Sonja immer noch nicht zurück. Vor 36 Stunden war sie aus dem Haus gegangen. Schon die zweite Nacht, in der sie nicht in ihrem Bett geschlafen hat. Ingrid Engelbrecht geht wieder zur Polizei. Sie erzählt Sonjas Geschichte noch einmal. Die Geschichte, wie sie sie von Stefan gehört hat. Sie bemüht sich, ruhig zu bleiben. Das ist schwer, denn sie hat Angst um ihre Tochter. Fürchterliche Angst. Doch sie weiß: Die Polizei kann mit Gefühlen nichts anfangen. Die Polizei braucht Fakten: „Vollmond", Telefonzelle, Straßenbahn, 2.28 Uhr. Ingrid Engelbrecht sagt, daß Sonja kaum Geld bei sich hat. Nur eine Mark zwanzig, das habe Stefan erzählt. Das sei doch eine Tatsache. Eine Tatsache, die Angst macht. Ein Beamter sagt: „Bei dem Aussehen kann sich Ihre Tochter auch ohne Geld vergnügen." Ingrid Engelbrecht hat das Gefühl, als breche der Boden unter ihr weg.

Am späten Nachmittag nehmen die Beamten die Vermißtenanzeige an. Kurz darauf klingelt es in der Zschokkestraße an der Tür der Engelbrechts. Polizei. Die Beamten gehen in jedes Zimmer, schauen in jeden Winkel. Sie öffnen Schubladen, stochern in Blumentöpfen. Sie schauen unters Bett und durchsuchen die Wäsche. Sie fragen, was das auf dem Teppich für seltsame Flecken sind. Sie klettern auf den Speicher und steigen in den Keller, sie graben im Schrebergarten den Komposthaufen um. Was sie suchen, das sagen die Männer nicht. Die Engelbrechts wissen es auch so: Sie suchen nach Sonjas Leiche.

Die Nerven von Harry und Ingrid Engelbrecht sind zum Zerreißen gespannt. Sie haben Angst um ihr Kind und fühlen sich behandelt, als seien sie mordverdächtig. Ingrid Engelbrecht versucht sich zu beruhigen. Immer und immer wieder sagt sie sich, daß es gut ist, daß die Polizei alle Möglichkeiten prüft. Daß das helfen wird, Sonja zu finden, lebendig zu finden. Aber der schwere Weg von Sonjas Eltern ist noch lange nicht zu Ende: Wenn sie morgens die Münchener Zeitungen aufschlagen, sehen sie das Bild ihrer Tochter. Mal klein wie eine Briefmarke, mal über die halbe Seite. Meist ist es das Foto mit den hochhackigen Schuhen, der knappen schwarzen Hose und dem Ringel-Shirt. Sonja guckt sexy in die Kamera. Als ihre Schwester sie so fotografiert hat, war das ein Gag: Sonja wollte mal aussehen wie die Models auf den Titelseiten der Illustrierten. Doch das steht nicht in den Zeitungen, die das Bild drucken. Keiner schreibt, daß Sonja eher schüchtern ist, daß sie nicht mal einen Freund hatte.

Am 29. Mai '95 erzählt *Bitte melde Dich* die Geschichte von Sonja Engelbrecht. Viele Zuschauer rufen an, sie wollen Sonja erkannt haben. Auf Teneriffa. Als Anhalterin am Kreuz Köln-West. Im Zug von Paris nach Dortmund. In einem schwarzen BMW vor dem Postamt in Weinheim. Die Redaktion gibt alle Hinweise an die Polizei weiter. Ergebnis: null. Wer vor ein paar Tagen im Zug nach Dortmund saß, läßt sich nicht nachvollziehen. Am Kreuz Köln-West stehen jeden Tag andere Tramper, und es gibt viele schwarze BMWs. „Wir wissen nichts", sagt der Kriminaloberrat vom Dezernat 11, der sich mit Sonjas Fall befaßt. Trotz 80 Vernehmungen. Trotz 400 Seiten Protokoll. Trotz einer „Arbeitsgruppe Sonja" bei der Kripo. Nichts.

Nie, sagt ihre Mutter, wäre Sonja allein zu einem Fremden ins Auto gestiegen. Nie wäre sie freiwillig verschwunden, einfach so, nachts, mit einer Mark zwanzig in der Tasche, sagt ihr Vater. Harry Engelbrecht ist 63, er ist Beamter bei der Wehrbereichsverwaltung. Bis heute hat er keinen Tag im Büro gefehlt, auch wenn er in der Nacht kein Auge zugetan hat, wegen Sonja. Es fällt ihm schwer, sich zu konzentrieren. Aber: „Die Arbeit muß erledigt werden", sagt er. Seine Kollegen wollen ihm helfen, sie fragen jeden Tag: „Gibt's was Neues?" Harry Engelbrecht kann diese Fragen kaum aushalten, so nett sie gemeint sind – es gibt nichts Neues, überhaupt nichts. Sonjas Mutter ist 53. Sie sagt: „Wenn ich meine Enkelin nicht hätte, dann wäre ich schon lange im Irrenhaus."

Sonjas Eltern sind verbittert. Sie fühlen sich belogen und betrogen, beleidigt und bedroht. Sie glauben, daß die Polizei sie im Stich gelassen hat, daß ihnen niemand mehr helfen will. „Lassen Sie mich mit der Ausreißerin in Ruhe", hat ihnen mal ein Beamter am Telefon gesagt, „ich hab' Wichtigeres zu tun." Und so versuchen die Engelbrechts, sich selbst zu helfen. Sie befragen jeden, der Sonja kannte. Sie durchleuchten ihre Clique. Sie überprüfen Alibis. Sie glauben, daß sich die Zeugen widersprechen. Wer sagt die Wahrheit und wer lügt? Einen dicken Ordner haben sie angelegt, mit Zeitungsartikeln und den Ergebnissen ihrer Recherchen. Die Engelbrechts haben ihre eigenen Theorien, was mit Sonja passiert ist: Mädchenhandel? Entführung unter Drogen? Sie halten nichts für ausgeschlossen. Sonjas Eltern merken, daß viele abwinken, wenn sie von ihren Theorien erzählen. Keiner nimmt ihre Fragen ernst: Hat die Polizei geschlampt? Lügen Sonjas Freunde? War sie an jenem Abend überhaupt im „Vollmond", kam sie bis zum Stiglmaierplatz? Hat die rote Rose, die ein paar Tage vor Sonjas Verschwinden vor der Wohnung der Engelbrechts lag, etwas mit der Sache zu tun? Hat man Sonjas Telefon abgehört? Haben Satanssekten ihre Hände im Spiel? Die Mafia?

Die Engelbrechts wissen nur eines ganz genau: daß sie nichts mehr für bare Münze nehmen. Daß hinter jeder Wahrheit eine Lüge lauert. Daß es Menschen gibt, die vor nichts zurückschrecken. Wie Manfred aus München. Am 3. April '96, einen Tag vor Sonjas 20. Geburtstag und ein knappes Jahr nach ihrem Verschwinden, ruft er bei ihren Eltern an. Er habe Sonja gesehen, sagt er am Telefon. In Budapest, im 48. Bezirk, in einem Nachtlokal. „Stern der Sonne" soll es heißen. Manfred sagt: „Ich kann Euch Sonja zurückbringen. In drei Wochen." 2500 DM will er dafür. Er sagt, er habe vor kurzem schon ein Mädchen nach Hause geholt, eine Kölnerin. Sonjas Eltern greifen nach dem Strohhalm, Manfred wirkt solide. Sie geben ihm ein Foto mit, auf dem Sonja zu sehen ist. Darauf schreiben sie: „Liebe Sonja, wir sind immer für Dich da. Wir haben Dich lieb."

Kurz darauf ruft Manfred aus Ungarn an: Ja, er habe das Foto mit Widmung an Sonja übergeben. Ihre Eltern sind verrückt vor Glück. Sie schmücken Sonjas Zimmer. Kaufen ihr den eigenen Fernseher, den sich Sonja immer gewünscht hatte. Doch es gibt Probleme: Manfred will mehr Geld. Fast 5000 Mark. Er bekommt es. Wochen vergehen. Dann ruft er wieder an: „Es ist soweit. Ihr könnt Sonja am Bahnhof in Graz abholen. Bald. Ich melde mich wieder. Aber ich brauche noch Geld." Sonjas Vater sagt, er will erst ein Lebenszeichen von seiner Tochter. Seither haben die Engelbrechts nichts mehr von Manfred gehört. Sie haben nur erfahren: In Budapest gibt es keine Bar, die „Stern der Sonne" heißt. Und den Vertrag über „die Befreiung und Überstellung von Sonja Engelbrecht in die Obhut ihrer Eltern", den Sonjas Vater mit Manfred geschlossen und unterschrieben hat – den kann er wegwerfen. Zum zweitenmal hatten die Engelbrechts teuer für ihre Hoffnung bezahlt und waren an einen Betrüger geraten.

Die Theatinerkirche steht in jedem Reiseführer für München. Jeden Tag strömen Tausende von Touristen durch das schwere Eichenportal. Viele machen Fotos, und alle bewundern die kunstvollen Ornamente an der Decke. Als Ingrid Engelbrecht vor einigen Monaten die Theatinerkirche betrat, bog sie hinter dem Eingang gleich nach links ab. Sie ging in die kleine Nische, in der eine Madonna steht. Die Touristen um sie herum konnten nicht ahnen, was in der zierliche Frau vorging. Ingrid Engelbrecht ließ ein paar Münzen in eine Metalldose fallen. Sie hatte sich etwas vorgenommen: Sie greift nach vier Kerzen, stellt sie nebeneinander auf und zündet sie an: eine Kerze für ihre große Tochter Silvia, eine für ihr Enkelkind und zwei für Sonja. Eins der Lichter geht nach wenigen Sekunden aus. Sonjas Mutter hält das Streichholz noch einmal an die Kerze. Die Flamme springt über, aber wieder erlischt sie. Ingrid Engelbrecht bekommt es mit der Angst. War das ein Zeichen, daß Sonja nicht mehr lebt? Sie verläßt die Kirche. Sie zittert. Sonjas Lebenslicht erloschen? Als Ingrid Engelbrecht nach Hause kommt, erfährt sie: Silvia, ihre Große, liegt mit 40 Grad Fieber im Bett. Das ist schlimm, aber nicht lebensgefährlich. Ingrid Engelbrecht atmet tief durch: Es muß Silvias Kerze gewesen sein, die nicht brennen wollte! Silvia Engelbrecht ist wieder gesund geworden, und zwei Wochen später steht Ingrid Engelbrecht wieder in der Theatinerkirche. Sie hat ein Streichholz in der Hand. Sie hält es der Reihe nach an vier Kerzen. Vier kleine Flammen. Alle brennen. Keine erlischt.

Ingrid Engelbrecht erzählt oft die Geschichte von den Kerzen. Und wenn sie sie zu Ende erzählt hat, stellt die Mutter immer die gleiche Frage in den Raum: „Wenn Sonjas Kerzen brennen, dann zeigt das doch, daß sie lebt. Oder?" Die Flamme der Hoffnung brennt weiter. Sonja muß leben. Eine Mutter spürt sowas.

Die Kripo München ist dankbar für jeden Hinweis, der Aufschluß über das Schicksal von Sonja Engelbrecht gibt. Tel.: 089 / 29100

Bettina Kneip wird diese Minuten nie vergessen:
Es ist früher Morgen, halb sieben. Ein
besonderer Morgen! Sie weckt ihre Kinder
Patrick, Janine und Bianca. Die drei sind noch
müde, als die Mutter sie im Wohnzimmer auf
die Couch setzt. Bettina Kneip rutscht ganz nah
an ihre Kinder heran und sagt: „Euer Papi ist
wieder da.“ Und als sie sieht, wie die
verschlafenen kleinen Gesichter zu strahlen
anfangen, da wird ihr erst bewußt, wie sehr die
drei darunter gelitten haben müssen, daß ihr
Vater spurlos verschwunden war. Seit dem 28.
Juni 1993 war Matthias Kneip vermißt, ein
halbes Jahr später ist er wieder zu Hause. Seine
*Frau hatte ihm über **Bitte melde Dich** gesagt:*
„Laß uns Ordnung in unser Leben bringen!“

Die Geschichte von Matthias Kneip

3. Januar 1994, 21.35 Uhr. Die Erkennungsmelodie von *Bitte melde Dich*
kündigt den zweiten Teil der Sendung an. Jörg Wontorra sagt: „Wenn
Väter verschwinden, liebe Zuschauer, dann leidet die Familie natürlich
besonders. So ist es auch bei Familie Kneip aus dem Westerwald, und zu
Gast bei uns ist jetzt Bettina Kneip. Guten Abend.“ Bettina hat sich ein
bißchen gefürchtet vor diesem Augenblick, aber sie ist froh, daß das
Warten endlich vorbei ist. Es ist gar nicht so schlimm, im Fernsehen zu
sein, das merkt sie schon nach ein paar Sekunden. Man merkt ja nicht,
wer alles zuschaut. Man sieht nur ein paar Techniker im Studio und die
Kameraleute.

Bettina hat sich Sachen angezogen, in denen sie sich wohlfühlt: Jeans,
Rollkragenpulli, Halstuch und eine blaue Weste. Aber das sind auch Sachen, in denen ihr Mann sie besonders gerne sieht. Matthias heißt ihr
Mann, und er ist der Grund, warum sie hier sitzt. Matthias ist seit Juni
1993 verschwunden, seit einem halben Jahr. Vor ein paar Tagen hat sie
sich entschlossen, die Notrufnummer von *Bitte melde Dich* zu wählen,
und dann ist alles ganz schnell gegangen: ein paar Telefonate mit der
Redaktion, ein Gang zum Einwohnermeldeamt, um zu erfahren, ob sich
ihr Mann nicht woanders angemeldet hat – und heute sitzt sie hier im
Studio.

*Darauf haben Bettina Kneip und ihre Kinder ein halbes
Jahr sehnsüchtig gewartet: Endlich ist der Papa wieder
zu Hause!*

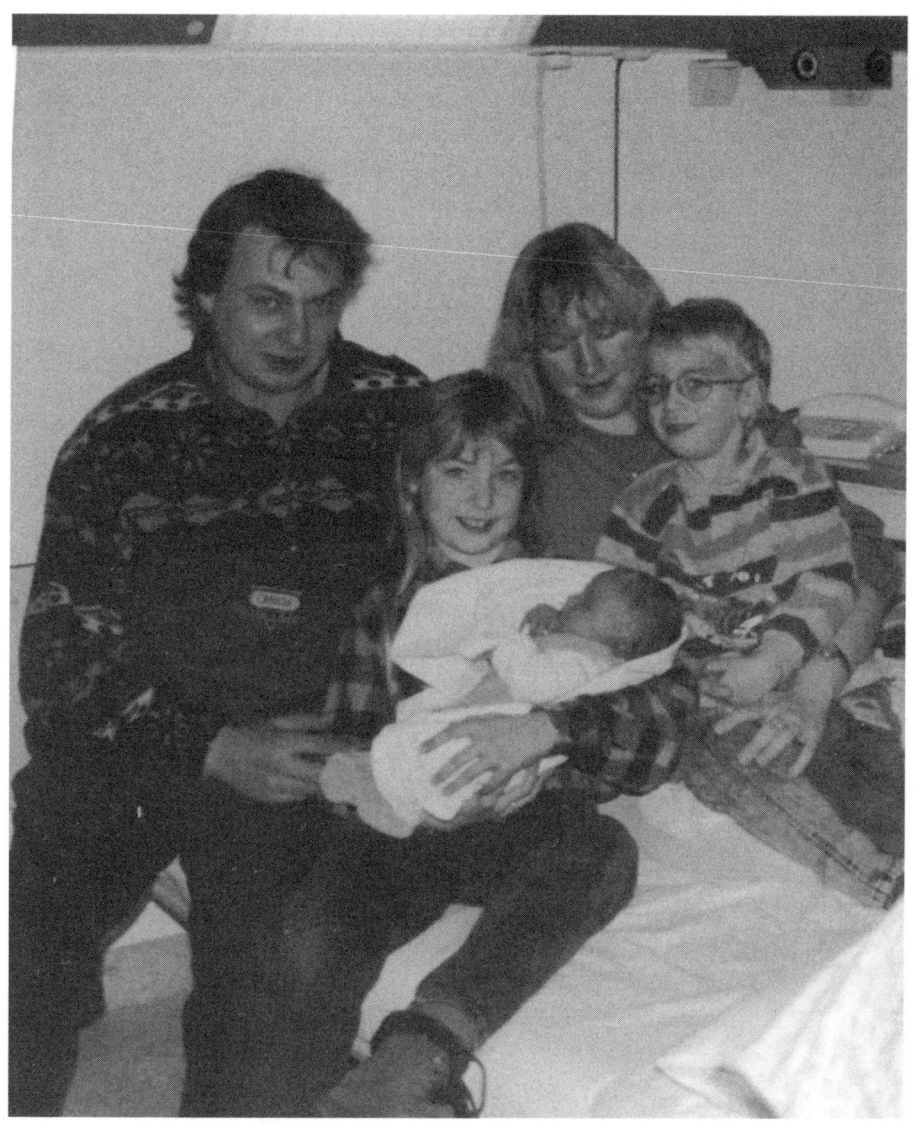

Seit 1984 ist Bettina mit Matthias verheiratet. Beide waren noch ganz jung damals, erst 18. Nicht ganz leicht, sich so früh zu binden, das merken Matthias und Bettina schnell. Und es ist auch nicht leicht, in so jungen Jahren Verantwortung für Kinder zu übernehmen. Die Kneips bekommen drei: Janine, Bianca und Patrick. Es gibt Probleme, haufenweise. Doch Matthias und Bettina wollen nicht aufgeben. Und sie kriegen ihre Ehe in den Griff. Matthias wünscht sich sogar ein viertes Kind. Doch Bettina zögert. Vielleicht später. 1989 macht sich Matthias Kneip selbständig: Er hat Schlosser gelernt, jetzt ist er Subunternehmer. Sein eigener Herr. Das bedeutet mehr Geld für die Familie – aber auch mehr Streß.

Juni 1993. Bettina merkt, daß etwas nicht stimmt: Matthias wirkt angespannt, in sich gekehrt, gereizt. „Ich kam nicht mehr an ihn ran", erzählt sie Jörg Wontorra in der Sendung, „wenn ich ihn angesprochen habe, ist er ausgewichen." 27. Juni, Sonntagvormittag. Janine, Patrick und Bianca sind beim Kindergottesdienst. Bettina und Matthias streiten. Nichts Großes, nichts Lautes, aber es nervt. Später weiß Bettina nicht mal mehr, um was es eigentlich ging bei dieser Zankerei. Wahrscheinlich nur um Kleinkram. Aber den 27. Juni 1993 wird sie ihr Leben lang nicht vergessen. Es ist der Tag, an dem ihr Mann verschwindet.

12 Uhr, Matthias holt seine Kinder vom Gottesdienst ab. Er läßt sie aussteigen und schickt sie ins Haus zur Mutti, dann fährt er weiter. Bettina hört nur, wie er Gas gibt. „Der wird sich schon wieder einkriegen", denkt sie. Den Rest des Tages verbringt sie damit, auf ihren Mann zu warten. Vergeblich. Am Abend hat sie keinen Hunger, und sie bringt ihre drei Kinder früher als sonst ins Bett. Dann legt sie sich selber hin – aber sie kann nicht einschlafen. Sie grübelt, und sie denkt über den Streit vom Vormittag noch einmal nach. Vielleicht war sie zu hart zu Matthias? Aber schließlich war er es, der . . . Da hört sie den Schlüssel im Schloß. Ihr Wecker zeigt zwei Uhr dreißig. Matthias! Ihr Mann kommt ins Schlafzimmer. Ein kurzer Wortwechsel, dann geht er wieder. Bettina weiß nicht, daß sie die härtesten sechs Monate ihres Lebens vor sich hat.

Bettina hat kaum geschlafen in dieser Nacht, und sie hat schlecht geträumt. Trotzdem: Sie muß aufstehen, muß ihren Kindern Frühstück machen. So, als ob alles in Ordnung ist. Die Kinder haben noch nichts gemerkt, Gott sei Dank. Der Papa geht ja sowieso immer vor ihnen aus dem Haus. Bettina ist Erzieherin, um halb neun muß sie im Kindergarten sein. Sie zieht die Tür hinter sich zu, mit dem Auto sind es nur zwei Minuten zur Arbeit. Patrick und Janine sind schon aus dem Haus. Nur Bianca ist noch da – sie muß heute später in die Schule. Plötzlich taucht ihr Vater auf. Er schnappt sich seinen Aktenkoffer, rafft Badehose, Muskelshirt, Handtuch und Socken zusammen, dann geht er wieder. Um Bianca kümmert er sich nicht. „Er hat gepackt, als wenn er in Urlaub fahren wollte", sagt Bettina Kneip, als Jörg Wontorra nach diesem Vormittag fragt. „Ich glaube, er wollte gar nicht für immer weg . . ."

Doch Matthias Kneip kommt nicht zurück. Und Bettina erfährt Dinge, die das Verschwinden ihres Mannes noch rätselhafter machen. In der Firma, für die er arbeitet, hat sich Matthias krank gemeldet. Eine ganze Woche! Und er hat seine Schwester besucht, direkt nach dem Streit mit seiner Frau. Er hat ihr erzählt, daß seine Ehe mit Bettina wunderbar läuft und daß er am nächsten Wochenende mit der ganzen Familie in einen Freizeitpark fahren will. Bettina versteht die Welt nicht mehr: in einen Freizeitpark! Stattdessen haut er einfach ab und läßt mich und die Kinder allein!

Matthias ruft dreimal zu Hause an. Beim ersten Mal sagt er nur: „Es war richtig, daß ich gegangen bin." Beim zweiten Anruf erzählt er, er sei 800 Kilometer von zu Hause weg und sein Auto sei kaputt – deshalb könne er auch nicht nach Hause kommen. Das dritte Mal ruft Matthias am 7. September an. Es ist Bettinas Geburtstag. Er macht seiner Frau ein schönes Geschenk. Das schönste, das sie sich wünschen konnte. Er sagt, in vier Wochen sei er wieder zu Hause. „Spätestens", sagt Matthias. „Das klang so ehrlich", sagt Bettina Kneip, „ich hab' das geglaubt." Vier Monate vergehen. Matthias kommt nicht heim, und er ruft auch nicht mehr an.

„Wie erklären Sie den Kindern, was passiert ist?" will Jörg Wontorra in der Sendung wissen. „Ich hab' die Kinder nicht spüren lassen, wie ich darunter leide", sagt Bettina. Aber sie habe ihnen ganz klar gesagt: Euer Papi ist weggegangen – und ich weiß nicht, wohin und warum. Die Kinder reagieren unterschiedlich: Patrick, mit vier Jahren das Nesthäkchen, redet offen darüber, stellt seiner Mutter Fragen. Bianca, acht, hält sich zurück, weiß nicht, wie sie mit der Situation umgehen soll. Die sechsjährige Janine leidet am meisten. An ihrem Geburtstag wartet sie auf einen Anruf vom Papi – doch das Telefon bleibt stumm.

Für Bettina Kneip ist es schwer, vor der Kamera darüber zu sprechen, was sie bewegt. Aber sie sieht in *Bitte melde Dich* ihre einzige Chance,

Matthias um ein Lebenszeichen zu bitten. Die letzte Möglichkeit, ihre Ehe zu retten und ihren drei Kindern den Vater zurückzugeben. Als Jörg Wontorra ihr die Kamera 1 zeigt, die Kamera, in die die Gäste bei *Bitte melde Dich* schauen, wenn sie ihre vermißten Angehörigen direkt ansprechen wollen, da muß Bettina Kneip alle Kraft zusammennehmen. Das Rotlicht geht an. Jetzt liegt es an ihr, die richtigen Worte zu finden. Die Worte, die Matthias zum Telefonhörer greifen lassen: „Matthias, ich möchte Dir erst mal sagen, daß alle Probleme zu regeln sind. Ich will nicht mit aller Gewalt unsere Ehe retten – aber da sind die Kinder, und die lieben dich und die fragen nach dir. Und ich weiß, daß auch du sie alle drei liebhast. Melde dich, laß uns Ordnung in unser Leben bringen."

21.39 Uhr. Bettina Kneip atmet auf. Sie hat es geschafft, Matthias das zu sagen, was sie empfindet. Wenn er jetzt zugeschaut hat, dann wird er anrufen. Ganz bestimmt. Doch Matthias Kneip hat nicht zugeschaut. In den Minuten, die seine Frau soviel Kraft kosten, steht er in einem Restaurant und feiert. Natürlich weiß er, daß seine Frau sich Sorgen macht, daß sie alles versuchen wird, ihn zu finden. Aber er ist weit weg von zu Hause, und er will nicht daran denken, wie sehr ihn seine Familie vermißt. Daß Bettina sich an *Bitte melde Dich* wenden könnte – daran denkt Matthias Kneip nicht im Traum.

Kurz vor 22 Uhr. Bettina Kneip sitzt in der Redaktion über dem Studio, ihren Sohn Patrick auf dem Schoß, ein Glas Orangensaft in der Hand. Janine und Bianca sind zu Hause im Westerwald geblieben. Sie sind bei Oma und Opa. Patrick ist müde, auch Bettina ist erschöpft. Aber sie fühlt sich besser als noch vor einer Stunde, irgendwie befreit. Jetzt ist es raus, denkt sie, jetzt habe ich gesagt, wie es mir geht. Jetzt ist Matthias an der Reihe . . .

Ungefähr um diese Zeit tippt im Restaurant jemand auf Matthias Kneips Schulter: „Du, komm mal mit raus." Der Mann erzählt Matthias, daß er gerade einen Anruf erhalten hat – von einem Freund, der SAT.1 geschaut hat, *Bitte melde Dich*. Und in dieser Sendung sei die Rede von Matthias gewesen. Seine Frau hätte mit Jörg Wontorra im Studio gesprochen, vor einer Stunde ungefähr.

Matthias wird schwindelig. SAT.1. Bettina. *Bitte melde Dich*. Auf seiner Stirn bilden sich Schweißperlen. „Ist gut", stammelt er. Er holt sein Auto und fährt los. Er weiß nicht, wohin. Nach Hause? Er fährt und fährt, mal biegt er links ab, mal rechts. Er weiß nicht, wieviel Zeit ver-

48

geht. Matthias fährt an einer Telefonzelle vorbei. Er bremst. Er gibt Gas. Er bremst wieder und steigt aus. Er will telefonieren. Er muß. Matthias zittert, als er zum ersten Mal seit vier Monaten seine eigene Telefonnummer wählt. Es klingelt und klingelt und klingelt. Seine Frau hebt nicht ab. Matthias Kneip weiß nicht, daß *Bitte melde Dich* eine Live-Sendung ist. Und er weiß nicht, daß er seine Frau zu dieser Zeit im Münchner Studio unter 0130/2000 erreichen könnte. Eine Stunde später sitzt Bettina Kneip in ihrem Hotelzimmer neben dem schlafenden Patrick und denkt: „Alles umsonst gewesen . . ." Denn in der Telefonzentrale im Studio hatte Matthias nicht angerufen. Bettina weiß nicht, daß bei ihr zu Hause das Telefon klingelt. Immer und immer wieder.

Am nächsten Morgen steigt Bettina mit Patrick in München in den Zug Richtung Heimat. Zur selben Zeit sitzt Matthias im Auto. Er hat nicht geschlafen in dieser Nacht. Er ist müde, doch er hält nicht an. Er fährt immer weiter, nach Koblenz, nach Frankfurt am Main. Kreuz und quer durch Deutschland. Immer wieder stoppt er den Wagen an einer Telefonzelle, wählt die Nummer seiner Frau. Niemand hebt ab. Gegen 17 Uhr kommt Bettina Kneip nach Hause. Müde und enttäuscht. Der ganze Aufwand umsonst, denkt sie. Sie fährt zu ihren Eltern, will Bianca und Janine abholen. Ihre Mutter ist ganz aufgeregt. Sie sagt nicht hallo, sie sagt nur: „Matthias hat angerufen!" Bettina ist wie vom Donner gerührt. Sie schnappt sich ihre Kinder und rast nach Hause. Jetzt ganz ruhig bleiben, sagt sie sich, kühlen Kopf bewahren. Die Minuten verstreichen. 19 Uhr. Da klingelt das Telefon. Bettina hebt ab. „Ich bin's", sagt die Stimme am anderen Ende. Sonst nichts. Bettina bringt kein Wort heraus. Die beiden schweigen sich an, endlose Sekunden. Bettina denkt: „Jetzt entscheidet sich's. Ich häng' nicht länger in der Luft."

Eine halbe Stunde sprechen Matthias und Bettina. Die beiden verabreden sich. Für 20 Uhr, auf einem Parkplatz. „Ich wußte ja nicht, was auf mich zukommt", erzählt Bettina später. Vor 24 Stunden war sie noch in München im *Bitte melde Dich*-Studio. Und jetzt hat sie schon eine Verabredung mit ihrem Mann! Ein Wiedersehen nach sechs Monaten Trennung . . .

17. Januar 1994. Bettina Kneip ist zum zweiten Mal zu Gast bei Jörg Wontorra. Doch diesmal ist sie nicht so aufgewühlt wie vor zwei Wochen, denn heute ist sie nicht allein – sie ist zusammen mit ihrem Mann gekommen. Die beiden haben sich ausgesprochen, sie leben wieder zusammen: „Wir haben's geschafft." Matthias Kneip erzählt, wo er das

letze halbe Jahr verbracht hat: „Überall, an der Nordsee, in Österreich. Immer auf der Flucht." Auf der Flucht vor den Problemen zu Hause. „Und immer mit der Angst, erkannt zu werden." Von einem Nachbarn, der in Österreich oder an der Nordsee Urlaub macht. Und er berichtet, warum er sich nicht von selbst gemeldet hat. Warum er den Anstoß von außen brauchte: „Man weiß nicht, ob man zurückkommen kann. Will die Frau einen noch? Bis die Sendung kam. Da wußte ich: Ich kann zurück!"

15 Monate später, 1. April 1995. In Höhn im Westerwald wird gefeiert. Bettina und Matthias Kneip haben zur Taufe eingeladen – zur Taufe ihres vierten Kindes. Nadine, ein Wunschbaby. Viele Gäste sind gekommen, um den Eltern zu gratulieren. Auch Jörg Wontorra. Er ist Nadines Taufpate: „Mein schönster Tag als Moderator von *Bitte melde Dich*!"

Montag, 27.November 1995, 11.30 Uhr.
Hannelore Zint verläßt ihre Wohnung in
Ludwigshafen am Rhein. Sie hat nur eine kleine
Reisetasche bei sich. Ihr Zug nach München geht
um 12.27 Uhr, am Abend ist sie Gast bei **Bitte**
melde Dich. *Hannelore sucht ihren Sohn Sven.*
Seit über zehn Jahren. Schon zweimal war ihr
gesagt worden, ihr Sohn sei tot. Zweimal gibt es
dafür keine Beweise. Niemand kann ihr sagen,
was mit Sven passiert ist. Wie ist der
sechsjährige Junge am 15. April 1985
verschwunden? War es eine Entführung – lebt
Sven vielleicht noch? War es Mord? Auch wenn
Hannelore Zint eines Tages dem Mörder ihres
Sohnes gegenüberstehen müßte: Sie möchte die
Wahrheit über Svens Schicksal wissen.
Hannelore Zint braucht die Hilfe der **Bitte**
melde Dich-*Zuschauer.*

Die Geschichte von Sven Hollstein

Hannelore Zint setzt sich in ihr Abteil, Fensterplatz. Sie verstaut ihre
Tasche, der Zug rollt los. Häuserreihen huschen an ihr vorbei. Erst
langsam, dann immer schneller. Sie hört den Fahrtwind. Der 15. April
1985 war auch ein Montag, so wie heute. Ein Tag, der ganz normal angefangen hatte:

Um 17.30 Uhr soll sie in der Fahrschule sein. Hannelore will endlich
den Führerschein machen. Sie möchte unabhängig sein, nicht mehr
dem Bus hinterherrennen müssen. Und ihre Kollegen hatten schon
lange geunkt: „Hannelore, mit 28 sollte man endlich Auto fahren können." 22 Fahrstunden hat sie bereits hinter sich. Hannelore wohnt mit
ihrem zweiten Mann und ihrem Sohn Sven im 13. Stock eines Hochhau-
ses in Ludwigshafen-Pfingstweide. Sie arbeitet nachts in der Taxizen-
trale und kommt jeden Morgen um sechs Uhr früh zurück. Sven geht
um sieben in den Kindergarten, dann kann Hannelore ein paar Stunden
schlafen. Kurz nach vier kommt der Kleine nach Hause.

15. April, 16 Uhr 10. Hannelore freut sich auf Sven, sicher wird er wieder viel erzählen. Im August soll er in die Schule kommen, und zur Zeit

kennt er kein anderes Thema. Es klingelt, Sven steht in der Tür. Hannelore gibt ihm einen Kuß. Er kommt einfach nie zu spät, denkt sie, auf ihn kann ich mich verlassen. Hundertprozentig. Sven hat keinen Hunger, er möchte lieber nochmal raus auf den Bolzplatz um die Ecke. „Okay, aber sei um fünf wieder da", sagt die Mutter, „ich muß zur Fahrstunde."

Sie blickt ihrem Sohn nach, als er in den Aufzug steigt. So selbständig ist er schon: Er kann so vieles schon alleine. Die Zeit vergeht so schnell, im Nu wird er erwachsen sein und eigene Wege gehen. Hannelore seufzt, aber natürlich ist sie stolz auf ihren Sohn. Sie schließt die Tür und geht ins Wohnzimmer. Sie will aufräumen. Auf dem Couchtisch liegt ein Fieberthermometer: „Wo kommt das denn her?" Da fällt ihr ein: Eine Nachbarin hatte es ihr letzte Woche geliehen. Sven war erkältet gewesen, hatte Fieber. Hannelores Thermometer war ein paar Tage vorher kaputtgegangen. Sie schaut auf die Uhr: „Halb fünf, das bringe ich ihr schnell vorbei." Sven ist ja erst um fünf zurück. Hannelore verläßt die Wohnung. Sie geht zum Aufzug, fährt in den zweiten Stock.

Die Nachbarin freut sich über den unerwarteten Besuch. Sie hat seit drei Wochen ein Baby – und das ist Gesprächsstoff für Stunden. Hannelore redet sich fest. Als sie auf die Uhr schaut, ist es zwei Minuten vor fünf. „Ich muß hoch, Sven kommt um fünf." Sie geht zum Aufzug. Lange muß sie nicht warten, der Lift kommt aus dem Parterre. Der Lift, aus dem Sven Sekunden vorher ausgestiegen ist . . .

Hannelore fröstelt es im Abteil. Sie hüllt sich fester in ihre Jacke ein. Dann schaut sie sich um. Den anderen im Abteil scheint es nicht zu kalt zu sein. 15. April! Die Haustür muß offengestanden haben. Ein Nachbar hatte gesehen, wie Sven in den Aufzug steigt. Der Junge fährt in den 13. Stock, er klingelt an der Wohnungstür. Niemand macht auf. Klingelt Sven noch einmal? Vielleicht denkt er: Mama hat wieder das Radio an, da hört sie die Klingel nie beim ersten Mal. Klingelt er ein drittes Mal? Niemand weiß, was Sven gedacht hat. Sicher ist nur: Er war im Haus, aber er ist nicht hier, und er muß das Haus wieder verlassen haben.

Hannelore steigt in den Lift. Sie lächelt über ihre Nachbarin. „Junge Mütter", denkt sie sich. „wenn die wüßten, wie schnell die Zeit vergeht, in der die Kinder noch so klein und hilflos sind". Sie drückt auf den Knopf mit der 13. Der Aufzug setzt sich in Bewegung. 3. Stock. 4. Stock. Es dauert fast zwei Minuten, bis er im 13. Stock angelangt ist.

*Niemand weiß, was dem kleinen Sven zugestoßen ist.
Am 15. April 1985 ist er nach dem Spielen auf dem
Fußballplatz nicht mehr nach Hause gekommen. Alle
Spuren verliefen im Sand . . .*

SAT 1
Bitte Melde Dich -
Postfach 860525
81632 MÜNCHEN

Betreff : Vermißtenmeldung vom 15.04.1985
Sven - Alexander Hollstein

Sehr geehrte Damen und Herren,
Anläßlich unseres Telefongesprächs vom 25.09.1995, komme ich auf Sie zu,
um mein Ihnen mein Anliegen mitzuteilen, in der Hoffnung, daß Sie mir
weiterhelfen können.

Kurze Erläuterung zur Sache:
Am 15.04.1985 verschwand mein Sohn Sven spurlos. Trotz intensiver Suche
durch die Polizei und Anwohner fand sich bis heute keine Spur von dem
Jungen. Mein Sohn soll angeblich entführt und anschließend ermordet
worden sein.(laut Geständnis eines jungen Mannes, der hier in der Gegend
wohnhaft ist.)Das Geständnis wurde jedoch in der Gerichtsverhandlung
widerrufen. Da diese Verhandlung nur auf Angaben des vermeintlichen
Täters aufgebaut war, wurde dieser Freigesprochen, da die Leiche des Kindes
bis heute nicht gefunden wurde.
Ich habe daher bis zum heutigen Tag die Hoffnung nicht aufgegeben, daß
mein Kind noch lebt.
Sven wäre am 27.10. 17 Jahre alt geworden.

Ich bitte Sie diesen Fall in Ihrer Sendung aufzunehmen.

Mit freundlichen Grüßen

17 Uhr. Hannelore sperrt die Wohnung auf. Sie geht in die Küche und fängt an, Kartoffeln zu schälen für das Abendessen. Fünf nach fünf. Zehn nach fünf. Hannelore wird unruhig. Ist Sven zu Freunden in der Nachbarschaft gegangen? Oder zu seinem Vater, ihrem Ex-Mann? Hannelores Hand beginnt zu zittern, als sie zum Telefonhörer greift ...

Der ICE 793 fährt in den Münchner Hauptbahnhof ein. Es ist Nachmittag geworden. Hannelore Zint steigt aus. Am Gleis begrüßt sie ein Fahrer von SAT.1. Er bringt sie ins Hotel. Die zierliche Frau muß etwas essen – wie immer, wenn sie sehr aufgeregt ist. Sie hat das Gefühl: Heute abend bei der Sendung bring' ich keinen Ton raus! Aber sie weiß auch, daß dieser Abend eine Chance für sie ist. Und diese Chance will sie wahrnehmen.

Als sie gegen halb sechs mit den anderen Gästen ins Studio gefahren wird, merkt sie: Auch die anderen sind nervös. Angespannt. Keiner ahnt, was ihm dieser Abend bringen wird. Gute Nachrichten? Schlechte? Ob das Telefon für ihn überhaupt klingelt? Hannelore weiß: Es ist sehr unwahrscheinlich, daß Sven heute abend anruft. Freilich, er wäre heute 17. Alt genug, um selbst zu entscheiden, ob er sich melden will. Aber da ist auch die alte Angst. Die Angst, daß sie heute den Beweis erhält, daß Sven nicht mehr am Leben ist. Ein anonymer Anruf vielleicht. Trotzdem: Sie will alles versuchen. Will jeden Strohhalm ergreifen. Deshalb hat sie an *Bitte melde Dich* geschrieben. Hannelore wird ruhiger. Drei Stunden noch bis zur Sendung.

München-Schwabing, Türkenstraße 95. Als Hannelore und die anderen Gäste durch das *Bitte melde Dich*-Studio geführt werden, sind die Techniker dabei, die Live-Sendung vorzubereiten. Ton, Licht, Kameras. Um 21 Uhr läuft die siebzigste Folge von *Bitte melde Dich*.

Noch zwei Stunden bis zur Sendung. In der Studiokantine gibt es Abendessen. Hannelore lernt eine Mutter aus Österreich kennen. Die Frau sucht ihre Tochter Jasmin, die seit sechs Wochen verschwunden ist. Die beiden Mütter verstehen sich sofort: Die Suche nach ihren Kindern verbindet sie.

20 Uhr: Jörg Wontorra kommt an Hannelores Tisch. Sie spürt, dieser Mann strahlt Ruhe aus. Er erklärt ihr, was er sie in der Sendung fragen wird, versucht ihr die Scheu vor der Kamera zu nehmen.

Noch zehn Minuten bis zur Sendung. Hannelore Zint sitzt auf einem Stuhl im Studio. Sie wirkt ruhig. Man hat ihr alles erklärt, was sie wissen muß: daß das Gespräch mit ihr gegen 21.35 Uhr beginnt. Daß ein Aufnahmeleiter sie hier abholen und zur Couch bringen wird, wenn es soweit ist. Hannelore Zint ist mit ihren Gedanken wieder allein: 15. April!

Warum hatte sie sich festgeredet bei der Nachbarin? Warum war sie nicht ein bißchen früher gegangen – sie hätte Sven aufgemacht, ihn in die Arme genommen . . . Wo ist Sven? Was ist mit ihm passiert? Hannelore erinnert sich genau an dieses Panikgefühl damals. Sie will raus, nach Sven suchen. Sie ist wie gelähmt. Das Telefon steht neben ihr. Es ist 17.15 Uhr. Sie ruft Bekannte an, die nicht weit von ihr wohnen. „Ist Sven bei Euch?" Nein. Sie ruft ihren Ex-Mann, Svens Vater, an. Nichts.

Spielt Sven noch im Hof? Hannelore Zint läuft zum Aufzug. 12. Stock. 11. Stock. Noch nie ist ihr die Fahrt nach unten so lang vorgekommen. 7. Stock. 6. Stock. Endlos. Parterre, sie stößt die Tür auf, rennt in den Hof. Nichts. Der Bolzplatz. Vielleicht ist Sven ja noch auf dem Bolzplatz. Natürlich! So wird es sein: Er war zu Hause, keiner hat aufgemacht, da ist er wieder zurückgegangen. Und jetzt sitzt er auf der Schaukel und wartet, daß ich ihn abhole. Hannelore kommt außer Atem am Fußballplatz an. Da, der Junge mit den blonden Haaren, ist das nicht Sven? Nein, einer seiner Freunde. Er sagt, Sven sei um Viertel vor fünf gegangen. Hannelore Zint hat das Gefühl, als bliebe ihr Herz stehen. Um Viertel vor fünf! Dann ist er ein paar Minuten vor fünf am Haus gewesen. Und hat geklingelt . . .

Hannelore rennt zurück. Vielleicht begegnet sie Sven ja auf dem Weg nach Hause. Vielleicht sitzt er irgendwo auf der Mauer und weint, weil sie nicht da ist. Hannelore ist in Panik. Jetzt ist sie gleich an der Haustür, aber nirgendwo sieht sie einen kleinen blonden Jungen mit beiger Cordhose und rotem Norwegerpulli. Sie schließt die Tür auf, geht wieder zum Aufzug. 13 Stockwerke. Eine Ewigkeit. Hannelore ruft die Polizei an. Es ist 17.45 Uhr.

Die Polizisten wollen sie vertrösten. Sie solle sich keine Sorgen machen, der Kleine sei bestimmt gleich zurück. Hannelore wird heftig, sie weiß: Es ist etwas passiert. Eine Viertelstunde später steht ein Streifenwagen vor der Tür, eine halbe Stunde später macht die Polizei Lautsprecherdurchsagen im Viertel: „Wer hat Sven Hollstein gesehen? Er ist 1 Meter 10 groß, schmächtig und hat braune Augen . . ."

Die Suche nach Sven hat begonnen.

20 Uhr. Ein Polizeihubschrauber kreist über Ludwigshafen. Polizisten durchkämmen mit Hunden den Stadtteil Pfingstweide. Als es stockdunkel ist, brechen sie die Suche ab. Im Morgengrauen machen die Polizisten weiter. Nichts. Hannelore Zint kann keine Sekunde still sitzen, sie kann nicht schlafen. Sie fleht stumm zum Himmel: „Lieber Gott, bitte gib mir mein Kind wieder!" Sie sucht ein Foto von Sven heraus, sie schaut in die Augen ihres Sohnes auf dem Bild. „Bitte, Sven, sag mir, wo du bist!" Sie schreibt einen Text, mit dem sie die Mitbürger um Hilfe bei der Suche bittet. Sie klebt das Foto auf das Suchplakat und läßt es hundertfach kopieren. Die Familie klebt die Plakate in ganz Ludwigshafen an die Hausmauern. Es kommt kein Hinweis, der weiterhilft. Aber es kam dieser Anruf . . .

Hannelore Zint schreckt hoch. Der Aufnahmeleiter tippt ihr auf die Schulter. Er sagt ihr, daß sie jetzt gleich vor die Kamera muß. Er führt sie in der Werbepause zum grünen *Bitte melde Dich*-Sofa. Jörg Wontorra kommt dazu. Er weiß: Hannelore ist nervös. Er lächelt sie an. Langsam wird Hannelore ruhig. Sie ist bereit.

21.37 Uhr. Die Werbung ist gelaufen. *Bitte melde Dich*, zweiter Teil. Jörg Wontorra sitzt auf dem Sofa und begrüßt seinen Gast. „Bei mir ist jetzt eine Frau, die wirklich durch die Hölle gegangen ist." Hannelore versucht ruhig zu atmen. „Frau Zint, ihr Sohn ist seit über zehn Jahren verschwunden. Was gibt ihnen die Kraft zu glauben, daß Sven noch lebt?" Hannelore nimmt ihren ganzen Mut zusammen. „Meine Träume machen mich stark. In ihnen sehe ich Sven vor mir. Fast kann ich ihn anfassen. Aber dann greife ich ins Leere oder wache auf. Und", ihre leise Stimme wird plötzlich fester „bis heute hat man keine Leiche von Sven gefunden. Das läßt mich hoffen – daß Sven am Leben ist."

Jeder Zuschauer spürt: Diese Frau gibt nicht auf. Ob sie Schuldgefühle habe, fragt Jörg Wontorra. „Ja, noch heute frage ich mich oft: Warum mußtest du dieses Fieberthermometer genau dann abgeben, als Sven vor der Tür stand? Warum?"

21.42 Uhr: Das Gespräch mit Jörg Wontorra ist zu Ende. Hannelore steht vom Sofa auf. Sie fühlt, wie die Anspannung langsam aus ihrem Körper weicht. Sie hat es geschafft. Sie hat die Chance genutzt, durch *Bitte melde Dich* etwas über Sven zu erfahren. Sechs Millionen Menschen haben ihr zugehört. Vielleicht ist einer dabei, der etwas über Sven weiß. Das Warten beginnt! Hannelore geht in den ersten Stock über den Studios. Sie setzt sich vor die Telefonzentrale. Sie steht wieder auf. Ob ein Zuschauer sich wegen Sven meldet? Die Apparate klingeln unablässig. Dieses quälende Klingeln, wie damals, als dieser Mann aus der Gartenstadt anrief.

Sven war an einem Montag verschwunden. Am Samstag darauf hatte ein Mann angerufen. Er habe Svens Bild gesehen, sagte er, und sich die Telefonnummer der Familie vom Suchplakat abgeschrieben. Er sagte, er wolle helfen. In seinem Stadtteil „Gartenstadt" würden noch keine Suchplakate hängen. Ob er dort welche aufkleben soll? Hannelore freut sich über die Hilfsbereitschaft. Am Sonntag morgen kommt er vorbei. Ein freundlicher, dunkelblonder Mann, Mitte zwanzig. Er nimmt einen Pakken Plakate mit und verabschiedet sich. Hannelores Mann beschleicht ein komisches Gefühl. Am Abend fährt er mit seinem Auto durch die Gartenstadt. Er will wissen, ob die Plakate auch wirklich geklebt worden sind. Alles ist in Ordnung. Die Suchplakate mit Svens Foto sind an Hausmauern und Bäumen zu sehen.

Eine Woche später. Sven ist seit über 10 Tagen vermißt. Es ist 15 Uhr, das Telefon klingelt. Hannelore zuckt zusammen. Jedesmal, wenn es klingelt, hofft sie auf den einen, den erlösenden Anruf: „Sven lebt!" Hannelore hebt ab. Als sie begreift, was die Männerstimme am anderen Ende der Leitung sagt, ist ihr, als müsse sie schreien. Vor Angst, vor Glück, vor Ekel! „Eine Million, dann sehen sie ihr Kind wieder." Sven lebt! Das ist der erste klare Gedanke, den sie faßt. Wo ist er? Weint er viel? Wird er geschlagen? Bekommt er genug zu essen? Nein, jetzt nicht ausflippen, ganz ruhig bleiben, du willst dein Kind wiederhaben. Hannelore versucht fest und bestimmt zu reden. „ Sie bekommen alles von mir, aber ich will meinen Sohn sprechen." „Jetzt nicht", sagt die Stimme, „aber um 20 Uhr. Dann rufe ich nochmal an."

Hannelore hört es klicken in der Leitung. Sie läßt den Hörer sinken, starrt das Telefon an. Wie im Fernsehen, denkt sie sich. Aber das hier ist die Wirklichkeit. Ich kann nicht ausschalten. Ich muß etwas tun. Nur was? Die Kripo anrufen. Eine Fangschaltung.

Zwei Stunden später ist die Fangschaltung installiert. Zwei Kripobeamte sind in der Wohnung. Noch drei Stunden. Hannelore wartet auf den nächsten Anruf des Erpressers. Was ist, wenn er sich nicht mehr meldet?

20 Uhr. Das Telefon klingelt. Hannelore drückt den Knopf für die Fangschaltung. Der Erpresser ist wieder am Apparat. Die Stimme der Mutter zittert: „Mein Sohn, wo ist mein Sohn? Ich will meinen Sohn sprechen!" Hannelore redet auf den Mann ein. Stille. Plötzlich ein Tuten im Hörer. Der Erpresser hat aufgelegt. Sie sinkt in sich zusammen. Ein Kripobeamter hält ihr die Hand. Die Beamten finden heraus, daß der Mann aus einer Telefonzelle in Gartenstadt angerufen hat. Die Polizei löchert Hannelore mit Fragen: Haben Sie Verwandte, Freunde in Gartenstadt? Sind sie dort öfter? Hannelore kennt niemand in Gartenstadt. Sie kommt dort fast nie hin. Gartenstadt sagt ihr nichts . . . Die Polizei sucht noch in der Nacht das Viertel ab. Nichts. Hannelore sitzt zu Hause. Neben dem Telefon. Sie wartet auf einen Anruf. Sie will Svens Stimme hören.

Der entscheidende Tip kommt am nächsten Tag von Hannelores Schwägerin. „Gartenstadt", sagt sie, „da kam doch der Typ her, der Euch beim Plakate aufhängen geholfen hat." Hannelore hatte sich seinen Namen aufgeschrieben. Sie schaut ins Telefonbuch, gibt der Kripo die Adresse des Mannes. Er wird noch am selben Tag in seiner Wohnung verhaftet. Der Mann behauptet, Sven umgebracht zu haben. Er führt die Kripo auf ein Feld, wo er die Leiche vergraben haben will. 50 Polizisten heben das Erdreich aus. Die ganze Zeit steht der vermeintliche Mörder von Sven am Rand des Feldes und schaut den Beamten zu. Plötzlich fängt er schallend an zu lachen: „Da habe ich Euch schön an der Nase rumgeführt." Der Mann ist ein eiskalter Psychopath, der sich nur wichtig machen wollte. Svens Mutter bricht zusammen. Sie ist am Ende. Aber bald schon war sie wieder da, die Hoffnung. Wenn keine Leiche gefunden wurde, dann muß Sven leben!

In der Telefonzentrale von *Bitte melde Dich* klingeln die Telefone weiter ohne Pause. Einen Hinweis zu Sven gibt es nicht. Hannelore fühlt sich plötzlich so mutlos. Wieder nichts? Wieder keine Spur von Sven? Wie damals, als die Ermittlungen der Polizei im Sand verliefen? Der Erpresser wurde 1985 verurteilt, bekam die Strafe für sein makabres, herzloses Vorgehen. „1978, wie lange das schon her ist", denkt Hannelore. Sie versucht sich Sven vorzustellen. Er wäre heute 17, wenn er noch lebt. Ein junger Mann. Wahrscheinlich bildhübsch mit seinen braunen Augen und den blonden Haaren.

In den letzten zehn Jahren hat Hannelore sich fast täglich zwingen müssen, durchzuhalten. Sie hat versucht, sich Mut zu machen: Mein Sohn lebt. Irgendwo! Aber er lebt! Jemand wird ihn zu sich genommen haben. Eines Tages wird Sven sich melden. Die Tage mit diesen Gedanken sind die Tage der Hoffnung. Und dann gibt es die anderen Tage. Die schwarzen Tage: Sven ist tot, hämmert es an solchen Tagen in Hannelores Kopf. Du brauchst dir gar keine Hoffnung mehr zu machen!

Ein Jahr nach dem Verschwinden von Sven bringt Hannelore eine Tochter zur Welt. Sie nennt sie Nadine. Nadine gibt ihr Zuversicht: Das Leben geht weiter, muß weiter gehen. Auch ohne Sven. Sie ist vorsichtig mit Nadine, übervorsichtig, denkt sie manchmal.

1989, vier Jahre nach Svens Verschwinden, zieht die Familie in eine andere Wohnung, in derselben Straße. Hannelore kann nicht fort von dort. Wenn Sven zurückkommt, denkt sie oft, dann muß er mich doch finden können. Im alten Haus wohnt ja noch Tante Gitti, da kann er immer klingeln. Im selben Jahr fängt Hannelore als LKW-Fahrerin in einer Spedition an – das Autofahren ist zu einer Leidenschaft von ihr geworden.

1991: Bei der Polizei in Ludwigshafen gibt es eine Sonderkommission für ungeklärte Tötungsdelikte. Mit in den Akten: der Fall Sven Hollstein. Im September wird ein Mann vernommen. Die Kripo befragt ihn wegen verschiedener Überfälle auf Joggerinnen in Ludwigshafen. Im Rahmen der Vernehmung kommt der Mann von sich aus auf Sven zu sprechen: „Ihr sucht doch auch einen kleinen Jungen? Ich habe Sven Hollstein ermordet." Der Mann führt die Kripo zu einer Reihenhaussiedlung in Pfingstweide. Hier wären seinerzeit Baugruben mit gemauerten Kellern gewesen, sagt der Mann. Er zeigt auf ein Reihenhaus. Dort sei Sven verscharrt, sagt er. Er habe ihn angesprochen, Sven sei mit ihm gegangen. Dann habe er ihn mißhandelt, und als Sven zu schreien begann, erwürgt, in die Baugrube geworfen und mit Sand bedeckt. Die Beamten handeln sofort. Sie kontaktieren die Hausbesitzer. Erklären, daß sie den Vorgarten aufgraben müssen, dicht am Fundament. Daß dort möglicherweise die Leiche eines 7jährigen Jungen liegt. Und wieder sitzt Svens Mutter zu Hause und wartet. Irgendwann am Nachmittag hält sie es nicht mehr aus. Sie läuft aus dem Haus, rennt zu der Baugrube, will sofort mit der Kripo sprechen. Hannelore darf nicht an die Stelle, an der der Bagger die Erde aushebt. Ein Beamter nimmt Hannelore in den Arm und vertröstet sie bis zum Abend, bis jetzt habe man nichts gefunden. Hannelore fühlt, daß sie bald keine Kraft mehr haben wird. Ein Arzt kommt, ihr werden Beruhigungsmittel gespritzt. Am

Abend ist für die Kripo klar: In dieser Reihenhaussiedlung liegt keine Leiche. Die Kripo hatte sich Luftaufnahmen vom November 1985 besorgt. Ergebnis: Die Reihenhaussiedlung war, anders als der Mann behauptet hatte, zum Zeitpunkt von Svens Verschwinden noch gar nicht im Bau. Der vermeintliche Täter behauptet nun, er habe sich in der Häuserzeile geirrt, Sven läge woanders. Wieder fragen die Beamten Hausbesitzer, wieder arbeitet der Bagger. Plötzlich schlägt ein Bodenradargerät aus, und ein Leichenspürhund gibt Laut. Fehlalarm. In der Erde liegt keine Kinderleiche. Hannelore Zint hört sich das „Geständnis" des Mannes auf einem Tonband an. Sie preßt ihre Fäuste vor die Augen und möchte schreien: „Macht endlich Schluß. Zeigt mir die Leiche meines Kindes. Hört auf, mich zu quälen!" Sechs Monate später steht der Mann, der behauptet hatte, Svens Mörder zu sein, vor Gericht. Kurz vor der Verhandlung widerruft er sein Mordgeständnis. Er wird in allen Punkten, die den Fall Hollstein betreffen, freigesprochen. Hannelore kommt das alles vor wie Hohn. Wie das zynische Lachen, das der Erpresser damals auf dem Feld ausgestoßen hatte.

22.45 Uhr. Hannelore Zint läuft vor der *Bitte melde Dich* Telefonzentrale auf und ab. Plötzlich kommen spärliche Hinweise. Eine Anruferin will Sven in Neumarkt in der Oberpfalz gesehen haben, eine andere bei Bonn. Die Hinweise sind vage. Die Redaktion ist skeptisch: Wie kann jemand wissen, wie Sven aussehen würde? Im Film war das letzte Foto des Jungen gezeigt worden. Auf diesem Foto ist Sven sieben Jahre alt. Trotzdem werden die Hinweise an die Kripo weitergeleitet. Aber die Beamten werden Hannelore Zint eine Woche später mitteilen müssen, daß nichts zu belegen war. Die Zuschauer hatten sich getäuscht.

6,28 Millionen Zuschauer hatten den Appell von Svens Mutter gehört. Keiner konnte helfen. Hannelore Zint steigt am nächsten Morgen in den Zug zurück nach Ludwigshafen. Sie sitzt wieder am Fenster und atmet tief durch. *Bitte melde Dich* war ihr letzter Versuch, etwas über Svens Schicksal zu erfahren. Der Versuch war gescheitert. „Jetzt werde ich abschließen", sagt Hannelore zu sich selbst. „Ich muß abschließen. Ich habe alles versucht. Mehr kann ich nicht tun!" Als sie zu Hause ankommt, macht ihre Tochter Nadine auf. Sie fällt der Mutter um den Hals. „Mutti, was ist mit Sven?" ist Nadines erster Satz. Und Hannelore wird klar, daß sie nie abschließen kann, denn selbst wenn sie je aufhören würde zu fragen: „Was ist mit meinem Sohn?" – Nadine hat auch ein Recht darauf, Fragen zu stellen. Und sie wird weiter fragen: „Was ist mit meinem Bruder?"

Dieter Bormann steht auf dem Surfboard und winkt. Nicht wie ein Sportler, der fröhlich ans Ufer grüßt, sondern verzweifelt. Windstärke acht, meterhohe Brecher. Nur wenige hundert Meter bis zum Strand von Teneriffa. Die Touristen am Ufer sind überzeugt davon, daß der Surfer in dem Sturm, der plötzlich aufgezogen ist, nicht mehr zurückkommen kann. Sie rufen die Rettungsmannschaften. Aber kämpft hier am 26. November 1982 wirklich ein Mann ums Überleben? Oder bereitet Dieter Bormann nur äußerst clever seinen Ausstieg in eine neue Identität vor? Das Rätsel ist bis heute nicht gelöst.

Die Geschichte von Dieter Bormann

Immer wieder erreichen die Redaktion von *Bitte melde Dich* Briefe, in denen von Vermißtenfällen erzählt wird, die in fernen Ländern passiert sind. Es ist furchtbar für die Angehörigen, wenn sie am Flugplatz stehen und den Sohn oder die Tochter nach dem Urlaub abholen wollen, und dann feststellen müssen, daß ihr Kind nicht in der Maschine war. Wenn auch nach Tagen noch immer kein Lebenszeichen kommt. Wenn alle Telefonate mit den Botschaften und Konsulaten vergeblich sind. Wenn man schreien möchte, weil man den Polizisten am anderen Ende der Telefonleitung nicht auf spanisch oder italienisch erklären kann, daß man vor Sorge fast verrückt wird. Viele Angehörige haben nicht das Geld, kurzentschlossen in ein Flugzeug zu steigen und selber zu suchen. Viele verzweifeln. In den meisten Fällen haben die Eltern als letztes Lebenszeichen eine Ansichtskarte. Meistens sind Strand und Meer abgebildet, und meistens lesen sich die Texte ungefähr so: „Liebe Mama, lieber Papa! Der Tauchkurs ist wunderbar. Ich genieße meinen Urlaub und bin glücklich. Ihr werdet staunen, was ich Euch mitbringe. Herzliche Grüße . . ." Nach Monaten des zermürbenden Wartens landet dann meist ein schlichtes Kuvert im Briefkasten der Familie. „. . . sind die Ermittlungen nunmehr abgeschlossen . . .", beginnen solche Briefe meist, und dann folgen Sätze wie: „. . . ist davon auszugehen, daß Ihr Sohn ertrunken ist . . ." Oder: „. . . spricht vieles dafür, daß Ihre Tochter im Gebirge zu Tode kam . . ." Für die Angehörigen sind solche Briefe kein Schlußpunkt. Ein Mensch, den man im Herzen trägt,

Am 26. November 1982 wurde Dieter Bormann zuletzt
gesehen: Auf einem Surfbrett, hilflos ins stürmische
Meer abtreibend. Doch es gibt Anzeichen, die beweisen,
daß er noch lebt . . .

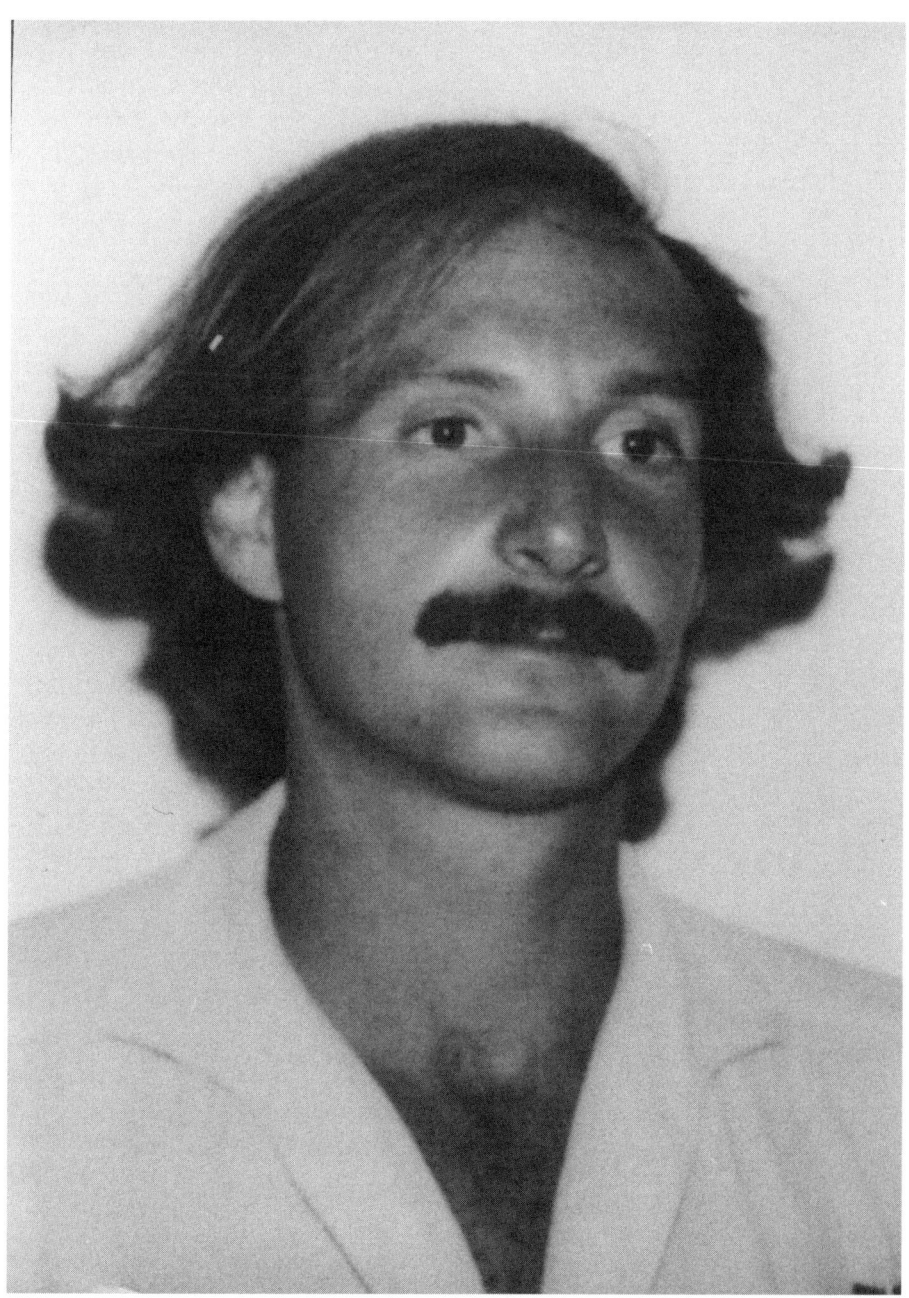

kann nicht tot sein, wenn man ihn nicht tot gesehen hat. Es bleibt die Hoffnung.

Wenn *Bitte melde Dich* auf Sendung ist, stehen jeden Montag 46 Minuten zur Verfügung. Zu wenig Zeit, um allen zu helfen, die an Jörg Wontorra geschrieben haben. Und so mußte die Redaktion irgendwann eine schwere Entscheidung treffen: *Bitte melde Dich* kann nur in solchen Fällen helfen, wo die Hoffnung besteht, daß der Vermißte sich wirklich melden kann, sprich: noch am Leben ist. Für die Redakteure sind die schwersten Telefonate die, in denen man den Anghörigen absagen muß. Wenn vieles dafür spricht, daß der Vermißte tot ist, kann auch *Bitte melde Dich* nicht mehr helfen. So scheint es zunächst auch bei der Geschichte von Dieter Bormann: Zeugen haben gesehen, wie Dieter sich an seinem Surfbrett festgekrallt hat und aufs offene Meer abgetrieben ist. Eine Suchaktion wurde eingeleitet. Schlepper der spanischen Marine, Rettungsboote und ein Suchflugzeug wurden losgeschickt. Der Sturm erschwerte die Suche. Als die Dämmerung einbrach, gaben die Rettungsmannschaften auf. Von Dieter Bormann und seinem Surfbrett fehlt jede Spur. „Surfer aus Hannover vor Teneriffa verschollen", schreiben die Zeitungen in Deutschland wenige Tage später. Die Familie wird von Reportern besucht, um Fotos von Dieter Bormann gebeten und ausgefragt. Schon damals sind seine beiden Schwestern und die Mutter davon überzeugt, daß Dieter lebt.

Der Brief von Dieters Schwester an *Bitte melde Dich* wird in der Redaktionskonferenz vorgelesen. Die meisten Redakteure schütteln den Kopf. „Der Mann ist ertrunken, immerhin war Windstärke 8 an diesem Tag", sagt ein Kollege. Betretenes Schweigen. „Aber die Schwester schreibt doch auch was von Briefen, die gekommen sind, und davon, daß Dieter noch gesehen worden sein soll", sagt ein anderer. Eine heftige Diskussion beginnt. Ergebnis: Ein Redakteur wird Dieters Schwester Liane anrufen. Er wird sich die ganze Geschichte erzählen lassen. In allen Einzelheiten. Er weiß, daß ein Telefonat mit *Bitte melde Dich* für die Angehörigen immer Hoffnung bedeutet. Und er weiß, daß es noch schwieriger sein wird, nach einem solchen Telefonat sagen zu müssen: „Wir können Ihnen nicht helfen!" Der Redakteur spricht über eine Stunde mit Dieters Schwester, und er telefoniert mit Dieters Freunden. In der Konferenz am nächsten Tag wird beschlossen, daß *Bitte melde Dich* die Familie von Dieter Bormann bei ihrer Suche unterstützen wird.

Viele Telefonate folgen. Stück für Stück entsteht die Geschichte von Dieter Bormann.

Redaktion
"Bitte melde Dich"

Aufgrund des Erfolges Ihrer Sendung möchte auch mich
heute an Sie wenden, um vielleicht einen letzten Versuch
zu starten, meinen Bruder nach 11 Jahren wiederzusehen.

Mein Bruder, Dieter Bormann, war zuletzt Surflehrer in
Deutschland und ging im Oktober 1982 nach Teneriffa, um
dort seinen Beruf auszuüben. Nach kaum sechswöchigen Auf-
enthalt kam er, der als Surfprofi galt, von einem kurzen
Surfausflug auf dem Atlantik, nicht mehr zurück.
Wir mußten annehmen, daß er ertrunken sei.

Was diesen Fall misteriös macht und uns immer noch glauben
läßt, daß er lebt ist:

-    daß nach ein paar Wochen innerhalb kürzester Zeit
     drei Briefe bei uns ankamen, maschinengeschrieben,
     ohne handschriftliche Unterschrift, aber in seinem
     Namen geschrieben. Der Inhalt besagte, daß er lebe
     und wir die Kripo nicht einschalten sollten.

-    daß drei Personen ihn in den ersten Jahren gesehen
     und erkannt haben, u.a. meine Schwester auf Teneriffa
     und seine langjährige Freundin.

Diese Zeilen sind nur ein kleiner Ausschnitt aus der ganzen
Geschichte. Gern würde ich Ihnen mehr darüber erzählen und
würde mich freuen, wenn Sie eine Chance sehen, mir zu helfen.

MfG

Liane Korbach

Ein Mann mit halblangen dunkelblonden Locken, einem Schnurrbart und vielen Lachfältchen. Wenn er in den Spiegel schaut, sieht er, daß sich ganz langsam eine Stirnglatze andeutet. „Wer mich nicht mit Glatze liebt, der liebt mich auch nicht ohne", hatte Dieter irgendwann einmal lachend gesagt. Dieter weiß, daß er ein attraktiver Mann ist. Im Herbst 1982 ist er auf Teneriffa, allerdings nicht als Tourist. Hier hat er einen Job, der ihm Spaß macht. Zu Hause in Hannover hatte er Dekorateur gelernt, diesen Beruf aber bald aufgegeben. „Als Dekorateur verdient man nichts", war seine Begründung. Seine neue Leidenschaft ist das Windsurfen. Als in Deutschland noch kaum jemand mit den Boards und Segeln umgehen kann, ist er schon Surflehrer in Benidorm. Danach jobbt er in einem Surfshop in Hannover und ist Lehrer am Steinhuder Meer. Im Sommer 1982 beschließt er, nach Teneriffa zu gehen. Hier gibt es eine Surfschule, die ihn interessiert. Dieter Bormann ist ein äußerst erfahrener Sportler, und gerade bei Sturm und Wellen am liebsten auf dem Wasser. Brandungssurfen mag er besonders. Er ist abenteuerlustig, aber kein Mensch, der Gefahren unterschätzt.

Seine Schwester Liane zögert nicht, als sie hört, daß ihr Bruder vermißt wird. Sie setzt sich in ein Flugzeug und fliegt nach Teneriffa. Sie will selbst etwas tun, um Dieter zu finden. Auf der Insel trifft sie viele seiner Freunde. Die meisten können nicht glauben, daß Dieter ertrunken sein soll. Tagelang geht Liane das Ufer an der Stelle ab, wo ihr Bruder zuletzt gesehen wurde. Sie versucht herauszubekommen, wie Dieter in den letzten Wochen gelebt hat. Immer wieder stößt sie auf Ungereimtheiten: Hätte nicht wenigstens das Surfboard oder das auffällige Segel auftauchen müssen, wenn wirklich ein Unglück geschehen wäre? Einer der Touristen am Strand erzählt, es sah so aus, als würde Dieter auf die Nachbarbucht deuten, als er abtrieb. Warum sollte er das tun – ist er vielleicht einfach an einer anderen Stelle wieder an Land gegangen? Und was steckte hinter dem Gerücht um einen Funkspruch, der angeblich am nächsten Tag aufgefangen wurde – ein Frachter hätte auf hoher See mitten in der Nacht einen Surfer an Bord genommen? Diese Gerüchte und Fragen schwirren in Lianes Kopf, als sie nach einigen Tagen wieder ins Flugzeug steigt, um nach Hause zurückzureisen. Ihre Suche hatte keine neuen Ergebnisse gebracht. Liane und die anderen Verwandten bleiben dabei: Dieter lebt.

Neun Wochen nach Dieters Verschwinden liegt ein unscheinbarer blauer Luftpostumschlag im Briefkasten der Familie in Hannover. Ungewöhnlich ist allerdings, daß er in Hamburg abgestempelt wurde. Für solche Briefe genügen eigentlich ganz normale Kuverts. Der Umschlag trägt keinen Absender. Als die Familie ihn öffnet, findet sie ihre Hoffnung bestätigt, daß Dieter lebt. Aber auch die Befürchtung, daß er in Schwierigkeiten steckt.

„Es geht mir gut, ich konnte nicht anders handeln. Laßt die Sucherei, bekomme dadurch nur Ärger. Habt doch Vertrauen. Es ist gefährlich, mich zu melden, ich tue es nur wegen Mutter." So beginnt dieser Brief.

Der Text ist maschinengeschrieben. Auch die Unterschrift ist nur mit der Schreibmaschine zu Papier gebracht: „Dieter". Für die Familie steht außer Frage, daß dieser Brief echt ist. Auch das Rätsel des Absendeorts Hamburg klärt sich im Text: „Ich gebe den Brief mit nach Deutschland und lasse ihn in HH abschicken", heißt es da. Die Familie übergibt die Botschaft der Polizei. Dort ist Dieter Bormann immer noch ein Vermißtenfall – das Schriftstück wird in die Akten aufgenommen. Aber natürlich können die Beamten darin keinen echten Beweis sehen, daß Dieter Bormann lebt. Schließlich hätte jeder diese paar Sätze mit der Schreibmaschine tippen können.

Der Text ist voller persönlicher Informationen, Namen von Freunden und Grüßen an Bekannte. Alles Dinge, die niemand wissen kann, der Dieter Bormann nicht zumindest gut kennt. Die Familie kann zunächst nur abwarten. Denn schließlich kündigt „Dieter" an: „Außerdem brauch ich Eure Hilfe." Und: „Nächste Woche melde ich mich wieder."

Es vergeht eine lange Zeit, bis die Familie endlich weiß, was der Briefeschreiber will. Zwei Monate nach dem ersten Brief liegt wieder ein Luftpostkuvert im Briefkasten, wieder abgestempelt in Hamburg, wieder ohne Absender. Diesmal adressiert an eine von Dieters Schwestern.

„. . . komm bitte wenn möglich noch diese Woche nach Teneriffa in das Hotel El Medano. Gebe Dich nicht als meine Schwester zu erkennen. Ich rufe Dich dann da an. Buche für zwei Wochen und habe Geduld. Dieter."

Wieder keine handgeschriebene Unterschrift. Wieder kein Beweis. Aber Indizien. In dem Brief ist eine Geheimsprache erwähnt, die die Schwester und Dieter als Kinder oft benutzt hatten. Jahrzehntelang hatte sie daran nicht mehr gedacht. Niemand kann davon wissen, außer der Familie, ganz engen Freunden – und natürlich Dieter selbst. Für die Schwester gibt es keinen Zweifel. Sie ist überzeugt davon, daß Dieter in einer furchtbaren Klemme steckt. Sie packt ein paar Sachen ihres Bruders ein, keine Wertgegenstände, nur Kleidung und Erinnerungsstücke. Mit der nächsten Maschine fliegt sie nach Teneriffa. El Medano, das ist das Hotel an der Bucht, in der Dieter am 26. November 1982 mit den Wellen gekämpft hatte. Wie in dem Brief gewünscht, bucht sie für zwei Wochen. Die ganze Zeit über wagt sie kaum, ihr Zimmer zu verlassen. Sie will den angekündigten Anruf nicht verpassen – aber nichts geschieht. Kurz vor ihrer Abreise frühstückt sie ein letztes Mal auf der Hotelterrasse. Als sie gerade zurück auf ihr Zimmer gehen will, geschieht das Unglaubliche. „Dieter kam vom Strand auf mich zu", erzählt sie später bei den *Bitte melde Dich*-Dreharbeiten.

Ihre Stimme stockt, als sie sich an die unheimliche Begegnung erinnert. Hat sie Zweifel, wer da vor ihr stand? „Überhaupt nicht, er war ja keine fünf Meter von mir entfernt. Zwar hat er sich ein bißchen verändert, aber man kennt doch den Bruder." Dieters Schwester sieht dem Redakteur von *Bitte melde Dich* fest in die Augen und erzählt weiter: „Ich wollte auf ihn zulaufen und ihn umarmen, aber da machte er Gesten, die mir zeigten, daß ich mich ruhig verhalten sollte. Also bin ich sofort auf mein Zimmer gegangen, denn er hatte ja geschrieben, daß er mich anrufen würde. Aber das Telefon blieb stumm." Später sieht Dieters Schwester den Mann noch mal – diesmal vom Balkon ihres Hotelzimmers aus. Sie wartet bis zu ihrer Abreise auf Dieter, aber es kommt kein Anruf und keine Botschaft. Nach 14 Tagen fährt die Schwester nach Deutschland zurück.

Seitdem ist kein weiterer dieser mysteriösen Briefe bei der Familie angekommen. Doch die Verwandten kommen nicht zur Ruhe. Immer wieder geschehen neue, geheimnisvolle Dinge.

Anfang 1984 dann die nächste Spur. Eine alte Freundin von Dieter schreibt aus dem Urlaub auf Formentera eine Postkarte an Dieters Schwester Liane: „Hatte gleich am ersten Abend als wir ankamen ein Erlebnis, über das ich mit Dir gleich reden werde, wenn ich zurück bin. Es macht mich ganz wahnsinnig, daß ich mit niemandem jetzt darüber reden kann." Liane grübelt stundenlang, was wohl gemeint sein könnte. Sie kann nicht ahnen, was geschehen war. Auch die Freundin hatte Dieter gesehen, aber nicht mit ihm gesprochen! Sie gehört zu den Menschen, die Dieter wirklich gut kennen. Sie war 13 Jahre lang seine Lebensgefährtin. Etwa ein halbes Jahr, bevor Dieter nach Teneriffa ging, hatten sich die beiden getrennt.

Für die Dreharbeiten von *Bitte melde Dich* trifft sich der Redakteur mit Dieters Ex-Freundin am Steinhuder Meer, in der alten Heimat. Hier hatten sie und Dieter viel Zeit miteinander verbracht. Als Dieter Bormann dort in einer Surfschule arbeitete, hat sie ihm oft geholfen, und sie waren jede freie Minute am und auf dem Wasser zusammen. Inzwischen lebt sie schon lange in einer anderen glücklichen Beziehung, doch sie will immer noch helfen, das Rätsel um Dieter Bormann zu lösen. Auch wenn sie weiß, daß ihre Geschichte ziemlich unglaubwürdig klingt, ist sie bereit, vor die Kamera zu gehen. „Ich dachte erst, ich spinne, ich träume, das kann doch alles gar nicht sein. Aber dann hab' ich ihn am nächsten Morgen wieder beim Frühstück gesehen. Und da wurde mir klar, das kann doch kein Irrtum sein." Die Freundin erinnert sich: Im Restaurant ihres Hotels in Formentera sitzt Dieter Bormann im Sommer 1984 am Nebentisch. Sie ist wie gelähmt. Seit knapp zwei Jahren ist Dieter vermißt, und jetzt sitzt er nur ein paar Meter von ihr entfernt. Dieter ist nicht alleine, eine Frau ist bei ihm. Eine Woche lang sieht die Ex-Freundin ihn bei fast jeder Mahlzeit. Einmal sitzen sie sogar in einer größeren Gruppe gemeinsam an einem Tisch! Sie könnte aufstehen und zu ihm hingehen, aber sie tut es nicht. Sie hat Angst, Dieter in Schwierigkeiten zu bringen. Schließlich hatten seine Schwestern von den Problemen erzählt, in denen er vermutlich steckt. In den seltsamen Briefen war immer die Rede von der großen „Gefahr", wenn er Kontakt aufnehmen würde. Sie versucht in Dieters Gesicht zu lesen, seine Blicke zu deuten. Sie wartet darauf, daß er sie anspricht. Aber nichts geschieht. Eines Morgens ist der Platz leer, an dem er sonst immer saß. Er ist abgereist. Bis zum heutigen Tag ist sie sicher, daß es Dieter war, der ihr damals gegenüber saß. Als der Redakteur von *Bitte melde Dich* noch einmal nachfragt, wird sie fast böse: „Überhaupt kein Zweifel, schließlich waren wir mehr als zehn Jahre zusammen."

Das ist nicht das letzte Mal, daß Dieter nach seinem Verschwinden gesehen wurde. Ein guter Freund von Dieter berichtet, daß er ihn vor vier Jahren in Amsterdam gesehen habe. Er habe in einem Café gesessen und gesehen, wie Dieter auf der anderen Straßenseite vorbeigeht. Der Freund springt auf und will ihm hinterherlaufen, als eine Straßenbahn kommt. Er muß stehenbleiben und warten. Als die Straßenbahn weg ist, ist der Mann, der vielleicht Dieter war, nicht mehr zu sehen.

Auch eine Freundin von Dieter beschwört, daß sie ihm vor etwa drei Jahren auf einer Messe in Hamburg gegenüberstand. Aber auch sie hat ihn nicht festgehalten, nicht mit ihm gesprochen. Sie begründet das so: Nach Dieters Verschwinden habe sie lange Zeit gebraucht, um mit dem Verlust des Menschen klar zu kommen, an dem sie so gehangen hat. Dann habe sie sich damit abgefunden, ihn nie wiederzusehen. Und dann: Der Mann, den sie für tot hielt, schaute sie plötzlich an! Als sie ihre Fassung wiedergefunden hatte, war er schon weitergegangen und im Messegewühl verschwunden.

In der *Bitte melde Dich*-Redaktion ist nie zuvor über die Geschichte eines Vermißten soviel diskutiert worden. Einige Redakteure zweifeln bis zum Schluß an den Berichten der Angehörigen. Die anderen Kollegen glauben der Familie und den Freunden. Die Frage bleibt: Wo endet das Wunschdenken, das der Phantasie Flügel verleihen kann? Wo beginnt die Gewißheit, daß Dieter Bormann lebt?

Der Film über Dieter Bormann wird am 1. November 1993 in *Bitte melde Dich* ausgestrahlt. Viele Zuschauer rufen an, einige auch von den Kanarischen Inseln, wo SAT.1 über Satellit zu empfangen ist. Die Familie geht allen Hinweisen nach. Eine heiße Spur scheint dabei zu sein. Sie führt in ein spanisches Gefängnis. Die Schwestern sind überzeugt, Dieter dort zu finden. Aber als die Kripo eingeschaltet wird, mag der Mann, der den Tip gegeben hatte, nichts mehr erzählen. Das Rätsel um das Verschwinden von Dieter Bormann ist bis heute ungelöst.

*Sieglinde Feigl hat ein rotes T-Shirt an, sie trägt die goldene Kette, die Hannes ihr geschenkt hat. Sie sitzt auf einem Stuhl vor dem Einbauschrank in ihrer Wohnung in Graz. Hier hat sie mit Hannes sieben glückliche Jahre verbracht – bis er vor drei Monaten verschwunden ist. Ohne Abschiedsbrief, ohne Lebewohl. Sieglinde schluckt, dann beginnt sie zu sprechen: „Lieber Hannes, ich möchte gern, daß du zu mir zurückkommst. Wir hatten doch eine wunderschöne Beziehung. Ich möchte auch in Zukunft mit dir zusammenleben. Es wäre schön, wenn du dich melden würdest. So schnell wie möglich!" Mit diesen Worten hatte der **Bitte melde Dich**-Film aufgehört. Wenige Minuten nach der Sendung hat Sieglinde Feigl einen Telefonhörer in der Hand. Es knackst in der Leitung, die Verbindung ist schlecht. Der Anruf kommt aus Tunesien . . .*

Die Geschichte von Hannes Feigl

6. Februar 1994: ein ganz besonderer Tag für Sieglinde und Hannes Feigl. Auf den Tag genau ein Jahr zuvor hatten sie geheiratet. Die beiden kennen sich schon viel länger, sieben Jahre. Aber das Jawort fürs Leben, das haben sie sich erst vor einem Jahr gegeben. Und an keinem der 365 Tage haben die beiden ihren Entschluß bereut. Sieglinde nicht, und Hannes auch nicht. 20 Tage später, 26. Februar. Als Sieglinde Feigl an diesem Morgen aufsteht, kann sie nicht ahnen, daß dieser Tag auch ein ganz besonderer werden wird. Sieglinde und Hannes werden diesen Tag nie vergessen, solange sie leben.

Morgens um Viertel vor sieben verläßt Hannes das Mietshaus in der Koßgasse. Seine Frau hat er nicht geweckt, sie soll noch ein bißchen schlafen können. Hannes ist 29, Diplomingenieur, seit anderthalb Jahren hat er eine eigene Firma: „Bohrungen und Technischer Umweltschutz". Sieglinde war immer dagegen gewesen, daß er sich selbständig macht, aber Hannes hat sich durchgesetzt. Zugegeben, der Laden läuft nicht so, wie er sich das vorgestellt hat. Aber vor dem Bankrott steht er auch nicht. Die Zeiten sind eben hart.

Seiner Frau hatte Hannes gesagt, daß er einen Termin auf einer Baustelle hat, in Liezen in der Obersteiermark. Eine Umgehungsstraße soll gebaut werden, die Enns-Nahe-Trasse. Ein Riesenprojekt, von dem man dauernd in der Zeitung liest. 120 Kilometer sind es bis dorthin, drum muß Hannes auch so früh raus. Sein weißer Opel ist kein Ferrari, Hannes ist nicht Niki Lauda – und am Mittag will er schon wieder in Graz sein. Seine Frau ist Verkäuferin in einem Schmuckgeschäft in der City, und dort will er sie abholen. Punkt halb eins, so ist es mit Sieglinde ausgemacht. Und auf Hannes kann man sich verlassen, das wissen alle. Hundertprozentig.

Hannes steigt in seinen Wagen. Er schließt die Tür. Er dreht den Zündschlüssel. Er legt beide Hände aufs Lenkrad. Hannes hat das Gefühl, in seinem Kopf wird ein Kippschalter umgelegt. Er schließt die Augen – und öffnet sie wieder. Dann gibt er Gas.

Jeden Morgen ruft Hannes bei seiner Frau im Geschäft an. Einfach so, um ihr zu sagen, daß er sie lieb hat. Am Vormittag des 26. Februar klingelt Hannes nicht durch. Um 12 Uhr wählt Sieglinde die Nummer seines Funktelefons. Hannes meldet sich nicht. „Typisch", denkt Sieglinde. „Wahrscheinlich hat er das Handy wieder im Auto liegengelassen." Sieglinde Feigl kann nicht wissen, wie recht sie hat. Sie weiß auch nicht, daß das Auto ihres Mannes mitsamt dem Funktelefon nur wenige Kilometer entfernt von ihr geparkt ist. „Eigentlich müßte Hannes ja schon wieder auf der Rückfahrt sein, auf der A 9. Warum geht er nicht ran? In einer halben Stunde will er doch schon hier sein und mich holen! Vielleicht kommt er ein paar Minuten später. Wird ihm was dazwischengekommen sein auf der Baustelle." Sieglinde muß lachen. Es wird schon nicht die Welt untergehen, wenn Hannes einmal nicht erreichbar ist. Halb eins. Sieglinde versucht es ein zweites Mal. Im Telefon ertönt das Rufzeichen. Hannes geht nicht ran. „Komisch", denkt sie, „sonst meldet er sich doch immer, wenn's länger dauert."

Sieglinde Feigl läßt sich von ihrer Cousine nach Hause fahren, die zufällig im Schmuckgeschäft vorbeigeschaut hat. Immer wieder wählt sie Hannes' Nummer. Sie will ihm sagen, daß er nicht mehr in die City fahren muß. Daß sie schon zu Hause ist und auf ihn wartet. Aber Hannes meldet sich nicht. Sie ißt ein paar Bissen, Appetit hat sie nicht. Sieglinde ist kein ängstlicher Typ. Aber irgendwie hat sie ein ungutes Gefühl. Ob was passiert ist? Auf der A 9 ist immer viel los. Ob mit dem Auto was nicht stimmt? Aber der Wagen ist doch ganz neu.

72

Sieglinde kann nicht wissen, daß der weiße Opel Corsa von Hannes in der Prankergasse in Graz am Straßenrand steht. Ganz in der Nähe vom Hauptbahnhof. Im Auto liegen ein paar Dokumente der Firma, eine Börse mit Kleingeld – und das Handy, eingeschaltet. Sieglindes Anrufe kommen in einem leeren Auto an. Hannes ist fort.

Immer wieder geht Sieglinde zum Telefon. Immer wieder wählt sie die Nummer ihres Mannes. Immer wieder hört sie das Freizeichen. Lesen, fernsehen – Sieglinde kann sich auf nichts konzentrieren. Ihre Gedanken sind bei Hannes. Sie versucht sich einzureden, daß das Handy kaputt ist. Darum kann Hannes mich auch nicht anrufen, denkt sie. Um halb sieben wird Hannes in der Tür stehen, da ist Sieglinde sicher. Spätestens, denn um halb sieben haben die Feigls Dienst im „Theatercafé“. Eine Kleinkunstbühne in der Mandellstraße. Sieglinde sitzt an der Kasse, und Hannes ist Chef vom Dienst. Seit fünf Jahren machen die beiden das schon, und noch nie ist Hannes auch nur eine Minute zu spät gekommen.

Halb sieben. Im Zug nach Rom sitzt ein Mann, der sein Gesicht in den Händen vergräbt. Der keinen Blick hat für die Landschaft, die draußen vorbeizieht. Er hat kein Gepäck dabei. Der Mann heißt Hannes Feigl.

Sieglinde fährt allein ins „Theatercafé“. Sie ist sauer auf Hannes, stinksauer. Was werden die anderen sagen? Was soll sie antworten? „Der Hannes hat heute keine Zeit“? Oder: „Ich hab’ auch keine Ahnung, wo er steckt“? Klingt ziemlich lächerlich für eine Ehefrau. Sie hört schon, wie die anderen lästern werden. Sie setzt sich an die Kasse, mit versteinerter Miene. Sieglinde spricht nur das Nötigste. Sie tut ihre Arbeit, dann schaut sie sich das Kabarettprogramm an. Lachen kann sie nicht. Und wenn sie nach der Vorstellung einer gefragt hätte, was ihr am besten gefallen hat, hätte sie zugeben müssen, daß sie nicht hingehört hat. Denn hinter ihrem Ärger, da lauert die Angst. Angst um Hannes.

Mitternacht! Sieglinde ist wieder zu Hause. Sie sitzt im Wohnzimmer und weiß nicht, was sie tun soll. Mit Hannes hätte sie jetzt noch ein Glas Sekt getrunken, dann wären sie ins Bett gegangen. Sieglinde wählt noch einmal die Nummer des Funktelefons. Es läutet. „Bitte geh ran“, sagt Sieglinde, „bitte!“ Es läutet. Und läutet. Sieglinde legt auf. Sie denkt an ihren ersten Hochzeitstag. Vor ein paar Tagen war das, und jetzt hat sie das Gefühl, als sei es eine Ewigkeit her. Sieglinde legt sich hin, doch sie kann nicht schlafen. Ein Unfall. Eine andere Frau. Ein Verbrechen. Bilder wirbeln durch ihren Kopf. Sie sieht ein Krankenhaus, eine dunkle Seitenstraße. Und dazwischen ihr Hochzeitsbild: Hannes sitzt, sie steht hinter ihm und legt ihren Arm auf seine Schulter. Hannes hat eine weinrote Schleife an. Sie hat ihm oft gesagt, wie gut er auf dem Foto aussieht.

2 Uhr nachts. Sieglinde hat noch kein Auge zugetan. Sie steht auf und geht zum Telefon. Sie wählt noch einmal die Nummer ihres Mannes. Es klickt in der Leitung. Stille. Kein Freizeichen. Kein Ruf. Der Akku des Funktelefons ist leer. Sieglinde kann ihren Mann nicht mehr erreichen. Die letzte Brücke ist eingestürzt.

Der nächste Morgen ist furchtbar für Sieglinde. Seit sieben Jahren ist sie mit Hannes zusammen. Fast jeden Tag hat sie mit ihm verbracht. Und wenn Hannes mal ein paar Stunden nicht da war, wußte sie immer, wo er ist. Der Morgen des 27. Februar 1994 ist der erste, an dem Sieglinde nicht weiß, warum das Bett neben ihr leer ist. Sieben Uhr. Sie steht auf, legt das Telefonbuch auf den Tisch. Sie beginnt zu blättern: die Krankenhäuser. Sieglinde ruft alle an. „Mein Name ist Feigl. Mein Mann Hannes ist nicht nach Hause gekommen. Ist er bei Ihnen?" Es werden Unterlagen gewälzt, es wird nachgefragt. „Nein. Tut uns leid."

Der Mann ohne Gepäck sitzt im Zug nach Sizilien. Er hat dunkle Ringe unter den Augen, seine Hände zittern. Hannes Feigl ist jetzt seit 24 Stunden unterwegs. Der Zug bringt ihn nach Palermo. Was er dort will – das weiß er selbst nicht. Er schließt die Augen.

Sieglinde Feigl traut sich kaum aus dem Haus. Sie will da sein, wenn das Telefon klingelt. Vielleicht ist es Hannes. Aber vielleicht ist es auch ein Krankenhaus. Die Polizei. Wenn es läutet, zuckt sie zusammen.

Tage vergehen. Von Hannes keine Spur. Sieglinde fällt es schwer, freundlich zu den Kunden zu sein, wenn sie im Schmuckgeschäft steht. Am liebsten würde sie den Job hinschmeißen, den ganzen Tag zu Hause neben dem Telefon warten. Aber sie braucht das Geld. Sie weiß ja nicht, was wird. Am schlimmsten ist es, wenn ein verliebtes Paar vor ihr steht und sich Trauringe zeigen läßt. Es ist erst ein Jahr her, da hat sie mit Hannes vor den Schaufenstern gestanden. Sie erinnert sich genau. Am 6. Februar '93 hat ihr Hannes den Ring in der Kirche an den Finger gesteckt. Und der Pfarrer hat gesagt: „Bis daß der Tod Euch scheidet."

Nach zwei Wochen erfährt Sieglinde von der Kripo: Es gibt ein Lebenszeichen von Hannes, eine Spur. Hannes hat an einem Automaten Geld abgehoben. Am Tag nach seinem Verschwinden. Italienisches Geld. Lire. In Palermo. Umgerechnet 1461 Schilling. Und am nächsten Tag nochmal. In Trápani, im äußersten Westen von Sizilien, direkt an der Küste. Umgerechnet 2173 Schilling. Sizilien! Sieglinde ist wie vom Donner gerührt. Was will Hannes in Sizilien? Er kennt keine Menschenseele dort. Nicht mal im Urlaub ist er dort gewesen. Sie hat einen schlimmen Verdacht: Sizilien – die Mafia. Vielleicht war es gar nicht Hannes selbst, der die Karte in den Automaten geschoben hat. Vielleicht hat ihn jemand überfallen, ihn geschlagen, bis er die Geheimnummer der Karte verraten hat. Es ist Mitte März, in Graz ist es kalt. Sieglinde stellt sich Sizilien vor: Die Sonne wird dort scheinen. Sicher werden Obstbäume blühen. Wenn Hannes das Geld doch selbst abgehoben hat? Vielleicht liegt er jetzt gerade in einem Liegestuhl auf irgendeiner Terasse mit Blick auf irgendeinen Strand. Er streckt seine Hand zu dem Liegestuhl aus, der neben ihm steht. Eine Frau beugt sich zu ihm herüber. Die Frau lächelt Hannes an, dann küßt sie ihn. Sieglinde ballt die Fäuste so lang, bis die Knochen auf ihren Handrücken schneeweiß erscheinen. Sie zittert vor Wut.

Am 7. April fährt ein Freund von Hannes durch Graz. In der City ist ein Stau, er will eine Abkürzung nehmen. Er fährt durch die Prankergasse. Ihm fällt ein weißer Opel Corsa am Straßenrand auf, genau so einen hat Hannes auch. Er schaut genauer hin: RA-2-W. Das Kennzeichen kennt er. Es ist der Wagen von Hannes.

Das Auto in Graz, das abgehobene Geld in Sizilien: die einzigen Spuren. Spuren, die an der Küste des Mittelmeers enden. Sieglinde schreibt einen Brief an *Bitte melde Dich*: „Sie sind wirklich unsere letzte Hoffnung." Vier Wochen später ist eine Redakteurin mit dem Kamerateam bei Sieglinde Feigl in Graz. Wenn er die Sendung sieht, soll sich Hannes an zu Hause erinnern. Er soll seine Wohnung sehen und daß Sieglinde nichts verändert hat. Hannes soll begreifen, daß seine Frau auf ihn wartet, weil sie ihn liebt. Trotz allem. Daß sie für ihn da ist, wenn er Probleme hat. Sieglinde schaut in die Kamera und sagt: „Lieber Hannes, ich möchte gern, daß du zu mir zurückkommst . . ."

16. Mai 1994. Hannes Feigl ist seit drei Monaten verschwunden. Der Film für Hannes ist der letzte Beitrag in *Bitte melde Dich* an diesem Montagabend. Jörg Wontorra hatte Sieglinde Feigl am späten Nachmittag im Studio kennengelernt. Die junge Frau tut ihm leid. Als der Film nach

Graz, am 11.04.1994

An das
" Bitte Melde Dich" Team
Postfach 860525
81632 München

Sehr geehrtes " Bitte Melde Dich" Team!

Mein Name ist Sieglinde Feigl, ich bin 27 Jahre alt und
seit dem 6.Februar 1993 verheiratet.
Mein Mann, Dipl.Ing. Hannes Feigl, 30 Jahre alt, und ich
sind schon einige Jahre ein glückliches Paar, bis zu dem
Zeitpunkt, wo für mich und die gesamte Familie das Un-
glaublichste Realität wurde.
Unser Hannes verließ am Samstag, den 26.Februar 1994, sein
Zuhause um ca. 6 Uhr 45 früh, um eine Baustelle in Liezen
in der Obersteiermark zu begutachten.
Seither ist mein geliebter Mann abgängig.
Ich, und die ganze Familie sind so verzweifelt, daß wir nicht
mehr wissen, was wir tun können.
Sie sind wirklich unsere letzte Hoffnung, bitte helfen Sie
uns. Wir würden gerne eine Botschaft an unseren geliebten
Hannes übermitteln.

Lieber Hannes!

Solltest Du jetzt gerade vor dem Fernseher sitzen und diese
Sendung sehen, dann bitte melde Dich.
Ich, und deine ganze Familie sind schon krank vor Sorge um
Dich. Kannst Du Dir vorstellen, was ich, deine Eltern und deine
Schwester mitmachen. Gib doch bitte ein Lebenszeichen.
Was für Gründe auch immer Du gehabt haben solltest zu verschwinden
ich werde immer zu Dir halten.
So groß ein Problem auch sein mag, deine Familie steht hinter Dir.
Gib bitte deinem Herzen einen Stoß und melde Dich.

Deine Sigi, die gesamte Familie

und Deine Freunde

76

knapp fünf Minuten zu Ende ist, sagt Jörg Wontorra: „Liebe Zuschauer, die Frau von Hannes Feigl ist heute abend bei uns im Studio und wartet jetzt dringend auf einen Anruf. Und wenn Sie uns jetzt zuschauen sollten, Herr Feigl, bitte melden Sie sich. Ihre Frau ist bis 23 Uhr bei uns im Studio." Wenige Minuten später läuft der Abspann der Sendung. *Bitte melde Dich* ist für diesen Montag gelaufen.

22.55 Uhr. Sieglinde Feigl hält sich an einem drahtlosen Telefon fest. Ein Redakteur hat sie in einen ruhigen Raum geführt und ihr den Hörer in die Hand gelegt. Er spricht beruhigend auf sie ein. Er fragt sie, ob sie sich stark genug fühlt, mit ihrem Mann zu sprechen. Sieglinde Feigl schaut den Redakteur an. Der Raum beginnt sich um sie zu drehen. Wenige Meter von Sieglinde entfernt sitzt der Sanitäter, der jeden Montag im *Bitte melde Dich*-Studio ist. Der Sanitäter ist nur durch eine Glastür von Sieglinde getrennt. Der Redakteur sucht den Blick des Mannes in der weißen Unifom. Der Mann steht auf und kommt auf die Glastür zu. Er hat den Blick richtig gedeutet. Sieglinde bekommt von all dem nichts mit. Sie atmet tief durch und möchte ein Glas Wasser. Der Sanitäter tritt zurück und setzt sich wieder. Sieglinde ist stark. Es könnte doch auch eine Verwechslung vorliegen, sagt Sieglinde. Vielleicht ist der Mann, der gleich zu ihr durchgestellt werden soll, gar nicht Hannes. Die junge Frau hat Angst. Angst vor einer neuen Enttäuschung. Der Redakteur sagt ihr, daß er ganz sicher ist. Sieglinde weiß nicht, daß Hannes schon seit einer Viertelstunde in der Leitung ist. Daß er genauso große Angst hat wie seine Frau. Zigmal fragt er die Redakteurin, die mit ihm spricht, ob seine Frau wirklich nicht böse auf ihn sei. Die Redakteurin beschreibt ihm das Gesicht seiner Frau, das sie durch die Glasscheibe sieht. Sie beruhigt ihn, aber sie will auch ganz sichergehen, daß der Mann am anderen Ende wirklich Hannes Feigl ist. Sie fragt nach dem Mädchennamen seiner Frau, nach den Vornamen seiner Großeltern. Und ihr wird klar, der Mann am Telefon ist kein Trittbrettfahrer, kein übler Witzbold. Sieglinde Feigl nippt an ihrem Wasserglas, dann sagt sie: „Ja, ich möchte mit ihm sprechen."

„Hallo, Baby!" sind die ersten beiden Worte, die Hannes ins Telefon sagt. Sofort ist Sieglinde sicher. Hannes spricht ganz leise. Er fragt: „Wie geht's dir?" Sieglinde sagt: „Geht so." Ein paar Sekunden Stille. „Und dir?" – „Eigentlich nicht sehr gut." Wieder Schweigen, auf beiden Seiten. Dann fragt die Stimme am anderen Ende: „Magst du nicht herkommen?" Sieglinde fragt: „Wo bist du denn?" Sie kann Hannes' Atem hören. Es fällt ihm schwer, zu antworten. „In Tunesien. Ich hab' dich sehr lieb, Baby." Sieglinde weint schrecklich nach dem Telefonat. Die ganze Anspannung der letzten 79 Tage bricht aus ihr heraus. Sie ist glücklich. Aber sie versteht nicht, was Hannes ihr gerade erzählt hat. Hannes wollte doch nur in die Obersteiermark auf eine Baustelle fahren – und in Tunesien ist er gelandet, auf einem Basar. Sie kann kaum glauben, was Hannes ihr da am Telefon erzählt hat:

Er ist von der Wohnung in der Koßgasse direkt zum Bahnhof in Graz gefahren und hat seinen Opel abgestellt. Er hat sich ein Ticket gekauft und ist in den nächsten Zug Richtung Rom gestiegen. Als er nach ein paar Kilometern das erste Mal umsteigen mußte, und auf dem Nebengleis der Zug nach Hause stand, hat Hannes sich gefragt: „Soll ich umkehren?" Aber er ist weitergefahren. Immer weiter. Bis nach Palermo, ans Mittelmeer. In Trápani hat er eine Fähre nach Tunesien genommen.

Hannes hat nicht viel Geld, und Tunesien ist das billigste Land, das er kennt. Er war schon mal im Urlaub hier, vor ein paar Jahren mit Sieglinde. Und er kann sich an einen Teppichhändler erinnern, den er damals kennengelernt hat. Hoffentlich findet er ihn wieder. Die Gassen der Stadt sind verwinkelt, und Hannes kann kein Wort Arabisch. Hannes findet den Mann wieder. Der Händler kann sich noch an ihn erinnern. Hannes macht ihm klar, daß er hierbleiben will. Der Händler macht ihn mit den Einheimischen bekannt, er besorgt ihm eine Unterkunft. Und er gibt ihm einen Job: Hannes soll deutschsprachige Touristen ansprechen. Er soll ihnen Teppiche verkaufen. Hannes Feigl, der Diplomingenieur mit eigener Firma in Graz, wird zum Teppichverkäufer auf einem Basar in Nabeul.

Wochen vergehen. Hannes ist einsam. Abends geht er durch die Gassen der Stadt. Allein. Er will zu Hause anrufen, aber er bringt es nicht fertig. Er beginnt zu beten. Er betet, daß ihm jemand hilft, den Weg zurück zu finden. Aber wer? Er kennt hier niemanden. Er hat keine wirklichen Freunde. Hannes beginnt, sich eine Traumwelt aufzubauen: Er tut so, als sei er noch in Graz. Er verdrängt die Gassen von Nabeul. Aus dem „Place Hached", wo er oft einen Kaffee trinkt, wird der Marktplatz von Graz. Er ist mitten in Tunesien, aber sein Herz ist in Graz. Er biegt links ab und sieht plötzlich die Koßgasse vor sich, er läuft nach rechts und ist in der Mandellstraße. Eines Tages erklärt er einen kleinen tunesischen Laden kurzerhand zu dem Schmuckgeschäft, in dem Sieglinde arbeitet. Er geht jeden Tag dorthin und tut so, als ob er seine Frau von der Arbeit abholt und nach Hause bringt. Hannes spürt: Ich muß aufpassen, sonst werde ich verrückt . . .

Ein Zuschauer aus Calden in Hessen ist es dann schließlich, der diesem Spuk ein Ende macht. Er hatte *Bitte melde Dich* gesehen und sofort die 0130/2000 angerufen. Er erzählt, daß er Hannes Feigl wenige Wochen zuvor in einem Café in Nabeul kennengelernt hat. Er sagt auch, daß der tunesische Besitzer des Cafés Achmed heiße und daß er ihn gut kenne. Die Redakteure sind zunächst skeptisch. Der Anrufer aus Calden kann mit nichts belegen, daß er wirklich von Hannes Feigl aus Graz spricht. Aber er klingt nicht wie ein Wichtigmacher, der eine falsche Fährte legen will. Eine Redakteurin ruft bei Achmed in Nabeul an. Es ist 22 Uhr 15. Achmed meldet sich, er klingt verschlafen, war schon zu Bett gegangen. Er spricht ein bißchen Deutsch und bestätigt: Ja, einen Österreicher namens Hannes Feigl würde er kennen. Er wisse auch, wo er ein Zimmer habe. Nein, Telefon gäbe es dort nicht. Aber er würde sich wieder anziehen und Hannes zu seinem Telefon holen. Achmed versteht zwar überhaupt nicht, warum SAT.1 mitten in der Nacht bei ihm anruft, aber er ist freundlich und hilfsbereit. In 10 Minuten solle die Redakteurin wieder bei ihm anrufen. Hannes würde nur ein paar Schritte entfernt wohnen. 10 Minuten später ist dann wirklich Hannes Feigl am Telefon. Seine Stimme zittert ein wenig, als er der Redakteurin die ersten Antworten auf ihre Fragen gibt.

Vier Tage nach Sieglindes und Hannes' erstem Telefonat im *Bitte melde Dich*-Studio, sitzt Sieglinde im Flugzeug nach Tunesien. Als sich die beiden dann gegenüberstehen, weiß keiner so recht, was er sagen soll. Und Sieglinde weiß nicht, ob sie mit oder ohne Hannes nach Österreich zurückfliegen wird. Tag und Nacht sitzen die beiden zusammen und reden. Sieglinde läßt Hannes erzählen. Sie will wissen, warum er verschwunden ist. Ob das etwas mit ihr zu tun hat oder mit einer anderen Frau. Hannes sagt, daß er den Druck mit seiner Firma nicht mehr ausgehalten hat. Daß er Sieglindes Geld in den Betrieb gesteckt hat, ohne ihr davon zu sagen. Daß er glaubte, ein Versager zu sein und ein Betrüger: „Ich kam mir vor wie der schlechteste Mensch auf Erden." Hannes erzählt, daß ihm schnell klar war: Abhauen ist keine Lösung und daß er dann auf ein Zeichen gewartet hat. Ein Zeichen, ob er zurückkehren kann oder nicht. Wie dieses Zeichen hätte aussehen sollen, das wußte Hannes nicht. Als er erfährt, daß Sieglinde ihn im Fernsehen sucht, da habe er gespürt: Das ist das Zeichen! Als Sieglinde Feigl nach drei Wochen ins Flugzeug nach Hause steigt, ist Hannes bei ihr.

Hannes und Sieglinde Feigl leben nach wie vor in Graz. Hannes hat seine eigene Firma aufgegeben und arbeitet heute erfolgreich als Diplomingenieur bei einem großen österreichischen Unternehmen. Die Ehe der beiden hat der Krise standgehalten. Sie fühlen sich fester verbunden als je zuvor. Hannes und Sieglinde Feigl sind glücklich.

*München, Stadtteil Oberföhring: Hier sitzt die
Redaktion von **Bitte melde Dich**. Nicht weit
von der Isar, in einer kleinen, grünen
Seitenstraße. Im Hochsommer 1995 kommt
unerwarteter Besuch. Es ist der 9. August, als es
um die Mittagszeit klingelt. Vor der Glastür
stehen zwei Menschen, die sich nur schwer
verständlich machen können. Sie sprechen
italienisch. Sie sind verzweifelt. Die zwei stellen
sich vor: Liliana Munaretto und ihre Tochter
Daniela aus Vicenza in Norditalien. Ob sie nicht
hereinkommen möchten, einen Kaffee trinken?
Die beiden stehen ein bißchen ängstlich und
verloren im Eingang. Nein, keinen Kaffee! Sie
wollen nur erzählen. Daniela spricht ein wenig
Deutsch, sie übersetzt, was aus ihrer Mutter
herausbricht: „Bitte helfen Sie uns, wir sind am
Ende. Wir suchen Walter. Er ist seit dem 1. Mai
verschwunden. Zuletzt hat man ihn in Halle
gesehen . . .“
Was niemand an diesem Tag wissen kann: Alle
Mühen der Munarettos, ihren Sohn und Bruder
wiederzufinden, werden umsonst sein.*

Die Geschichte von Walter Munaretto

1. Mai 1995. Familie Munaretto wohnt in einem gepflegten Einfami-
lienhaus mit Garten in Malo bei Vicenza. Heute sind die Rolläden
schon früh heruntergelassen – es ist ungewöhnlich warm für die Jahres-
zeit. Mutter Liliana gießt die Blumen vor dem Haus, als Walter sich
verabschiedet. Er will sich mit Freunden in seinem Lieblingscafé treffen. Auch in Italien ist der 1. Mai ein Feiertag, und so vergißt Walter
ein paar Stunden lang die Lernerei für eine Chemieprüfung neun Tage
später. Walter ist 24 Jahre alt und studiert Elektrotechnik an der Uni in
Padua. Prüfungsangst kennt er nicht, und seine Noten sind auch ganz
passabel. Kein Grund zur Sorge also. Aber Walter ist verschlossen.
„Niemand kann in ihn reingucken“, sagt seine Schwester Daniela. Die
Familie weiß, daß er Tabletten verschrieben bekommen hat. Tabletten, um mit seinen Depressionen besser fertig zu werden. Aber er
spricht nicht darüber. Nicht darüber, was der Arzt gesagt hat und

Wie es in seinem Inneren aussah, das zeigte er
niemandem. Nur ein paar Tagebuchaufzeichnungen
hinterließ Walter Munaretto seiner Familie, als er am
1. Mai 1995 Abschied nahm. Ein Abschied für
immer . . .

schon gar nicht darüber, was mit ihm geschieht, wenn sich diese dunklen Schleier über seine Seele legen.

Im Café ist Walter wie immer – er redet nicht viel, ist aber für jeden Spaß zu haben. Irgendwann schlägt er vor, Schwimmen zu gehen. Walter will an den Fluß Orolo fahren, dort, wo man im niedrigen Wasser herrlich baden kann. Doch keiner zieht so richtig mit, niemand will die 20 Kilometer mit dem Auto fahren. So sind sie eben, die Freunde – wenn sie einmal irgendwo sitzen, kriegt man sie nicht mehr weg. Um 18 Uhr hält es Walter nicht mehr im Café. „Ciao", sagt er, „bis bald", und steigt in seinen weißen Citroën. Ob er alleine an den Fluß zum Schwimmen fahren will, warum Walter unbedingt los will – es bleibt ein Rätsel. Daß dieser 1. Mai für ihn noch eine dramatische Wende nimmt, daß Walter am nächsten Morgen nicht mehr bei seiner Familie sein wird: Er weiß es in diesem Moment vielleicht selbst noch nicht . . .

18.30 Uhr. Walter kommt zu Hause an. Er parkt das Auto nicht wie sonst in der Garage, sondern direkt vor dem Haus. Mutter Liliana wundert sich darüber, als sie aus dem Küchenfenster blickt. Sie bereitet das Abendessen vor: Pasta, Walters Lieblingsgericht. Doch Walter hat keinen Hunger. Er verzieht sich auf sein Zimmer im 1. Stock des Hauses. Walter lebt gern hier, sagt er. Bis tief in die Nacht hinein sieht seine Mutter oft einen Lichtschein unter Walters Tür durchblitzen. Und dann fragt sie sich, was er gerade tut. Brütet er über seinen mathematischen Formeln oder schreibt er an seinen Gedichten? Walter liebt es, seine Gedanken und Gefühle zu ordnen, indem er Gedichte daraus macht. Er schreibt sie in sein Tagebuch, aber gezeigt hat er sie noch nie jemandem aus der Familie. Seine Schwester hat ihn schon oft gefragt, ob er nicht wenigstens eines der Gedichte mal vorlesen will. Aber Walter hat nur mit dem Kopf geschüttelt. An diesem Abend des 1. Mai bleibt Walter nicht lange in seinem Zimmer. Seine Mutter hört ihn etwas suchen. Nach ein paar Minuten kommt er wieder herunter. Die Familie sitzt schon beim Essen. Er geht aus dem Haus. Er sagt keinen Ton. Er macht einfach nur die Tür hinter sich zu.

Walter hat keinen Brief hinterlassen. Ohne eine Tasche, Geld und Hausschlüssel fährt er in seinem Citroën auf und davon. Als Walter am nächsten Morgen nicht zu Hause ist, beginnen qualvolle Stunden für die Munarettos. Ihr Sohn hat sonst immer Bescheid gesagt, wenn er über Nacht wegbleiben wollte. Die Eltern rufen alle Krankenhäuser in der Umgebung an. Vielleicht hat Walter einen Unfall gehabt? Nein, der Name Munaretto steht in keiner Liste. Am 3. Mai geben die Munarettos eine Anzeige bei der Polizei auf. Walter wird zu einem

Vermißtenfall. Niemand weiß, daß Walter schon tot ist, als der Polizist seinem Namen eine Nummer gibt.

7. Mai: Die Polizei ruft an. Walters Citroën ist gefunden worden. Er steht am Rande eines Feldwegs direkt am Orolo. Der Fluß, in dem Walter und seine Freunde so gerne gebadet haben. Die Munarettos fahren sofort zur Fundstelle. Das Auto ist unverschlossen, der Schlüssel nicht da. Wo ist Walter? Seine Mutter malt sich furchtbare Bilder aus: Walter, wie er sich das Leben nimmt, irgendwo im Wald. Walter, der ertrunken ist, weil sein Herz plötzlich aufgehört hat zu schlagen. Walter . . .

Auf dem Beifahrersitz des Citroën liegt eine Zigarettenschachtel. Seine Lieblingsmarke: „Diana". Zwei Musikcassetten liegen auf dem Beifahrersitz. Walters Eltern starren in das Wageninnere. Sie stellen sich ihren Sohn vor, wie er am 1. Mai hierher an den Fluß kam. War er in Not, war er traurig? Vielleicht hat er noch lange im Auto gesessen, ein paar Zigaretten geraucht und seine Lieblingslieder gehört. Und einen Entschluß gefaßt. Nur welchen? Sich umzubringen? Sein Leben radikal zu ändern? Etwas völlig Neues anzufangen? Ist er hier im Wald seinem Mörder begegnet? Hatte er einen Badeunfall? Walters Eltern wissen keine Antwort, und auch die Polizei ist ratlos.

Eine riesige Suchaktion beginnt. Polizisten durchkämmen die Wälder. Kein Stein bleibt auf dem anderen. Von Walter keine Spur. Sogar der Stausee, in den der Fluß mündet, wird abgelassen. „Was können wir noch tun?" – die Munarettos läßt diese Frage nicht mehr los. Und sie machen sich Vorwürfe, Walter alleingelassen zu haben mit seinen Problemen. Sie beginnen sich Schuld aufzuladen, die sie gar nicht zu tragen haben. Die Familie hängt überall in Italien Suchplakate auf, wendet sich ans Fernsehen. „Chi l'ha visto?" (zu deutsch: „Wer hat ihn gesehen?") heißt dort die Vermißtensendung. Im ganzen Land berichten Zeitungen über den Fall. Nichts.

Endlich ein Hoffnungsschimmer: Am 20. Juli klingelt bei den Munarettos das Telefon.

Es meldet sich Franco, ein Mann aus Süditalien. Er hat das Suchplakat auf dem Mailänder Bahnhof gesehen, und für ihn ist sofort klar: Diesen Mann kenne ich! Franco sagt, er hat Walter vor ein paar Tagen in Deutschland getroffen. „In Deutschland?" – „Ja, in Deutschland, in der Discothek ‚Genschman' in Halle." Er habe traurig ausgesehen und ihm erzählt, daß er Walter heiße und in Halle auf dem Bau arbeite. Seine Familie in Süditalien habe er verlassen. Das kam Franco schon damals seltsam vor. Von wegen Süditalien! Dieser Walter, den Franco kennengelernt hatte, sprach eindeutig den norditalienischen Akzent, den auch die Munarettos in Vicenza sprechen. Als Franco das Plakat mit Walters Foto sieht, greift er sofort zum Telefon.

Für Familie Munaretto gibt es nach diesem mysteriösen Anruf kein Halten mehr: Sie fahren nach Halle, wollen Walter finden. Baustelle um Baustelle klappern Vater Mario, Mutter Liliana und Schwester Daniela ab – Franco hatte ja gesagt, daß Walter auf dem Bau arbeite. Sie haben ein Foto von Walter dabei. Daniela übersetzt immer wieder die gleiche Frage der Eltern:
„Kennen Sie diesen Mann?" Nach drei Tagen und 45 Baustellen sind sie am Boden zerstört: Niemand erkennt Walter auf dem Foto.

Doch die Familie gibt nicht auf. Kreuz und quer laufen sie durch Halle, hängen neue Suchplakate auf. Und plötzlich ist da wieder jemand, der ihnen weiterhelfen will. Luigi heißt er, wieder ein italienischer Landsmann. Er ist Kellner, und er ist sich ganz sicher: Der Mann, den er Mitte Mai vor der Eisdiele „Capri" und wenig später vor der kleinen Kneipe „Silvio" gesehen hat, dieser Mann ist Walter. Die Eltern und Daniela fassen wieder Mut: Vielleicht ist Walter ganz in ihrer Nähe, lebt gar nicht weit von ihrem Hotel in Halle – vielleicht treffen sie ihn morgen einfach auf der Straße. Vielleicht . . .
Nichts geschieht. Walters Mutter ist mit den Nerven am Ende. So nah ist sie ihrem Sohn vielleicht und kann ihn doch nicht erreichen. Tief enttäuscht reisen die Munarettos ab. Ihre nächste Station ist München. Hier machen viele Gastarbeiter auf der Durchreise nach Italien halt. Vielleicht kennt ja einer Walter. Vielleicht . . . Und wieder geht die Familie zur Polizei, wieder hängt sie Suchplakate auf. Fehlanzeige. Von der Polizei erfahren sie, daß die Redaktion von *Bitte melde Dich* in München sitzt. Mutter Liliana drängt darauf, alles zu versuchen und einfach dorthin zu fahren. Daniela soll dolmetschen. Sie wollen ihre Geschichte loswerden. Die Geschichte von Walter.
„Walter war so gut gelaunt, bevor er am 1. Mai spurlos verschwand", erzählt Liliana den Redakteuren von *Bitte melde Dich*. „Wir verstanden uns alle prima in der Familie, und er war endlich über diese Sache mit seiner Freundin weg. Als es mit ihr auseinanderging, wurde Walter uns richtig fremd. Er verließ das Haus nicht mehr, sagte fast nichts. Die Ärzte haben ihm Mittel gegen seine Depressionen verschrieben. Langsam ging es wieder aufwärts mit Walter. Er studierte weiter und arbeitete in unserem Betrieb mit. Mein Mann will Walter eines Tages die Firma übergeben. Noch kurz bevor er verschwunden ist, haben die beiden über die Zukunft der Firma gesprochen. Alles war gut. Walter hatte keinen Grund zu gehen."

Liliana ist außer sich. Tränen laufen ihr über das Gesicht. Sie beruhigt sich nur langsam wieder. „Ja", sagt sie, jetzt wolle sie doch einen Kaffee. Sie erzählt weiter. „Wir haben einen anonymen Anruf bekommen. Eine Frau hat sich aus einer Eisdiele in Halle gemeldet. Sie hat gesagt, daß Walter in Halle einen Job sucht. Mit der Familie wolle er vorerst nichts zu tun haben. Dann hat sie aufgelegt." Für die Munarettos ist der Anruf noch ein Indiz dafür, daß Walter in Halle sein muß. Hoffnung, trügerische Hoffnung . . .

13. November 1995, 21.30 Uhr: In *Bitte melde Dich* wird der Film über Walter Munaretto gezeigt. Die Telefone in der Zentrale stehen nicht still. Liliana und ihre Tochter Daniela sitzen vor dem Monitor in einem Raum über dem Studio. Daniela stellt sich Walters Stimme am Telefon vor. Stellt sich vor, wie es wäre, wenn er sich jetzt melden würde. Nur durch eine Glasscheibe von den Telefonistinnen getrennt, halten die beiden Frauen jedes Mal den Atem an, wenn ein Kollege aus der Telefonzentrale kommt. Jedes Mal hoffen sie, daß er sich jetzt zu ihnen beugen wird und sagt: „Ihr Sohn ist am Telefon." Aber Walter meldet sich nicht. Es rufen allerdings Dutzende von Zuschauern an, die Walter irgendwo in Halle und Umgebung gesehen haben wollen. Hoffnung für Liliana und Daniela: Walter muß immer noch in Halle sein. So viele Anrufer können nicht irren! Walter ist zu diesem Zeitpunkt längst tot.

Italien, 2. Juni 1996: Ein Pärchen macht beim Baden eine furchtbare Entdeckung. Im knietiefen Wasser des Orolo liegt ein toter junger Mann. Es ist Walter Munaretto. Er ist seit über einem Jahr tot. Der Fundort ist nur 20 Meter weit entfernt von der Stelle, wo die Polizei in der ersten Maiwoche 1995 sein Auto fand. Er muß die ganze Zeit dort gelegen haben, da ist die Polizei sicher. 20 Meter entfernt von seinem weißen Citroën ist Walter wahrscheinlich noch in der Nacht zum 2. Mai 1995 gestorben.

Warum mußte Familie Munaretto unter der Ungewißheit so lange leiden? Oder war es vielleicht eine Gnade, daß sie noch ein Jahr lang glauben durften, ihr Walter lebt? Warum blieb Walters Leiche so lange unentdeckt? Warum suchte die Polizei nicht ganz in der Nähe seines Wagens? Und warum brachte Franco, der erste Anrufer, die Familie auf die Spur nach Halle? Warum war er sich so sicher?

Wenige Tage, nachdem Walter tot aufgefunden wurde, sind Mario, Liliana und Daniela Munaretto in Walters Zimmer gegangen. Sie haben die Hefte genommen, in die Walter seine Gedanken und seine Gedichte schrieb. Und dann haben sie zum ersten Mal gelesen, wie Walter seine Welt gesehen hatte. Die Welt, von der er so wenig erzählt hat.

Das Leben ist wie ein Punkt,
der auf einem Faden läuft;
wie ein Blatt im Wasser,
das den Fluß hinaufgeht;
Wie der Rauch, der sich im Wind verliert.

Gefallen wie ein Stern
gewachsen wie eine Blume
ich werde wie der Schnee sterben.

Walter Munaretto

Erfurt, 5. Juni. Die Sonne ist erst vor ein paar
Stunden aufgegangen, aber es ist schon sehr heiß
in der Stadt. Es scheint, als gäbe es einen
Jahrhundertsommer in diesem Jahr.
Heinz-Willi Drehmann schließt die
Wohnungstür ab. Seine Frau wartet schon
unten vor dem Haus. Sie hat es eilig, sie muß
zum Dienst. Heinz-Willi begleitet sie zur
Arbeit, dann will er zu seinem Schrebergarten
weiterfahren. Am Abend wollen die beiden ins
Kino gehen. Heinz-Willi fragt Elfriede, ob sie
die Karten besorgen kann. Der Film heißt „Das
Mädchen Rosemarie" – ein skandalöser Streifen.
Man schreibt das Jahr 1959. Elfriede
Drehmann verabschiedet sich mit einem Kuß
von ihrem Mann. Sie weiß nicht, daß sie ihm
erst 34 Jahre später wieder gegenüberstehen
wird. In einem Münchener Luxushotel.

Die Geschichte von Heinz-Willi Drehmann

Jeden Morgen um vier, wenn es noch dunkel ist, fahren Elfriede Drehmann und ihre Tochter Regina mit dem alten Opel in die City von Erfurt. Sie haben den Wagen gebraucht gekauft, nach der Wende. Das Auto ist nicht mehr so gut in Schuß, aber für die paar Kilometer jeden Morgen taugt es. Elfriede und ihre Tochter stellen den Opel ab, dann laden sie ihren Handkarren voll und machen sich auf den Weg. Die beiden tragen die „Thüringer Allgemeine" aus. Jeden Morgen 12 Kilometer zu Fuß, bei Regen und Schnee. Seit Elfriede 1991 in den Ruhestand geschickt wurde, braucht sie das Geld. Ihre kleine Rente reicht zum Leben, aber für ihre zwei Kinder und die vier Enkel soll ja auch noch was abfallen. Sechs Geburtstage, sechs Menschen, für die sie Weihnachtsgeschenke kaufen möchte. Elfriede wüßte nicht, wie sie das alles bezahlen soll. Ihre Kinder und die Enkel, die sollen es gut haben. Auch wenn seit der Wende alles so teuer geworden ist.

Arbeiten, sich abrackern, ohne Rücksicht auf die Gesundheit: Elfriede Drehmann, 60 Jahre alt, kennt es nicht anders. Sie hat immer arbeiten müssen, um über die Runden zu kommen. Mit 24 hat sie geheiratet, ihr Mann Heinz-Willi war erst 21. 1953 ist Regina zur Welt gekommen, vier Jahre später Manfred. Willi war Fahrer bei der Gärtnerei Lohfeld, das Geld reichte hinten und vorne nicht. Also mußte auch Elfriede arbeiten. Bei der Post, als Zustellerin. Mit dem Fahrrad über die schlechten Straßen von Erfurt, bei jedem Wetter. Zwei Touren pro Tag, sechs Tage die Woche. Elfriede hat sich nie beklagt. Sie hat einfach zugepackt. Für ihre Familie.

Wenn sie am Abend von der zweiten Schicht nach Hause kam, war noch lange nicht Feierabend. Willi saß hungrig am Küchentisch, die Kinder wollten ihr Fläschchen, und dann noch die Wäsche. Die Drehmanns konnten sich keine Waschmaschine leisten, nicht mal ein Kühlschrank stand in der Zwei-Raum-Wohnung am Hirschbachufer 80. Elfriede Drehmann wußte oft nicht, wo ihr der Kopf steht. Aber sie hat sich zusammengerissen und gedacht: Wenn die Kinder aus dem Gröbsten raus sind, dann gönnen wir uns mal was, der Willi und ich. Vielleicht muß ich dann nicht mehr soviel arbeiten. Vielleicht kann ich einfach mal spazierengehen, wenn die Sonne scheint. Ein bißchen im Garten werkeln. Vielleicht kann ich die Stechuhr irgendwann vergessen. Irgendwann.

5. Juni 1959, ein Freitag. Willi hat Urlaub. Jahresurlaub, 12 Tage. Am liebsten hätte er zu seiner Elfriede gesagt: „Komm, laß uns irgendwo hinfahren. Nur uns zwei. Einfach ins Blaue." Aber er weiß ja, daß das nicht geht. Die Kinder. Das Geld. Und außerdem muß Elfriede ja arbeiten. Daß seine Elfriede gerne mal in Urlaub fahren würde, das weiß er schon lang. Gar nicht weit weg, einfach mal raus aus Erfurt, aus der kleinen Wohnung, weg von der Hauptpost. Keine Briefe und keine Pakete, und wenn's nur ein paar Tage sind. Elfriede jammert nicht, sie spricht auch nicht vom Ferienmachen und vom Wegfahren. Aber wenn Willi in ihre Augen schaut, dann weiß er, was sie sich wünscht. Willi seufzt. Noch zwei Tage sind vom Urlaub übrig, dann muß er wieder bei der Gärtnerei Lohfeld ran.

Willi ärgert sich über sich selbst. Daß er nicht mehr aus sich gemacht hat, daß er nicht genug Geld verdient, um mal fünfe gerade sein zu lassen. Er weiß, daß er seiner Frau nicht viel bieten kann. Abends in der Küche zusammensitzen und Mau-Mau spielen oder Mühle – das kann nicht das Leben sein. Und auch die Touren mit dem Motorrad sind immer zu kurz. Elfriede ist zwar immer ganz aufgekratzt, wenn sie auf dem Sozius der roten „Triumph" sitzt und mit ihrem Willi durch Erfurt knattert. Aber wenn's richtig lustig wird, dann muß Willi mit ihr zurückfahren, weil man die Kinder nicht so lang bei der Oma lassen kann.

Manchmal hätte er schon Lust, einfach weiterzufahren, mit Elfriede auf dem Sozius. Nicht zurück in die Wohnung am Hirschbachufer. Nie mehr zurück zur Gärtnerei Lohfeld und zur Hauptpost am Markt. Nur weg. Was erleben. Gas geben – und ab.

Noch zwei Tage Urlaub. Irgendwas muß noch passieren in diesen zwei Tagen, denkt Willi. Irgendwas Besonderes. Da fällt ihm ein: Er hat in der Zeitung gelesen, daß „Das Mädchen Rosemarie" im Union-Kino läuft. Der Skandalfilm, der überall für Furore sorgt. Sogar im Westen, und das will was heißen. Nadja Tiller spielt die Hauptrolle, die sieht Willi sowieso sehr gern. Das wär' doch was, auch für Elfriede. „Kauf doch schon mal zwei Karten auf dem Heimweg", sagt Willi seiner Frau, als er sie an diesem 5. Juni mit der „Triumph" zur Nachmittagsschicht fährt. „Ich muß noch in den Schrebergarten, Kaninchen füttern." Willi gibt Elfriede einen Kuß. „Bis später."

Elfriede freut sich riesig auf den Abend im Kino – sie weiß gar nicht, wann sie das letzte Mal mit Willi ausgegangen ist. Und dann auch noch in einen Film, von dem man schon so viel gehört hat! Endlich mal wieder was erleben, was man den Kollegen in der Post erzählen kann. Zwei, drei Stunden ausspannen, nicht an Windeln und Fläschchen denken. Ein Abend nur für sie und Willi. Wie früher, als sie sich kennengelernt haben. Willi wird seinen Arm um sie legen, sie wird ihren Kopf an seine Schulter kuscheln. Und dann spielt auch noch Peter van Eyck in dem Film mit. Den findet Elfriede schon lange toll . . .

Gegen halb sechs ist sie zu Hause. Die zwei Kinokarten hat sie besorgt. Elfriede macht sich schön für den Abend. Viel Kosmetika hat sie ja nicht, da beneidet sie manchmal schon die Frauen im Westen. Die haben Lippenstifte in zwanzig verschiedenen Farben. Puder und Cremes. Lidschatten und Parfüm. Aber Elfriede ist kein Mensch, der träumt. Sie hat gelernt, mit der Realität klarzukommen. Und in der kann man sich auch ganz nett einrichten, findet Elfriede. Sie schaut sich in der Wohnung um. Kein Luxus, aber gemütlich. Ihr Blick fällt auf die Uhr an der Wand. Schon halb acht. Bis zum Kino sind es zehn Minuten. Jetzt müßte Willi aber bald kommen. Was macht er bloß so lang im Schrebergarten? Die paar Kaninchen füttern, die Hühner und die Ziege – das kann doch nicht so lange dauern.

Viertel vor acht. Elfriede sitzt auf dem Sofa. Sie hat sich fein gemacht, sogar die neuen Schuhe hat sie schon an. Jetzt muß es schnell gehen, wenn Willi klingelt, sonst kommen sie zu spät. Wahrscheinlich sind sowieso nur noch zwei Plätze in der ersten Reihe frei, denkt Elfriede. Ganz am Rand. Wo man sich fast den Hals verrenkt, um was zu sehen. Aber dem Willi wird das nichts ausmachen. Da kann er die Beine von Nadja Tiller mal ganz aus der Nähe sehen!

20 Uhr. „Die Wochenschau haben wir jetzt schon verpaßt", denkt Elfriede. Naja, nicht so schlimm. Im „Augenzeugen" zeigen sie sowieso nur wieder Bilder aus irgendwelchen Fabriken, von lachenden Fließbandarbeitern und fröhlichen Maschinisten. Elfriede Drehmann arbeitet, seit sie ein junges Mädchen ist. Und noch nie hat sie Kollegen gesehen, die sich freuen, wenn sie Überstunden machen müssen, damit der Plan erfüllt wird. „Erneut Höchstleistungen in den Plastewerken Suhl" – Elfriede kann die Parolen nicht mehr hören. Sie vollbringt auch jeden Tag Höchstleistungen: zwei Kinder über die Runden bringen, einen Haushalt führen und dann noch Schicht in der Post arbeiten – und über sie hat noch keiner einen Film gedreht. Aber sie ist ja auch nicht in der Partei.

Halb neun. Elfriede Drehmann hat ihre Schuhe ausgezogen, sie steht am Fenster. Die Kinokarten kann sie wegwerfen. Der nette Abend ist im Eimer. Der Willi, der wird was zu hören kriegen, denkt sie. Eine so gute Ausrede gibt es gar nicht, mit der er das erklären könnte. Er hat Urlaub, da kann er schon mal nicht sagen, es hätte eben länger gedauert auf Arbeit. Und es können ja auch nicht alle Busse von Erfurt auf einmal kaputtgegangen sein. Denn mit dem Motorrad kann Willi nicht in den Garten gefahren sein, sie hat es vorhin unten im Hausflur stehen sehen. Oder ist er schon aus dem Schrebergarten zurück und dann noch mal weggegangen? Wohin? Elfriede Drehmann mag sich nicht den Kopf zerbrechen. Sie ist sauer.

21 Uhr. Elfriede weiß nicht, was sie denken soll. Willi ist vielleicht nicht der Pünklichste, aber man kann sich auf ihn verlassen. Ob er das mit dem Kino vergessen hat? Unmöglich. Sowas vergißt man nicht. Ob was passiert ist? Elfriede schaut aus dem Fenster. Es ist dunkel geworden. Aber sie kann sich jetzt nicht einfach ins Bett legen und so tun, als ob nichts ist. Ihre Oma ist auch da, die sollte ja die Kinder hüten, wenn sie mit Willi im Kino ist. Die Oma sagt: „Jetzt setz dich endlich mal ein paar Minuten hin." Elfriede setzt sich, doch nach ein paar Sekunden springt sie wieder auf und geht zum Fenster. Elfriede starrt in die Nacht. Sie macht sich Sorgen um ihren Mann.

Elfriede steht am Fenster. Stunde um Stunde. Die Kinder sind längst im Bett. Elfriede hat kein Telefon, sonst könnte sie die Polizei anrufen oder ein Krankenhaus oder eine Freundin, um Dampf abzulassen. Sie kann nur warten. Die ganze Nacht warten. Als es hell wird, zieht Elfriede ihre Schuhe wieder an und verläßt das Haus. Sie fühlt sich wie gerädert, aber sie muß zur Arbeit. Unterwegs schaut sie sich um, immer wieder. Vielleicht sieht sie Willi ja irgendwo auf einer Bank sitzen. Vielleicht hat er gestern abend einen Kumpel getroffen und mit ihm einen über den Durst getrunken. So wird es gewesen sein, denkt Elfriede. Jetzt wird sie wirklich wütend: „Wahrscheinlich hat er sich nicht nach Hause getraut und draußen übernachtet." Warm genug ist es ja in diesem Sommer. „Warte, Willi, bis du nach Hause kommst!" Elfriede muß lachen. Aber die Unruhe bleibt, und auch die Angst. Wenn sie Willi nun Unrecht tut, und ihm doch etwas passiert ist . . . Elfriede sagt in der Post Bescheid, daß sie noch einmal weg muß, daß es heute später wird. Ein paar Minuten nur. Um 6 Uhr früh betritt sie die Polizeiwache. Sie sagt: „Mein Mann ist gestern nicht nach Hause gekommen!"

Die Vopos auf der Wache sind noch müde. Sie haben keine Lust, so früh am Morgen schon Formulare auszufüllen. Erstmal Kaffee kochen, mit den Kollegen plaudern. Dann sieht man weiter. „Wie alt ist denn ihr Mann?" – „23", sagt Elfriede, „in drei Wochen wird er 24." Die Vopos schauen sich zufrieden an. Na also, Glück gehabt. „Ihr Mann ist erwachsen", sagt einer, „großjährig." Ob ihr Mann denn geistesgestört sei, will ein anderer wissen. Geistesgestört? Elfriede schüttelt den Kopf. „Dann können wir Ihnen auch nicht helfen", sagt einer der Polizisten. Wenn ihr Mann nicht ganz richtig im Kopf wäre, dann müßte man wohl eine Vermißtenanzeige aufnehmen. Aber so? „Kommen sie doch in drei Tagen nochmal vorbei. Wiedersehen."

Drei Tage. Eine Ewigkeit für eine Mutter mit zwei Kindern, die nicht weiß, wo ihr Mann steckt. Gott sei Dank hat sie ihre Oma, die ihr die Kinder abnimmt. Elfriede Drehmann bringt die drei Tage rum, irgendwie. Sie geht wieder zur Polizei. Die Beamten verdrehen die Augen. Sie hatten gehofft, daß sich die Sache erledigt hat. Na gut. Die Vopos spannen ein Formular in die Schreibmaschine. Sie nehmen Willis Personalien auf. Und sie sagen, Elfriede soll ein Paßbild ihres Mannes vorbeibringen. Das wäre alles, mehr könnten sie nicht tun. Elfriede glaubt, sie hört nicht richtig. Darauf hat sie jetzt drei Tage gewartet? Ein Formular mit Willis Namen und ein Paßbild? Die Polizisten sagen ihr, sie solle jetzt nach Hause gehen. Es werde sich schon alles regeln. Irgendwie.

Elfriede Drehmann hört nie wieder von der Polizei. Auch in der Zeitung kommt kein Bild von Willi, kein Bericht, in dem von seinem Verschwinden die Rede ist. Und bei der Gärtnerei Lohfeld, da haben sie schnell einen neuen Fahrer. Es ist, als habe Heinz-Willi Drehmann, wohnhaft Hirschbachufer 80 in Erfurt, nie existiert.

Elfriede steht jetzt mit ihren beiden Kindern alleine da. Regina ist sechs, Manfred zwei. Die Kinder spüren die Sorgen der Mutter, sie sind unruhig, quengeln, fragen nach dem Vater. Elfriede weiß, daß die Kinder sie jetzt besonders dringend brauchen. Sie müßte mit ihnen auf dem Spielplatz rumtoben, ihnen Geschichten vorlesen. Stattdessen muß sie jetzt noch härter arbeiten, wenn sie über die Runden kommen will. Sie bekommt keine Unterstützung vom Staat, jede Mark muß sie sich selbst verdienen. Daß ein Ehemann verschwindet, einfach so, spurlos: Das ist in den Plänen der Partei nicht vorgesehen. Dafür fühlt sich kein Politbüro zuständig und keine Volkskammer. Aber das Geld von der Post reicht nicht, um die Kinder durchzubringen. Elfriede weiß: Sie braucht einen zweiten Job. Mit 200 Mark im Monat kommt man nicht weit. „Zuwenig zum Leben, zuviel zum Sterben", sagt Elfriede oft. Sie kann ihre Miete nicht mehr bezahlen, sie macht Schulden. Aber sie jammert nicht.

Von sechs bis zehn und von zwei bis fünf ist sie jeden Tag mit dem Fahrrad für die Post unterwegs. Welche Arbeit kann sie da noch annehmen? Elfriede sucht sich fünf Stellungen, wo sie putzen gehen kann. Für jeden Werktag der Woche eine.

Während ihrer Post-Touren büxt sie dann immer für eine Stunde aus – und putzt. Wenn Elfriede abends heimkommt, ist sie total erledigt. Aber ihr Arbeitstag ist noch lange nicht zu Ende: Sie zieht sich um, dann geht sie zum „Regenbogen". Das ist das Lokal für die Arbeiter vom Wohnungsbaukombinat, und hier kellnert Elfriede. Fast jeden Abend. Jahrelang. Die jungen Männer rufen ihr Komplimente hinterher – Elfriede hört sie nicht. Sie denkt an den nächsten Morgen, wenn um fünf Uhr der Wecker klingelt.

Die Kinder werden größer, sie fragen nicht mehr so oft nach ihrem Papa. Elfriede Drehmann hört nichts von ihrem Mann. Kein Brief, keine Karte. Gar nichts. Seit er am 5. Juni 1959 zum Schrebergarten gefahren ist, ist er wie vom Erdboden verschluckt. Die Kinder, sagt Elfriede manchmal, sollen nicht spüren, daß sie keinen Vater haben. Es soll ihnen gutgehen, sie sollen alles bekommen, was andere Kinder auch haben. Trotzdem wird ihr Sohn Manfred später einmal sagen, daß es schlimm war, daß er keinen Vater hatte. Aber noch schlimmer sei gewesen, daß ihm der Vater durch sein Verschwinden auch die Mutter weggenommen habe, denn die mußte arbeiten, Tag und Nacht. Und wenn andere Mütter am Wochenende mit ihren Kindern in den Zoo gingen, war Manfreds Mutter mit Tablett und Schürze im Restaurant „Regenbogen".

„Warum?" Wenn Elfriede allein im Bett liegt und wieder mal nicht schlafen kann, dann stellt sie sich selbst tausendmal diese Frage. Warum ist Willi einfach so gegangen, ohne ein Wort? Oder hat er einen Unfall gehabt? Aber dann hätte man ihn doch finden müssen. Wenn er wirklich abhauen wollte, wieso hat er dann das Motorrad nicht mitgenommen, wieso hat er seine ganze Kleidung hiergelassen? Und was will er anfangen ohne Geld? Er hat ja nichts beiseite schaffen können, sein Lohn hat gerade zum Leben gereicht. Liebt er mich nicht mehr? Ist er zu einer anderen Frau gezogen? Warum hat er mir nichts gesagt?

Das Leben geht weiter. Die Kinder werden groß, Elfriede Drehmann wird Oma. Sie bekommt vier Enkel. Und Willi ist Opa, denkt sie oft, nur weiß er nichts davon. Elfriede weiß, daß sie sich scheiden lassen könnte. Auch wenn Willi nicht aufzufinden ist. Scheidung „in Abwesenheit" nennt man das. Aber Elfriede bleibt die Frau von Heinz-Willi Drehmann. Und wenn sie mit ihrer Tochter Regina die „Thüringer Allgemeine" austrägt, frühmorgens, dann erzählt sie oft von den Jahren mit Willi. Regina ist jetzt selbst erwachsen, sie kann sich kaum noch an den Mann erinnern, von dem ihre Mutter spricht. „Vater": dieses Wort hat sie zum letzten Mal gesagt, als sie sechs war. Das ist mehr als 30 Jahre her. Regina und ihre Mutter malen sich aus, was wohl aus Willi geworden ist. Wie er heute aussieht, was er macht. Fast 60 muß er jetzt sein. Elfriede schüttelt den Kopf, wenn sie daran denkt – ihr Willi war 23, als sie ihn zum letzten Mal gesehen hat! Was hat sich nicht alles getan in dieser Zeit. Die DDR gibt es nicht mehr, und aus der feuchten Wohnung von damals ist sie schon vor 20 Jahren ausgezogen. Sie lebt jetzt in einer neuen Siedlung am Stadtrand von Erfurt. Plattenbau, kein Luxus. Aber innen sehr gemütlich.

Gleich nach der Wende hat sich Elfriede Drehmann ans Rote Kreuz gewandt. Zu DDR-Zeiten waren solche Kontakte nicht erlaubt. Jetzt endlich will sie wissen, ob es eine Spur von Willi gibt. Eines Tages liegt Post

Erfurt, den 22. 1. 1993

An SATI
    Bitte melde Dich.

Habe von Ihrer Sendung gehört.
Und bitte Sie wenn es geht mir zu helfen.
Mein Mann Heinz, Willi Drehmann früher
wohnhaft in Erfurt
Es war Nachmittags ich ging zu Adler's
mein Mann hatte noch Urlaub. Wir hatten
einen Garten. Da fuhr mein Mann 16³⁰ Uhr
mit dem Bus hin um die Tiere zu füttern.
Abends wollten wir ins Kino es war der
5. 6. 1959 er kehrte aus dem Garten
nicht zurück. 3 Tage später nahm die
Kriminalpolizei eine Suchmeldung auf.
Aber beide ohne erfolg, Suchdienst Berlin
fand auch nichts
Unser 2 Kinder sind jetzt schon Erwachsen
Tochter Regina und Sohn Manfred. Beide
kennen Ihren Vater nicht mehr da sie
noch zu klein waren. Wenn es geht bitte
helfen Sie mir, die ungewißheit ist doch
nach so vielen Jahren fürchterlich.

        Im verraus besten Dank
        Elfriede Drehmann

96

vom Roten Kreuz im Briefkasten. Elfriede kann es kaum fassen. Ihre Hände zittern, als sie den Brief aufreißt. Sie liest: „Unsere Ermittlungen ergaben . . ." Sie muß den Brief nochmal lesen, das Amtsdeutsch ist kompliziert. Sie legt den Brief auf den Tisch und schließt die Augen. Sie kann kaum glauben, was sie da gerade gelesen hat: Willi ist nach Kamen in Westfalen gezogen. Am 19. Dezember 1962 hat er sich nach Hamburg abgemeldet. Dort ist er nie registriert worden. 30 Jahre hat Elfriede auf so einen Brief gewartet. Sie weiß jetzt, daß ihr Willi keinen Unfall hatte. Daß er einfach abgehauen ist. Sie kennt jetzt die Orte, in denen er gewohnt hat, auch wenn das eine halbe Ewigkeit her ist. Doch das Schreiben vom Roten Kreuz sagt nicht, wo ihr Mann jetzt ist. Und der Brief kann ihr die wichtigste Frage nicht beantworten: Warum?

Warum ist Willi an jenem Junitag 1959 nicht nach Hause gekommen? Warum läßt er sie seit Jahrzehnten warten? Warum hat sie ihre Kinder allein großziehen müssen? Warum hat er sich nicht gemeldet, nicht ein einziges Mal? Der Brief vom Roten Kreuz reißt die alten Wunden wieder auf. Aber Elfriede ballt die Faust: Jetzt will sie's wissen. Das Rote Kreuz hatte geschrieben: „Wir sehen keine Möglichkeit, die Ermittlungen neu einzuleiten." Aber Elfriede hat eine Idee: Am 22. Januar 1993 setzt sie sich abends an den Küchentisch. Sie will an *Bitte melde Dich* schreiben. Noch immer denkt sie an Willi. Auch nach 34 Jahren. Ob sie ihn noch liebt, das ist eine Frage, die sie nicht beantworten kann. Aber sie möchte ihm noch einmal gegenüberstehen. Elfriede Drehmann nimmt den Kugelschreiber in die Hand: „Habe von Ihrer Sendung gehört und bitte Sie, wenn es geht, mir zu helfen . . ."

Ein paar Wochen später fährt ein Kamerateam nach Erfurt. Das Union-Kino gibt es noch, in dem „Das Mädchen Rosemarie" damals lief. Auch die Hauptpost, in der Elfriede so viele Jahre gearbeitet hat, ist noch an derselben Stelle. Sogar die Polizeiwache existiert noch – nur die unfreundlichen Vopos von damals sind schon lange in Pension. Elfriede Drehmann kocht Kaffee für das Team. Sie redet lange mit der Redakteurin. Und Stück für Stück entsteht ein Film, der helfen soll, Heinz-Willi Drehmann zu finden.

Manfred, der Sohn, macht mit. Und Regina, seine Tochter. Manfred will seine Wut auf den Vater nicht verbergen. Er kann nicht vergessen, wie sehr er als Kind gelitten hat. Regina gehen die Erinnerungen an den Vater immer noch sehr nah. Regina hat deutlichere Erinnerungen, sie war ja auch schon sechs, als Heinz-Willi Drehmann verschwand. „Er ist ein lieber Vater gewesen", sagt sie. Sie weint. Und die Redakteurin sorgt sich, ob Regina die Dreharbeiten durchstehen kann. Regina ist herzkrank.

Als der Film gesendet wird, sind Elfriede und Regina im *Bitte melde Dich*-Studio in München. Regina geht es nicht gut. Die Aufregung läßt die Farbe aus ihrem Gesicht verschwinden. Sie atmet schwer. Nein, sie will sich nicht untersuchen lassen, und im Hotel warten will sie auch nicht. Ein Redakteur ruft trotzdem den Notdienst an. Regina merkt nicht, daß den ganzen Abend ein Arzt in ihrer Nähe ist.

Wenige Minuten nach der Sendung meldet sich eine Spediteurin in der Telefonzentrale. Sie ruft aus Niederkrüchten an. Das liegt bei Mönchengladbach. Im Beitrag war das Geburtsdatum von Heinz-Willi Drehmann nicht genannt worden. Die Anruferin kennt es trotzdem. Sie sagt, daß sie Heinz-Willis Chefin ist. Zum Beweis faxt sie ein Dokument. Mit der Hand schreibt sie an Regina und Elfriede dazu: „Herr Drehmann ist seit 12 Jahren bei mir beschäftigt. Er ist sehr lieb und fleißig." Heinz-Willi Drehmann lebt! Er ist LKW-Fahrer. Regina zittert am ganzen Körper, als sie das Fax in die Hand nimmt. Der Mann, von dem Regina nicht weiß, daß er Arzt ist, beobachtet sie genau. Sie will sofort mit ihrem Vater telefonieren. Aber er ist in Belgien mit dem LKW unterwegs, seine Chefin sagt, daß er erst am nächsten Mittag wieder erreichbar ist. Elfriede und Regina kriegen kein Wort heraus. Sie wissen nicht, ob sie sich freuen oder entsetzt sein sollen. Warum hat er sich all die Jahre nicht gemeldet? Wie konnte er seiner Familie das antun?

Eine Woche später. Es ist wieder Montag. Elfriede Drehmann und Regina sind wieder nach München gekommen. Diesmal ist auch Manfred dabei, Heinz-Willis Sohn. Manfred sitzt mit versteinertem Gesicht mit Mutter und Schwester in der Empfangshalle des Hotels, in dem die *Bitte melde Dich*-Gäste immer untergebracht sind. Alle drei trinken Kaffee. Regina springt auf, als die Redakteurin kommt. Die beiden Frauen nehmen sich in den Arm. Regina ist nervös. In wenigen Minuten wird sie ihren Vater sehen. Zum ersten Mal nach über 30 Jahren. Elfriede macht sich eine Zigarette an, Manfred will nicht reden. Elfriede hatte die Redaktion gefragt, ob man das erste Treffen nicht an einem neutralen Ort machen könne. Sie wollte nicht zu Heinz-Willi ins Ruhrgebiet fahren, und in ihre Wohnung nach Erfurt sollte er schon gar nicht kommen. Die Redaktion macht das Treffen möglich. Eine Kamera ist nicht dabei. Elfriede sagt: „Wenn wir uns nicht gleich in die Haare kriegen, dann kommen wir abends in die Sendung. Aber wenn alles ganz furchtbar wird, dann geh' ich nur noch in mein Hotelzimmer." Die Redakteurin nickt. Und man beschließt von Frau zu Frau: „Erst mal abwarten, was Heinz-Willi zu seiner Verteidigung zu sagen hat . . ."

Es ist 16 Uhr. Eine Tür geht auf. Heinz-Willi Drehmann kommt ins Zimmer. Vor 34 Jahren hat Elfriede ihren Mann zuletzt gesehen. Er ist immer noch ihr Mann, auch wenn sie die Silberhochzeit und den dreißigsten Hochzeitstag alleine gefeiert hat. Heinz-Willi geht auf den kleinen Tisch mit den drei Personen zu. Er steht vor seiner Familie, versucht zu lächeln und zieht dabei die Schultern hoch. Elfriede bleibt trotzig sitzen. Manfred preßt die Lippen aufeinander. Regina steht als erste auf und geht auf den Vater zu. Ihr laufen die Tränen übers Gesicht, aber sie gibt keinen Laut von sich. Elfriede läßt Heinz-Willi nicht aus den Augen. Und irgendwann sagt sie: „Komm. Setz dich."

Fünf Stunden später sitzt die Familie Drehmann auf dem grünen *Bitte melde Dich*-Sofa. Die ganze Familie. Jörg Wontorra fragt Elfriede: „Frau Drehmann, nehmen Sie ihn wieder?" Sie zögert keinen Moment und sagt: „Wenn er sich fühlt danach . . ."

Nach der Sendung verlassen die vier schnell das Studio, sie wollen unter sich sein. Die Redakteure machen besorgte Gesichter. Irgendwie hat es nicht so ausgesehen, als ob bei Drehmanns spontan die Liebe wieder ausgebrochen wäre. Drei Tage später ruft eine Redakteurin bei Elfriede Drehmann in Erfurt an. Ganz vorsichtig tastet sie sich an die wichtigste Frage heran: „Werden Sie Ihren Mann jetzt öfter treffen?" „Wieso öfter treffen?" fragt Elfriede. „Er sitzt neben mir auf dem Sofa, wollen Sie ihn sprechen?"

Heinz-Willi Drehmann hat alle Zelte in Nordrhein-Westfalen abgebrochen. Er arbeitet jetzt wieder in der Nähe von Erfurt, als LKW-Fahrer. Und er wohnt auch wieder in Erfurt – in der Wohnung seiner Frau. Sogar einen Schrebergarten hat er wieder, 1000 Quadratmeter mit Laube. Elfriede sagt, daß sie stolz darauf ist, daß Heinz-Willi wieder da ist. Aber sie sagt auch: „Das, was es mal war, ist es nicht mehr." Warum ihr Mann damals verschwunden ist, weiß sie bis heute nicht: „Er spricht nicht darüber, was war. Und ich frage ihn nicht."

Heinz-Willi war glücklich, als Manfred zum ersten Mal nach 34 Jahren

„Vater" zu ihm gesagt hat. Die beiden Männer verstehen sich. Sie sitzen oft im Schrebergarten zusammen, und Heinz-Willi spielt mit den Enkelkindern. Regina hat ihren wiedergefundenen Vater nur eineinhalb Jahre um sich gehabt. Kurz vor Weihnachten 1994 ist sie an einem Herzanfall gestorben.

Manchmal verläßt Heinz-Willi Drehmann die Wohnung und sagt zu seiner Frau, daß er noch kurz in den Garten fahren will. Er geht dann zum Grab seiner Tochter. Regina wurde nur 41. 34 Jahre davon hat Heinz-Willi Drehmann seine Tochter nicht gesehen. Sie nicht getröstet, wenn sie hinfiel. Ihr nicht geholfen, wenn die Hausaufgaben zu schwer waren. Er hat keine Blumen ins Krankenhaus gebracht, als ihre Kinder zur Welt kamen. Niemand weiß, was Heinz-Willi denkt, wenn er auf Reginas Grabstein schaut. Heinz-Willi Drehmann spricht nicht viel.

*Spätes Glück: Nach 34 Jahren ist Heinz-Willi
Drehmann zu seiner Frau Elfriede zurückgekommen.*

*17. Oktober 1994, 21.20 Uhr. In **Bitte melde Dich** erzählt eine Frau ihre Geschichte. Eine Frau, die ihr Gedächtnis verloren hat. Sie weiß nicht mehr, wer sie ist: „Es fing damit an, daß ich müde war und daß mir fürchterlich kalt war und die Füße schmerzten. Das war irgendwo am Wasser, ich weiß nicht wo. Dann hab' ich mich auf eine Bank gesetzt. Ich wußte eigentlich gar nicht, was ich wollte. Wo kam ich her, wo wollte ich hin – was hatte ich überhaupt vor? Wieso war mir so kalt? Dann hat sich ein älterer Herr neben mich gesetzt, der hat Zeitung gelesen. Ich hab' immer rübergeschielt, ich wollte das Datum wissen. Da hat er mich gefragt: Na, junge Frau, wie heißen Sie denn? Ich konnte ihm keine Antwort geben, ich wußte es einfach nicht. Ich weiß es ja immer noch nicht." 22.12 Uhr. In der Telefonzentrale im Studio meldet sich eine Zuschauerin: „Ich weiß, wer die Frau ohne Gedächtnis ist. Sie ist meine Schwester."*

Die Geschichte von Barbara Unbekannt

Fast genau ein Jahr zuvor war der Tag, an dem sie plötzlich dieses Gefühl hatte. Das Gefühl: ich weiß nicht, wie ich heiße – nicht, wo ich bin. Panik! Die junge Frau springt auf, läuft los. Zuerst am Wasser entlang, dann über Wege, über Straßen. Immer weiter. Vorbei an Autos, an Ampeln, an hastenden Menschen. Die junge Frau blickt sich nicht um. Sie weiß nicht, wo sie ist. Sie weiß nicht einmal, wie die Stadt heißt, durch die sie gerade läuft. Die Autokennzeichen beginnen fast alle mit den gleichen Buchstaben: HH. Die junge Frau kann nichts damit anfangen – nur zwei Buchstaben, die nichts bedeuten.

Sie weiß auch nicht, welcher Tag heute ist, nicht einmal den Monat kennt sie. Es ist kühl, es weht ein frischer Wind. Herbst? Frühling? In welchem Jahr? Sie traut sich nicht, zu fragen. „Entschuldigen Sie bitte, welches Jahr haben wir gerade?" Keiner würde auf so eine Frage antworten. Jeder würde den Kopf schütteln und weitergehen. Der Frau rasen tausend Gedanken durch den Kopf, doch sie kann sie nicht ordnen.

BILD, 24. 1. 1994

Frau verlor ihr Gedächtnis – Polizei bittet um Hilfe

Wer kennt diese Frau? Im September 1993 ist sie in Hamburg auf der Straße bewußtlos zusammengebrochen. Als sie in der Klinik wieder aufwachte, konnte sich die Frau an nichts mehr erinnern – auch an ihren Namen nicht. Sie glaubt, Barbara zu heißen, in Deggendorf oder Firmiansreut geboren worden zu sein und bis zur achten Klasse in Deggendorf in die Schule gegangen zu sein. Die Frau ist rund 40 Jahre alt, 175 Zentimeter groß, Brillenträgerin und hat kurzes dunkles Haar. **Hinweise unter der Telefonnummer: 08551/5062.**

103

Die Frau läuft weiter. Sie hat Kopfschmerzen, das Gefühl, als platze der Schädel. Sie biegt mal hier ab, mal dort. Plötzlich ein großer Platz. Eine Kirche aus rotem Backstein. Davor eine Anschlagtafel hinter Glas. Ein Schild: Beratungs- und Seelsorge-Zentrum. Darunter ein gelbes Plakat: „Oft hilft ein Gespräch." Die Frau weiß nicht, wer sie ist. Doch sie kann die Worte deuten, die hier stehen. Sie begreift. Hilfe – dieses Wort kennt sie. Sie braucht Hilfe. Sie geht in das kleine Haus, das zur Kirche gehört. Vorbei an Yucca-Palmen, an Türen mit kleinen Schildern. Jemand kommt auf sie zu: „Kann ich Ihnen helfen?" Die junge Frau bricht in Tränen aus. Sie kann gar nicht mehr aufhören zu weinen. Sie hat Angst.

Die Frau ohne Gedächtnis wird über einen Hof geführt, an ein paar Geschäften vorbei, in einen Hausflur, ein paar Treppen hinauf. Dort ist eine Arztpraxis. Man sagt ihr, sie soll im Labor Platz nehmen. Ihr Puls wird gefühlt, der Blutdruck gemessen. Alles normal. Die Ärztin fragt: „Wie heißen Sie?" – „Ich weiß es nicht." – „Welche Krankenkasse?" – „Ich weiß es nicht." Die Ärztin ruft bei der Polizei an. Die Beamten sagen: „Das geht uns nichts an." Die Ärztin telefoniert mit einem Krankenhaus. Die Frau ohne Gedächtnis sitzt im Labor auf einem Plastikstuhl und wartet. Sie weiß nicht, wie lange. Sie hat kein Gefühl für die Zeit. Niemand spricht mit ihr. Und niemand kümmert sich darum, daß ihr Kopf vor Schmerzen schier zerspringt.

Dann kommen zwei Männer in weißen Jacken. Sie haken die junge Frau links und rechts unter und führen sie aus der Praxis. Die Treppen hinunter, auf die Straße. Sie sagen ihr, sie soll in den Krankenwagen steigen. Sie schnallen sie in einem Sessel fest und fahren los. Einer der beiden will der jungen Frau helfen. Er sagt: „Machen Sie sich keine Sorgen. In ein paar Stunden wissen Sie wieder alles. Sowas gibt es öfter."

Bei der Ankunft im Krankenhaus gibt es Diskussionen mit der Schwester am Empfang. Wer zahlt den Transport hierher? Die junge Frau weiß ja nicht, in welcher Krankenkasse sie ist! Muß die Klinik die Kosten tragen? Irgendwann führt man die Frau ohne Gedächtnis in ein Zimmer. Man sagt ihr, sie soll sich aufs Bett legen. Aber vorsichtig, damit nichts schmutzig wird!

„Ich fror erbärmlich, aber ich wagte nicht, mich unter die Bettdecke zu legen", wird die Frau ohne Gedächtnis später in das Heft schreiben, in dem sie ihre Erinnerungen sammelt. „Ich war immer noch nicht in der Lage, einen klaren Gedanken zu fassen. Ich fühlte nur, daß meine Angst immer noch wuchs. Kurze Zeit später kam eine junge Ärztin ins Zimmer. Sie stellte mir wieder die Fragen, die ich nun schon mehrmals gehört hatte. Ich wußte immer noch keine Antwort. Sie wollte wissen, welche Kinderkrankheiten ich gehabt hatte, ob ich Drogen oder Medikamente nehmen würde. Ich konnte ihr nicht eine einzige Frage beantworten. Ich berichtete ihr von meinen unerträglichen Kopfschmerzen. Sie meinte, das käme sicher nur vom vielen Weinen. Ich solle mich jetzt endlich beruhigen. Die Tür öffnete sich erneut, mehrere Personen unterhielten sich. Ein Arzt fragte, wer die neue Patientin sei. Die Schwester antwortete: ‚Das ist eine, die will ihren Namen nicht sagen. Wieder eine Verrückte, die man einsperren muß.'"

Tage vergehen. Die junge Frau erinnert sich an nichts, was vor dem 27. Oktober war. Nur ein paar Fetzen, hier und da. Ihr Geburtsort? Sicher nicht Hamburg, da, wo sie aufgetaucht ist. Eher in einer Gegend, wo es Berge gibt. In Bayern vielleicht. Sie rollt das „R" ein wenig. Also Bayern? Die unbekannte Frau beherrscht die Englische Sprache und ein wenig Latein es scheint, als sei sie auf ein Gymnasium gegangen. Vielleicht hat sie ja auch studiert. Aber wo? Und was? Wenn man ihr klassische Musik vorspielt, kann sie mitsummen. Sie kann sagen: das ist die Sinfonie Nummer fünf von Ludwig van Beethoven. Nur ihren eigenen Namen, den kennt sie nicht. Sie zermartert sich das Hirn, durchwühlt das, was ihr von ihrem Gedächtnis geblieben ist. Irgendwo muß ihr Name versteckt sein. Irgendwo. Er beginnt mit einem „B", da ist sie sicher – Barbara vielleicht, ja, das klingt vertraut. Barbara.

Wenn Barbara anfängt, sich selbst Fragen zu stellen, Fragen nach ihrer Vergangenheit, fühlt sie sich wie in einem Tunnel, an dessen Ende kein Licht aufflackert. Aus einer Frage werden hundert, und Antworten gibt es nicht. Wie alt bin ich? Habe ich noch Eltern, einen Mann, Kinder? Und wenn ja: Was macht meine Familie ohne mich? Warum sucht niemand nach mir? Wieso bin ich nicht vermißt gemeldet? „Man denkt darüber nach", sagt Barbara, „ob man irgendwas getan hat, was nicht korrekt war ..."

Barbaras Kampf mit den Ämtern beginnt. Sie ist eine Person, die es in den Akten nicht gibt. Und wen es in den Akten nicht gibt, den gibt es gar nicht. Barbara wird aufs Sozialamt geschickt. Sie wird nach ihrem Namen gefragt. „Barbara", sagt sie. Doch der Computer will mehr. Er braucht einen Nachnamen. Wenn dieses Feld nicht ausgefüllt wird, kann er nicht rechnen. Dann gibt es kein Formular. Dann gibt es keine

Akte. Die Beamtin tippt ein: „Unbekannt". Und so wird aus der namenlosen Unbekannten eine Frau mit dem Namen Barbara Unbekannt ...

Fünf Tage nach ihrem Auftauchen vor der St. Petri-Kirche in der Hamburger Altstadt schaltet sich die Polizei ein. Barbara wird von einem Kriminalkommissar befragt: Beruf? Unbekannt. Herkunft? Unbekannt. Name? Barbara Unbekannt. Die Polizisten schauen sich die Sachen an, die Barbara bei sich hatte, als sie vor knapp einer Woche im Flur des Beratungszentrums stand. Eine schwarze Handtasche. Zwei Kugelschreiber. Ein Lippenstift. Ein brauner Geldbeutel mit dreißig Mark in bar. Eine lila Haarbürste, ein lila Taschenschirm. Ein paar Briefmarken. Ein silbernes Kettchen mit Anhänger, zwei Ohrringe mit Perlen und Saphiren. Und zwei kleine Elefanten aus Plastik, einer blau und einer braun. Nicht sehr aufschlußreich! Alles Sachen, die jede Frau in ihrer Tasche habe könnte. Bis auf die kleinen Elefanten vielleicht, aber welche Schlüsse soll man aus zwei kleinen Plastikelefanten ziehen?

Die Wochen vergehen, immer neue Erinnerungsfetzen tauchen bei Barbara auf. Wenn sie einen katholischen Gottesdienst besucht, kennt sie die Liturgie. Wort für Wort kann sie mitsprechen. Ist sie in eine Klosterschule gegangen? Barbara kann gut kochen und backen. Sie kennt die Zutaten, sie weiß die Mengen. Ohne Kochbuch, ohne Waage. Hat sie früher in einer Küche gearbeitet? Lauter Teile eines Mosaiks. Doch wie soll man sie zusammensetzen? Sie ergeben kein Bild. Keines, das Barbara ihre Vergangenheit zeigt.

Sie fühlt sich hilflos wie ein Kind vor einem viel zu großen Puzzlespiel. Zwei, drei Puzzleteile kann das Kind zusammensetzen. Dann ist es so ratlos wie zuvor. Wo gehören diese Teile hin? Links oben? In die Mitte? Das Kind weiß nicht, wie das fertige Puzzle aussehen soll. Auf manchen Teilen kann man einen Baum erkennen. Das Kind hat keine Ahnung, ob es der einzige Baum auf dem ganzen Bild ist. Oder ob das Bild einen Wald zeigen wird mit Hunderten von Bäumen. Ein Kind würde aufgeben. Barbara nicht. Sie darf nicht aufgeben. Sie muß versuchen, das Puzzle zu lösen. Denn sie fühlt sich wie ein Baum ohne Wurzeln: „Man versucht krampfhaft, die Statik zu halten. Aber man weiß, daß sich ein Baum ohne Wurzeln auf die Dauer nicht halten kann."

Doch Barbara hat auch Angst davor, ihre Wurzeln zu entdecken. Angst vor dem, was früher war. Sie weiß nicht, welche Erfahrungen sie gemacht hat. Was sie erlebt hat. Was ihr zugestoßen ist. Es können schlimme Dinge passiert sein, an die sie sich nicht mehr erinnert. Sie weiß, wenn es ihr eines Tages gelingt, die Tür zu ihrer Vergangenheit weit aufzustoßen, dann können auch Sachen ans Licht kommen, die besser im Dunkeln geblieben wären.

Barbara hängt in der Luft. Ein Gestern gibt es für sie nicht, fürs Morgen hat sie keine Perspektive – und heute verbringt sie ihre Zeit mit Kartoffelschälen: Nach acht Monaten in der Klinik zieht sie in ein Wohnheim mit Altenzentrum, und dort arbeitet sie jeden Vormittag zwei Stunden in der Küche. Den Rest des Tages geht sie spazieren, oder sie liest. Einem Beruf nachgehen kann sie nicht. Sie erinnert sich ja nicht daran, was sie gelernt hat: „Es ist schlimm, daß man zur Untätigkeit gezwungen ist. Ich würde gern selbst für meinen Lebensunterhalt sorgen." Doch mit ein bißchen Latein, Kochen und katholischer Liturgie kommt man auf dem Arbeitsamt nicht weit.

18513. Das ist die Nummer des einzigen Dokuments, das Barbara schließlich ausgestellt bekommt. Endlich ist sie wieder jemand. Das Dokument hat sie unterschrieben mit Barbara Unbekannt. Am 1. Juli 1994 hat man es ihr ausgestellt, mehr als acht Monate, nachdem sie aufgetaucht ist. Es ist eine Monatskarte für den Hamburger Verkehrsverbund. Paß oder Personalausweis bekommt man nicht, wenn man eine Person ohne Personalien ist. In 72 Zeitungen erscheinen Aufrufe, überall in Deutschland: „Wer kennt diese Frau? Rund 40 Jahre alt, 175 Zentimeter groß, Brillenträgerin, kurzes dunkles Haar. Hinweise an die Kripo Hamburg." Ergebnis: null.

Anfang September 1994 liegt Post aus Hamburg im Briefkasten der *Bitte melde Dich*-Redaktion. Der Briefkopf klingt offiziell: Freie und Hansestadt Hamburg, Behörde für Inneres – Kriminalkommissariat 37. Die Behörde, die mit dem Fall Barbara Unbekannt befaßt ist. *Bitte melde Dich* soll versuchen, das Geheimnis um Barbara zu lüften. Vielleicht kennt ja ein Zuschauer die Frau ohne Gedächtnis?

17. Oktober 1994. Gleich in der ersten Sendung der dritten *Bitte melde Dich*-Staffel läuft der Film, der gemeinsam mit Barbara gedreht wurde. Eine völlig neue Erfahrung für die Redaktion. Sonst sind wir auf der Suche nach Vermißten – diesmal sucht jemand nach sich selbst. Es ist 21 Uhr. Barbara sitzt mit den anderen Gästen im Raum neben der Telefonzentrale. Sie wartet auf einen Anruf, wie die anderen auch. Aber die anderen Gäste wissen, auf wessen Anruf sie warten. Der Ehemann, die

Schwester, der Sohn werden vermißt. Barbara weiß nicht, wer für sie anrufen wird. Ihr Ehemann? Sie weiß ja nicht einmal, ob sie verheiratet ist. Eltern? Die sind vielleicht schon verstorben. Geschwister? Hat sie überhaupt welche? Barbara schließt die Augen, als Jörg Wontorra sagt: „Wenn Sie, liebe Zuschauer, Barbara erkannt haben, rufen Sie uns an. Jeder Hinweis ist nützlich. Bitte melden Sie sich, damit Barbara wieder ein normales Leben führen kann."

Ein paar Minuten nach Ende der Sendung, 22.12 Uhr. In der Telefonzentrale meldet sich eine Anruferin: „Ich weiß, wer die Frau ohne Gedächtnis ist. Sie ist meine Schwester." Die Telefonzentrale ist nur durch eine Glasscheibe von Barbara getrennt. Sie kann sehen, wie oft die Hörer abgehoben werden. Aber sie kann nicht hören, daß in dieser Sekunde ihre Schwester am Telefon ist. Redakteure stellen der Anruferin ein paar Fragen: es könnte ja sein, daß sie sich täuscht. Und es könnte auch sein, daß sie Barbara zum Narren halten will – solche Anrufe gibt es. Doch nach ein paar Minuten ist klar: die Frau am Telefon meint es sehr ernst.

Eine Redakteurin verläßt die Telefonzentrale, sie geht auf Barbara zu. Sie wird ihr die Neuigkeiten schonend beibringen. Die Anruferin wartet in der Leitung. Barbara ahnt nichts. Man muß Barbara sagen, was passiert ist. Aber wie? Das Telefonat ist das wichtigste, das Barbara je führen wird. Es ist so schwer, die richtigen Worte zu finden! „Barbara, da ist jemand für Sie am Apparat"? Nein, das klingt banal. Oder: „Gleich wissen Sie, wer Sie wirklich sind"? Auch nicht. Die Redakteurin beugt sich zu Barbara hinunter. Sie legt ihr die Hand auf die Schulter und sagt: „Eben hat uns eine Frau angerufen. Sie sagt, daß sie Ihre Schwester ist. Und sie sagt, daß Sie nicht Barbara heißen, sondern Gabi. Gabi Thillmann. Sie können mit Ihrer Schwester sprechen, wenn Sie möchten . . ."

Barbara steht auf, sie wird in einen Nebenraum geführt. Hier ist es ruhiger. Sie setzt sich auf die schwarze Ledercouch, die dort steht. Jörg Wontorra setzt sich zu ihr, er hält ihre Hand. Barbara weiß nicht, was sie sagen soll. Jörg Wontorra spricht ein paar Worte mit der Anruferin, damit Barbara sich fassen kann. Dann gibt er ihr den Hörer. Die Frau am anderen Ende sagt: „Hallo, da ist die Susi." Schweigen. „Weißt Du, wer ich bin?" Barbara, die jetzt plötzlich Gabi heißt, schüttelt den Kopf. „Nein." – „Deine Schwester, aus Marktredwitz." – „Ich kann mich leider nicht erinnern." – „Ich bin zehn Jahre jünger. Zwei Brüder hast Du auch noch, den Andreas und den Michael. Erinnerst Du Dich, daß der Michael geheiratet hat und Vater geworden ist?" – „Nein." – „Kannst Du Dich an die Ursel erinnern?" – „Wer ist das?" – „Deine Tante." – „Und an die Barbara, Deine Patentante?" – „Meine Patentante heißt Barbara? Und wann hab' ich Geburtstag?" – „Am 5. März 1959 bist Du geboren, in Waldsassen." – „Ich kann mich wirklich nicht erinnern. Tut mir leid." – Die Schwester fragt: „Und wenn ich morgen kommen würde?"

22.45 Uhr. Barbara Unbekannt gibt es nicht mehr. Die Frau auf der schwarzen Couch ist plötzlich Gabi Thillmann. Jetzt ist sie auch nicht mehr „ungefähr 40 Jahre alt", sondern 35. Sie stammt aus Waldsassen, und das liegt in Bayern. Dort steht eine Abteikirche, dort ist ein Kloster. Ein Kloster! Die Frau ohne Gedächtnis beginnt, sich zu erinnern. „Hat das Kloster eine Bibliothek? Da war ich drin. Da sind ganz alte Bücher, in Schweinsleder gebunden." Gabi blickt zu Boden. Sie horcht in sich hinein. Da sind sie, die ersten wirklichen Erinnerungen, ungeordnet, aber sie sind da. Gabi zerrt sie ans Licht: „Oben in der Bibliothek ist eine Galerie. Mit handgeschnitzten Figuren." Gabi schließt die Augen. Sie atmet tief durch. Das war er, der erste Schritt in die Vergangenheit – und in die Zukunft. Ein langer Weg liegt vor ihr. Aber sie muß ihn nicht alleine gehen, sie hat Geschwister. Susi und Andreas und Michael.

Am nächsten Morgen in der *Bitte melde Dich*-Redaktion. Susi und Andreas sind gekommen, um ihre Schwester Gabi zu sehen. Gabi, die noch 12 Stunden zuvor Barbara Unbekannt war. Für Gabi sind es zwei Fremde, die da auf sie zukommen, ihr die Hand geben, sie umarmen. Ein Mann und eine Frau. Sie kennt die Gesichter nicht, kann sich nicht erinnern, daß sie mit diesen beiden Menschen aufgewachsen sein soll. Doch irgendwie spürt sie: Die beiden gehören zu mir.

Susi hat ihrer Schwester einen kleinen Elefanten aus Plastik mitgebracht. Sie weiß, daß Gabi früher Elefanten gesammelt hat. Gabi begreift: deshalb hatte sie zwei in ihrer Handtasche, als sie in Hamburg aufgetaucht ist! Wenigstens ein Rätsel gelöst.

Susi und Andreas holen alte Familienfotos aus der Tasche. Vielleicht erinnert sich ihre Schwester ja an früher, wenn sie die Bilder anschaut. Doch Gabi muß sich erklären lassen, wer auf den Fotos zu sehen ist. Sie erkennt ihre Familie nicht. Eine Weile sieht sie sich stumm die Bilder an, dann schaut sie auf und fragt: „Bin ich verheiratet?" Ihre Schwester schüttelt den Kopf. Gabi schweigt ein paar Sekunden, dann sagt sie: „Gottseidank." Sie muß lachen. Ihr erstes Lachen, seit aus Barbara Unbekannt Gabi Thillmann geworden ist.

109

Susi und Andreas gehen mit Gabi an der Isar spazieren. Sie erzählen von früher. Von der Oma, bei der man sich im Keller waschen mußte, weil oben in der Wohnung kein Bad war. Vom Kohlenofen in der Küche. Wieder tut sich bei Gabi eine Tür zur Vergangenheit auf. Und durch den Spalt sieht sie Bilder, Bilder von früher. Ein Hof. Holzstapel hinterm Haus. Ja, daran erinnert sie sich. Ihre Geschwister erzählen Gabi, daß sie in Marktredwitz aufgewachsen ist und dort im Kirchenchor war. Daß sie mit 19 nach Berlin gezogen ist, um Krankenschwester zu werden. Daß sie 1993 für ein paar Wochen bei einer Freundin in Aurich in Ostfriesland war – und daß sie dort am 11. Oktober verschwunden ist. Spurlos! Daß Susi versucht hat, Vermißtenanzeige aufzugeben. Daß die Polizei die Anzeige abgelehnt hat. Begründung: „Frau Thillmann ist alt genug. Sie muß wissen, was sie tut." Zur selben Zeit ist eine Frau durch Hamburg geirrt, die nicht wußte, daß sie Gabi Thillmann heißt . . .

Gabi Thillmann ist heute 37 Jahre alt. An den Vornamen Gabi hat sie sich nicht gewöhnen können. Es ist ihr lieber, wenn man sie Barbara nennt. Sie lebt noch immer in Hamburg. Jetzt hat sie ein Ein-Zimmer-Appartement mit Balkon. Ärzte konnten ihr nicht helfen, ihre Vergangenheit hat sie sich von den Geschwistern erzählen lassen. Und von Menschen, die sagen, daß sie früher ihre Freunde waren. Erinnern kann sich Gabi bis heute nicht. Nicht an das, was war, und nicht an die Menschen, die ihr nahestanden. Nur hin und wieder fallen ihr Dinge ein, die lange zurückliegen. Dann versucht sie, diese neuen Puzzleteile in das Bild einzufügen, das sie sich von ihrer Vergangenheit macht.

Psychologen sagen, daß es ein furchtbares Erlebnis, ein Schock gewesen sein muß, der Gabis Erinnerungsvermögen verschüttet hat. Vielleicht konnte sie das Ereignis nicht verkraften. Um weiterzuleben, mußte sie es verdrängen. Vergessen. Und damit alles, was bisher war. Gabi sucht weiter. Sie will wissen, was geschehen ist. Aber sie spürt auch, daß da vielleicht etwas ist, woran sie besser nicht rührt. Vielleicht ist es gut so, daß Gabis Gedächtnis ihr die Zeit läßt, um wieder zu Kräften zu kommen. Und eines Tages wird der richtige Zeitpunkt kommen. Gabriele Barbara Tillmann wird dann stark genug sein, wenn ihr Gedächtnis das Erlebnis freigibt, das ihr so wehgetan hat.

„Ich bin völlig fertig, ich möchte doch nicht vorbestraft sein. Ich bin unschuldig. Ich schwöre es! Liebe Mama, mir stehen bei diesen Zeilen die Tränen in den Augen. Wenn Du diese Zeilen liest, werde ich nicht mehr am Leben sein . . ."
Als Stefan Willmars Mutter den Abschiedsbrief in ihren Händen hält, ist Stefan noch am Leben. Doch das erfährt sie erst später – als rätselhafte Dinge passieren.

Die Geschichte von Stefan Willmar

Stefan kommt aus Sienhachenbach in der Pfalz. 200 Einwohner hat der Ort – Stefan wächst in einem umgebauten Bauernhaus auf. Zwei Stockwerke, neun Zimmer – und hinter dem Haus haben die Willmars einen Garten angelegt. Erdbeeren, Salatköpfe und Gemüsestauden wachsen hier. Stefans Vater ist Bauarbeiter. Er hat dieses Paradies für seine drei Kinder geschaffen. Doch Stefan hat seine eigenen Ziele. „Wenn ich 30 bin, kaufe ich mir ein Haus". Stefans Mutter weiß nicht mehr genau, wann er diesen Satz zum erstenmal gesagt hat. Aber schon im Kindergarten hatte Stefan Willmar diesen Spruch drauf. Ein großer Traum für einen kleinen Jungen. Wie er ihn erreichen kann, ist ihm egal. Er will nicht Pilot werden, wie seine Spielkameraden, nicht Straßenbahnschaffner und nicht Astronaut. Stefan will nur Geld verdienen. Irgendwie – und so schnell wie möglich.

Er macht seinen Hauptschulabschluß und eine Lehre als Konditor. Konditor – nicht gerade ein Beruf fürs große Geld, aber immerhin. Ein Anfang. Von Kirschkuchen und Plundern ist noch keiner reich geworden, denkt Stefan, wenn morgens um drei Uhr sein Wecker klingelt – vom Träumen aber auch nicht. Stefan wird ein leidenschaftlicher Arbeiter – ein Workaholic. „Wenn ich dreißig bin, dann . . ." „Richtig besessen" sei er von dem Gedanken gewesen, erinnert sich seine Mutter. Stefans Traum wird zur fixen Idee.

1985, Stefan wird 18. Zwölf Jahre noch, bis das Versprechen wahr werden soll, das er sich selber gegeben hat. Er verläßt seine Heimat und zieht nach Remagen – etwas über 100 Kilometer von seinem Elternhaus entfernt. Hier mietet er ein möbliertes Zimmer. Viel Geld will er nicht ausgeben. Jeden Pfennig will er sparen. Er verdient hier mehr als auf dem Land. Aber nicht genug. Sein Traumhaus liegt immer noch in unerreichbarer Ferne – und bis jetzt hat er noch nicht einmal ein eigenes Klingelschild. Es muß schneller gehen, denkt sich Stefan, sonst schaffe ich es bis 30 nicht. Stefan will nicht länger kleine Brötchen backen, er will ein Stück vom großen Kuchen.

Bei der ersten Gelegenheit greift Stefan zu. Er fängt in einer Fabrik an. Kohleprodukte werden hier hergestellt. Der Job ist hart und schmutzig, und Schichtarbeiten muß Stefan auch. Dagegen waren die Jahre in der Bäckerei das reinste Zuckerschlecken – aber Stefan beschwert sich nicht, kein einziges Mal. 2500 DM netto verdient er jeden Monat, nicht schlecht für einen jungen Mann. Immerhin kommt Stefan seinem Ziel näher: In Bad Breisig, ein paar Kilometer vor Remagen, steht in der Rheineckerstraße 44 bald der Name „Willmar" am Klingelschild im Hochparterre. Fünf Stufen muß man hochsteigen, dann die Tür rechts, und man steht in Stefans Reich: drei Zimmer, komplett neu eingerichtet, alles in „Kiefer hell", dazu eine Couchgarnitur, Einbauküche und Waschmaschine.

Die erste eigene Wohnung – wenn auch nur zur Miete. Stefan ist stolz. Er hat gezeigt, was in ihm steckt. Und das ist erst der Anfang. Er ist jetzt gerade 20, groß und stämmig, schaut gut und gepflegt aus. Um seine schönen, dunkelbraunen Locken beneiden ihn viele. Aber eine feste Freundin hat Stefan nicht. Dafür ist in seinem Leben kein Platz. „Bub, arbeite nicht so viel", wird ihm oft gesagt, doch Stefan will nicht auf seine Mutter hören. Früher ging er manchmal in die Disco, jetzt nimmt er lieber Nebenjobs an, um noch mehr Geld zu verdienen. Stefan arbeitet auch samstags und sonntags. Dafür kürzt er die Wochenendbesuche bei seinen Eltern in der Pfalz – nur noch alle 14 Tage kann er kommen. Und auch dann meist nur für ein paar Stunden, denn die Arbeit ruft. In Neuwied ist er bei einem Wachdienst angestellt, in Brohl bei einer Tankstelle. Für 12 Mark die Stunde. Aber jede Stunde Arbeit bringt ihn seinem Traum näher.

Die Eltern wundern sich nicht, als Stefan verkündet, daß er in der Kohlefabrik eine Schulung zum Meister machen wird. Danach wird er eine eigene Kolonne übernehmen. Mit gerade 24. Eine große Verantwortung für Stefan, aber in sechs Jahren muß er sein Ziel erreicht haben. Und zum erstenmal wird er wohl selber gespürt haben, daß das alles zuviel für ihn ist. Er erzählt seiner Mutter, daß er sich vom Neurologen Tabletten hat verschreiben lassen. Sie hat Angst, daß sich ihr Sohn überarbeitet. Aber sie kennt ihn. Was er sich vornimmt, das zieht er auch durch. Niemals würde er aufgeben.

Fast drei Jahre später: Stefan ist jetzt 27 Jahre alt. Drei Jahre bleiben ihm noch, wenn er seinen Schwur pünktlich wahrmachen will. Er muß sich ranhalten mit seinem Haus. Er steht im Wort, bei seiner Familie und bei seinen Bekannten. Stefan hat viel erreicht. Er hat den Meisterbrief in der Kohlefabrik, er hat einen Bausparvertrag und Geld auf der hohen Kante. Aber das reicht noch lange nicht. Stefan muß das gesehen haben. Plötzlich, drei Jahre vor der Ziellinie, biegt Stefan von seinem Weg ab und macht andere Pläne, die er mit niemandem teilt.

Die letzte Woche vor seinem Verschwinden kann nur schwer rekonstruiert werden. Angefangen hat alles am 28. Januar 1993, einem Donnerstag. Morgens hat Stefan mit seinem Chef in der Fabrik eine Besprechung. Souverän wie immer habe er gewirkt, wird sein Chef nach Stefans Verschwinden sagen. Am Nachmittag geht er zu seiner Bank. Er sagt, daß er seine Wohnung zum März gekündigt habe, er wolle den Dauerauftrag für die Miete beenden. Warum er die Wohnung aufgibt, weiß bis heute niemand. Was hat er vorgehabt?
Am nächsten Tag hat er Frühschicht in der Fabrik. Abgekämpft kommt er nachmittags nach Hause, aber er kann nur kurz Pause machen. Am Abend ist er bei der Wachdienstfirma eingeteilt. Der Job dauert bis zum späten Samstagnachmittag – nochmal 20 Stunden Arbeit. Und danach ist immer noch nicht Schluß: Stefan fährt von dort direkt zur Tankstelle, wo um 18 Uhr seine Schicht beginnt. Gegen 20.30 Uhr ruft Stefan von der Tankstelle aus zu Hause an. Er sagt, daß er an diesem Wochenende nicht kommen könne. „Wieder geht ihm seine Arbeit vor", denken die Eltern. Er spricht auch mit Yvonne, seiner jüngeren Schwester. Die beiden wollen im Herbst zusammen Urlaub machen. Stefan bittet sie, schon mal Kataloge zu sammeln. Es geht in diesem Telefongespräch nur um Banales, Nebensächliches. Doch das, was er erzählen müßte, erzählt Stefan nicht: Er hat seine Wohnung gekündigt, in der er seit fast sechs Jahren wohnt. Am Schluß des Telefonates sagt er „tschüs" und legt auf. Keiner aus der Familie hat jemals wieder Stefans Stimme gehört.

Eine Stunde später ist Stefan seinen Nebenjob an der Tankstelle los. Er wird gefeuert. Als sein Chef um kurz nach 21 Uhr nach dem Rechten schauen will, fehlen 5000 Mark in der Kasse. Sein erster Verdacht: Stefan! Denn um sechs Uhr abends war das Geld noch da, wie ein schneller Anruf beim Kollegen der Tagschicht bestätigt. Nach einer kurzen Suche taucht das Geld wieder in einer Ablage auf, aber Stefan wird noch am Abend fristlos gekündigt. Stefan muß seine Sachen zusammenpacken, ihm stehen die Tränen in den Augen. Warum ruft er jetzt nicht bei seinen Eltern an? Noch in der Nacht setzt er sich in seiner Bad Breisiger Wohnung an den Schreibtisch. Seit 46 Stunden ist er jetzt auf den Beinen – ohne auch nur einmal kurz auszuruhen. Er holt einen Schwung Notizzettel aus der Schublade, greift zum Kugelschreiber und beginnt zu schreiben: „Bad Breisig, Samstag den 30. 1. 1993 . . ." Zehn weiße DIN A5 Bögen füllt er mit seiner großen, entschlossenen Schrift. Er steckt die Bögen in ein Kuvert – feinsäuberlich, wie immer – und klebt es zu. Er legt ein paar Fotos und ein neues Paßbild auf den Umschlag. Er nimmt aus seinem Ordner die wichtigsten Versicherungsunterlagen und steckt sie in eine Klarsichthülle. Hülle, Kuvert und Fotos steckt er zusammen mit den Hausschlüsseln seiner Eltern in einen großen braunen Umschlag. Zum Schluß schreibt er einen Begleitbrief an seine Mutter. „Liebe Mama, anbei in dem Päckchen schicke ich alle wichtigen Unterlagen. Den Grund hierfür findest Du in dem verschlossenen Brief". Doch er klebt den braunen Umschlag noch nicht zu, er frankiert ihn auch nicht. Erst nächste Woche will er ihn abschicken, damit die Post nicht zu früh bei seinen Eltern ankommt. Warum? Vielleicht will Stefan gar nicht sterben? Vielleicht braucht er Zeit, um sein Verschwinden zu organisieren.

Der nächste Tag ist ein Sonntag. Stefan wird spät aufgestanden sein, er hat Schlaf nachzuholen, und außerdem beginnt seine Arbeit erst am frühen Nachmittag. Er soll für den Wachdienst heute einen Baumarkt bewachen. Doch Stefan hat was anderes vor. Auf alle Fälle kommt er nicht zur Arbeit und er versetzt auch einen Freund, der am Baumarkt um 15 Uhr auf ihn wartet. Was Stefan am Sonntag macht, ist nicht bekannt. Bekannt ist nur, was er nicht macht: Normalerweise wäscht er am Sonntag seine Arbeitskleidung, aber diesmal bleibt die Waschtrommel leer, die Schmutzwäsche im Korb. Stefan braucht keine Arbeitskleidung mehr, denn am Montag erscheint er auch nicht in der Fabrik. Er schreibt einen Brief an die Bank, in dem er die Kündigung des Dauerauftrages für die Miete bestätigt. Dann fährt mit seinem Audi nach Koblenz und mietet dort einen Leihwagen. Warum? Stefan hat selbst zwei Autos, den Audi und einen BMW! Er geht in Koblenz zur Bank und hebt dort 8500 Mark ab. Auch am Dienstag geht er nicht zur Arbeit, aber er steckt acht Tausendmarkscheine in den braunen Umschlag, und gibt ihn auf der Koblenzer Hauptpost an seine Eltern auf. Am Mittwoch ist Stefan wieder in Koblenz. Er bringt den Leihwagen zurück – ordnungsgemäß, wie es seinem Charakter entspricht. Wozu er ihn gebraucht hat – ein Rätsel.

Während Stefan noch mit seinem Leihwagen unterwegs ist, klingelt am Mittwochmorgen Viertel vor elf bei den Eltern in Sienhachenbach das

Telefon. Jemand aus der Fabrik ruft an – ob sie wüßten, wo Stefan ist? Er sei heute schon den dritten Tag nicht da gewesen – unentschuldigt. Sofort weiß die Mutter: So etwas paßt nicht zu Stefan – irgend etwas muß passiert sein. Sie fährt mit ihrer Tochter Yvonne auf der Stelle zu Stefans Wohnung – eine Putzfrau hat einen Nachschlüssel. Die Drei-Zimmer-Wohnung, auf die Stefan immer so stolz war, ist sauber und ordentlich wie immer. Papiere, Ausweis, Führerschein, Stefans Brillen – alles liegt nebeneinander auf dem Tisch. Von Stefan keine Spur. Dann merken die beiden: Stefan hat Kleidung mitgenommen, seine besten Sachen. Die Arbeitskluft liegt noch da, schmutzig. Mutter und Schwester können sich nicht erklären, was vorgefallen ist. Sie sind ratlos. Bis sie einen Zettel auf dem Tisch bemerken. Es ist eine Mitteilung von Stefan. „Mama, Du bekommst ein Päckchen. Dann werde ich nicht mehr am Leben sein." Die beiden Frauen rufen die Polizei. Sie müssen erst das Telefon anschließen, Stefan hatte den Stecker gezogen. Als die Beamten kommen, nehmen sie ein Protokoll auf. Viel mehr gibt es hier in der Wohnung nicht zu tun. Mutter Willmar zieht den Telefonstecker wieder aus der Wand. Warum, das weiß sie bis heute nicht. Aber ein paar Tage später stellt sich heraus: Es war gut so.

Niemand aus Stefans Familie schläft in dieser Nacht. Immer wieder stellen sich die Eltern die Frage, ob Stefan wirklich in der Lage wäre, sich umzubringen. Und wann kommt das Päckchen, das Stefan angekündigt hat? Am nächsten Morgen klingelt um kurz vor zehn der Briefträger. Er hat einen braunen Umschlag in der Hand. Mutter Willmar ruft ihren Mann, sie hat Angst davor, das Kuvert alleine zu öffnen. Beide gehen in die Küche und legen den Umschlag auf den kleinen Eichentisch. Im Stehen öffnen sie das Päckchen. Als erstes fällt ihnen ein Briefumschlag entgegen. Stefan hat ihn nicht zugeklebt. Er enthält einen Brief und acht Tausendmarkscheine. Die Mutter erschrickt. „Soviel Geld – für was – für wen?" Dann öffnet sie, wie Stefan sie in dem Begleitbrief anweist, das andere, das verschlossene Kuvert. Sie weiß, hier findet sie den Grund für Stefans Verhalten in den letzten Tagen, und den Grund für dieses Päckchen.
Für Stefans Mutter ist das der schlimmste Brief, den sie jemals bekommen hat – es ist die schlimmste Nachricht, die eine Mutter überhaupt erhalten kann. „Ich bin fristlos gekündigt worden. Liebe Mama, mir stehen bei diesen Zeilen die Tränen in den Augen, weil ich absolut mit dieser Sache nichts zu tun habe. Bisher habe ich noch nie Bargeld gestohlen. Wenn Du diese Zeilen liest, werde ich nicht mehr am Leben sein. Mir fällt es sehr schwer, diese Zeilen zu schreiben. Bitte behaltet

116

mich in guter Erinnerung . . ." Auf einen anderen Zettel schreibt er: „Testament: den BMW vermache ich meiner lieben Schwester Yvonne, mein Bargeld soll der ganzen Familie zugute kommen. Bad Breisig, den 30. Januar 1993, Stefan Willmar. P.S.: Der BMW muß zur Inspektion." Selbst an diese Kleinigkeit hat Stefan gedacht. Nimmt ein verzweifelter Mensch so von seiner Familie Abschied? Oder läuft hier ein ordentlicher Plan ab – ordentlich, wie Stefan immer war? Wieder und wieder liest Stefans Mutter die Zettel, versucht zu begreifen. Die Fotos, die Klarsichthülle mit den Versicherungsunterlagen, die Schlüssel und alles andere, was in dem braunen Umschlag war, wird sie erst viel später wahrnehmen. Sie kann nicht glauben, was da steht: „. . . wenn Du diese Zeilen liest, werde ich nicht mehr am Leben sein . . ." Was Stefans Mutter nicht weiß: Als sie diese Zeilen liest, *ist* Stefan noch am Leben.

Für die Willmars beginnt nun eine furchtbare Zeit: Ist Stefan wirklich schon tot? Oder steht er jetzt gerade irgendwo auf einer Brücke und will hinunterspringen? Hat er jetzt, in diesem Augenblick, vielleicht die Tabletten in der Hand, die sein Leben beenden sollen? Die Eltern malen sich furchtbare Bilder aus. Sie sehen ihren Sohn mit geöffneten Pulsadern liegen, irgendwo, ganz allein. Sie möchten ihn gern finden, festhalten, ihn davon abhalten, ihn mit nach Hause nehmen – aber sie wissen nicht, wo sie anfangen sollen, nach ihm zu suchen. Am nächsten Wochenende ist Yvonne, die Schwester, in Stefans Bad Breisiger Wohnung. Sie schließt auf. Die Wohnung ist verlassen. Alles ist wie beim letzten Mal. Nein, nicht alles. Der Telefonstecker. Mit eigenen Augen hat sie gesehen, wie ihre Mutter ihn vor vier Tagen aus der Dose gezogen hat. Jetzt steckt er. Ein Lebenszeichen von Stefan! Yvonne hört ihr Herz schlagen, sie beginnt durch die Wohnung zu rennen, auf der Suche nach weiteren Zeichen. Auf dem Tisch fehlt eine von Stefans Brillen. Am Mittwoch lag sie noch da. Und da, da liegt noch eine Videocassette im Zimmer, die am Mittwoch nicht da war – „Ein Hund namens Beethoven". Nicht gerade ein Film, den man sich anschaut, wenn man mit seinem Leben abgeschlossen hat. Eher was zum Lachen, eine Komödie. Komödie – ist es das, was Stefan spielen will? Hat er vor, irgendwo anders ein neues Leben zu beginnen? Yvonne schaut sich weiter um. Alle Pflanzen sind frisch gegossen, auch die im Badezimmer. Und Stefans Rasierer ist benutzt worden. Zwei Handtücher fehlen. Kein Zweifel: Stefan war hier! Immer wieder dröhnt dieser Satz in Yvonnes Kopf. Blumengießen, rasieren und sich dann umbringen? Paßt das zusammen? Am selben Tag klingelt bei den Willmars in Sienhachenbach das Telefon. Stefans Mutter hebt ab. Am anderen Ende meldet sich niemand.

Die Mutter spürt sofort: Das ist mein Sohn. Sie spricht ihn an, doch auf der anderen Seite fällt kein Wort. Eine halbe Stunde lang spricht Stefans Mutter in die stumme Leitung. Dann macht es klick. Das selbe Spiel wiederholt sich einen Tag später. Wieder kommt ein Anruf, wieder versucht Stefans Mutter, die andere Seite zu einem Lebenszeichen zu bewegen. Wenn doch nur ein Wort fallen würde – ein einziges Wort! Nach 15 Minuten wird aufgelegt. Aber Raili Willmar ist sicher: „Das war Stefan."

An diesem Sonntag beschließen die Willmars: Von morgen an soll immer jemand in Stefans Wohnung sein. Vielleicht kommt er ja vorbei. Vater Willmar übernimmt die ersten zwei Wochen. Am Montag nachmittag schließt er Stefans Wohnung in der Rheineckerstraße auf. Er kommt zu spät. Ein blaues Auto war an diesem Vormittag in der Rheineckerstraße vorgefahren, ein Mann war ausgestiegen. Eine Nachbarin, die im Erdgeschoß wohnt, sieht ihn zur Haustür gehen. Sie erkennt den Mann. Es ist Stefan! Sie winkt ihm vom Fenster aus zu. Stefan dreht sich um, geht zurück zum Wagen und fährt davon. Wem das Auto gehört, mit dem Stefan gekommen ist – niemand weiß es. Sein BMW steht in der Garage, sein Audi wird Tage später in Koblenz gefunden, der Leihwagen ist schon seit fünf Tagen zurückgegeben. Ein paar Mal klingelt in den nächsten Tagen noch das Telefon in Stefans verlassener Wohnung. Aber Vater Horst traut sich nicht abzuheben. Er will keinen Fehler machen. Die Willmars durchsuchen systematisch jeden Schrank. Sie finden nichts, was ihnen weiterhilft.

Acht Wochen nach Stefans Verschwinden schreibt die Mutter an *Bitte melde Dich*. Die Redaktion nimmt Kontakt zu den Willmars auf. All die offenen Fragen, alles, was die Familie herausgefunden hat, erzählt Mutter Willmar am Telefon. Die zuständigen Polizeibeamten sind skeptisch. Sie sind sicher, daß Stefan sich umgebracht hat, hundertprozentig. Nur eine Frage der Zeit, wann man ihn finden würde. Für die Redaktion steht wieder einmal eine schwere Entscheidung an. Ist hier schnelles Handeln nötig, oder kommt bei Stefan jede Hilfe zu spät? Nur noch zwei Sendungen bis zur Sommerpause. Nur noch zweimal 42 Minuten Sendezeit. Und jede einzelne Minute ist schon vergeben. Vergeben an Menschen, die sich mit ihrer letzten Hoffnung an *Bitte melde Dich* klammern. Die Hoffnung, den Vater, den Ehemann, die Tochter wiederzufinden. Mit Familie Willmar wird vereinbart, die nächste Zeit noch abzuwarten, auf neue Lebenszeichen zu warten.

Im Dezember 1995, fast drei Jahre später, schreibt Familie Willmar einen zweiten Brief an *Bitte melde Dich*. Stefans Geschichte wird in der

Sehr geehrter Herr Wontorra!

Ich schaue mir immer Ihre
Sendung an. Daher weiß ich, daß
Sie auch Briefe vorlesen.
Bitte veröffentlichen Sie den
beiliegenden Brief und das Foto.

Lieber Stefan!

Nachdem alle Suchaktionen nach Dir
leider alle ohne Erfolg waren, möchte
ich mich durch diese Sendung direkt
an Dich wenden. Warum bist Du ohne
ein Wort weggegangen? Du hättest
doch nach Hause kommen oder
wenigstens anrufen können, wenn Du
Probleme hattest. Wir haben doch
immer über alles geredet. Du kennst
mich doch und weißt, wie sehr ich
unter Deinem Verschwinden leide.
Mein Heimweh nach Dir wird
jeden Tag größer. Wir alle vermissen
Dich sehr. Wenn Du diese Sendung
siehst oder jemand, der Dich kennt
und weiß wo Du bist, dann meldet
euch bitte. Ich hoffe, dich bald
wiederzusehen.
                    In Liebe
                    Deine Mutter.

Redaktion neu aufgerollt. Inzwischen glaubt sogar die Polizei, daß Stefan sehr wohl irgendwo ein neues Leben angefangen haben könnte. „Es ist eine fifty-fifty-Chance", sagt der zuständige Beamte.

Montag, der 22. Januar 1996, zehn Minuten vor zehn. In *Bitte melde Dich* läuft der Film über Stefan Willmar. Zum Schluß appelliert auch der Pfarrer, der Stefan getauft und konfirmiert hat, an Stefan: „Du hast viel in Deinem Leben geleistet. Manchmal war es vielleicht zuviel. Aber die größte Leistung wäre, wenn Du jetzt ein Zeichen gibst." Aber Stefan gibt kein Zeichen, nicht am Sendungsabend und auch nicht in den Wochen danach.

Wenn Stefan wirklich noch lebt, dann ist er jetzt 30. Das ist das Alter, in dem er eine eigene Wohnung haben wollte. Oder ein Haus. Vielleicht steht es ja irgendwo, das Haus mit dem Namen „Stefan Willmar" am Klingelschild. Aber wo? Das ist die Frage, die seine Eltern keine Nacht ruhig schlafen läßt. *Daß* Stefan lebt, da sind die Willmars sicher. In seinem Elternhaus sind zwei Zimmer für ihn reserviert, seit drei Jahren schon. Alle seine Sachen sind noch da. Das Geld, das er seiner Familie vermacht hat, ist auf einem Konto angelegt – für Stefan. Wenn er wiederkommt, soll er sich wohl fühlen. Dann wird es keine Vorwürfe geben, kein böses Wort. „Er wollte nach außen hin stark sein. Aber in seinem tiefen Innern war er sehr empfindlich", sagt Stefans Mutter. „Hoffentlich", sagt sie, „ist er stark genug, wieder nach Hause zu kommen".

*Hubschrauber fliegen über der Stadt.
Suchhunde durchkämmen das Gelände. Es ist
die größte Suchaktion, die in Leipzig je gestartet
wurde. 700 Polizisten sind im Einsatz. Eine
Sonderkommission „Nadine" wird gebildet.
Hunderte von Passanten werden befragt,
Tausende Handzettel verteilt. Die Polizei setzt
ihre Pferdestaffel ein, die Weiße Elster wird
abgesenkt. Ergebnis: null. Was mit Nadine
Hertel geschehen ist, bleibt ein Rätsel. Die
Polizei kann nicht einmal klären, wie Nadine
die Wohnung verlassen hat. Die Wohnung, in
der ihre Familie gerade Geburtstag feiert . . .*

Die Geschichte von Nadine Hertel

Nadine ist acht Jahre alt. Alle nennen sie Dine, ihr Vater sagt Natsch zu ihr. Nadines Eltern leben seit drei Jahren in Scheidung, das Mädchen wohnt bei ihrer Mutter in Leipzig. Ihr Vater Wolfgang hat Umgangsrecht: Alle zwei Wochen holt er Nadine Freitag mittag bei ihrer Mutter ab, am Sonntag abend bringt er sie zurück. Nadine freut sich immer riesig, wenn „Vati-Wochenende" ist.

Am 9. Juni 1995 ist es wieder soweit. Als Wolfgang Hertel bei seiner Frau ankommt, läuft ihm Nadine schon entgegen. Sie ist ganz aufgeregt, nicht nur, weil Vati-Wochenende ist. Heute hat ihre Tante Christiane Geburtstag, sie wird 22. Und am Nachmittag soll es ein Fest bei ihr geben, eine richtige Party! Nadine ist auch eingeladen. Sie hat sich schick gemacht: roter Rock, weiße Strumpfhose und weißer Nicki mit blauen Streifen. Sogar die schwarzen Lackschuhe hat sie aus der Kommode geholt. Die sind noch ganz neu und ohne Schramme. Zuletzt legt sich Nadine noch ihre Kette um. Die ist vergoldet, haben Oma und Opa gesagt, als sie sie ihr geschenkt haben. Also ganz doll wertvoll. Ein kleines Herz hängt an der Kette, mit einem Widder vorne drauf. Das ist Nadines Sternzeichen. Und wenn man das Herz aufklappt, dann sieht man ein Bild von Oma und Opa.

Onkel Gerd ist auch mitgekommen. Er muß das Auto fahren, denn Nadines Vati hat keinen Führerschein. Gerd hält ihr die Autotür auf. Nadine fühlt sich wie eine Prinzessin. Sowas hat sie schon oft im Fernsehen gesehen: Wenn feine Damen ins Auto steigen, ist immer ein Diener zur Stelle, der ihnen in den Wagen hilft. Als Nadine dann mit ihrem Vati und ihrem Onkel im silbernen Škoda sitzt, stellt sie sich vor, ein Chauffeur fährt sie zu einem großen Fest auf ein wunderschönes Schloß.

Könneritzstraße im Leipziger Stadtteil Schleußig. Nummer 104. Ein altes Mietshaus aus der Jugendstilzeit. Der Putz bröckelt, in der Glastür ist ein Sprung. Im Hochparterre auf der linken Seite wohnt Tante Christiane. Es ist halb drei am Nachmittag, als der Škoda vor dem Haus hält. Nadine und ihr Vater steigen aus – Gerd bleibt im Auto. Er hat heute noch was vor, und dazu braucht er den Wagen. Zum Feiern hat er keine Zeit. „Schönen Gruß an die Christiane", sagt er, „um acht bin ich wieder da und hol' euch ab." Dann gibt er Gas. Als Gerd Hertel fünfeinhalb Stunden später wieder vor dem Haus mit der Nummer 104 hält, ist nichts mehr so, wie es einmal war.

Nadine ist ganz aufgekratzt. Geburtstagsfeten findet sie klasse – und dann noch so viele Gäste! Die passen ja alle kaum ins Wohnzimmer. Nadine beginnt zu zählen:

Tante Christiane und ihr Freund Olaf, Nadines Cousin Manuel, ihre beiden Omas Rosemarie und Rita, ihr Opa Winfried, zwei Freundinnen von Tante Christiane. Dann noch ihr Vati. Und sie selbst. Zehn Leute. Die Sessel und das Sofa in der Stube reichen nicht, man muß noch Stühle aus der Küche holen.

Tante Christiane schneidet die Sahnetorte und den Obstkuchen an. Ganz feierlich. Nadine weiß gar nicht, was sie zuerst essen soll. Und dann die tollen Geschenke, die ihre Tante bekommen hat: Puppen, die sammelt sie nämlich. Und eine Kerze, die „Happy Birthday" spielt, wenn man sie anzündet. Nadine hätte am liebsten auch gleich wieder Geburtstag. Aber da muß sie noch ein bißchen warten. Neun Monate. Ziemlich lange.

Nach dem zweiten Stück Kuchen fängt Nadine an, sich zu langweilen. Die Kerze mit dem Lied haben die Erwachsenen ausgepustet. Sie sagen, sie können das Gedudel nicht mehr hören. Versteht Nadine gar nicht. Sie findet das lustig. Zu ihrem Geburtstag will sie auch so eine Kerze haben. Und dann wird sie den ganzen Tag „Happy Birthday" hören.

Die Geschichten, die sich die Erwachsenen erzählen, interessieren Nadine nicht. Sie sprechen von der Arbeitslosigkeit und von der Geschichte aus der Zeitung über den kleinen Jungen, der vor acht Wochen in Borna verschwunden ist. Borna ist nur ein paar Kilometer entfernt. Seine Oma war morgens mit ihm spazierengegangen, und plötzlich war der kleine Christopher weg. Wie vom Erdboden verschluckt. Die Zeitungen waren voll mit der Geschichte. „Man darf seine Kinder heutzutage keine Minute aus den Augen lassen", hört Nadine einen der Erwachsenen sagen. Nadine versteht die ganze Aufregung nicht.

Sie will nicht länger in der Stube sitzen, sie will raus. Spielen mit Manuel, ihrem Cousin, der ist zwar erst fünf, aber ganz in Ordnung. Opa Winfried schnappt sich den weißen Ball. Er geht mit den beiden Kindern in den Hof, hinters Haus. Die drei kicken eine Weile herum. Nadine ist so aufgedreht, daß sie den Ball ein paarmal in den Nebenhof schießt. Aber sie paßt immer auf, daß sie ihre schwarzen Lackschuhe nicht schmutzig macht.

18 Uhr. Tante Christiane geht auf den Balkon und schaut in den Hinterhof. Sie ruft: „Kommt rein, es gibt gleich Abendessen!" Nadine, Opa Winfried und Manuel gehen durch die Hoftür ins Haus, den Ball lassen sie draußen liegen. Im Wohnzimmer sitzt der Rest der Familie schon am Tisch. Es gibt Salat und Brötchen. Nadine reicht den Teller mit der Wurst weiter und dabei stellt sie sich vor, sie sei Kellnerin bei einem vornehmen Empfang. Das hat sie auch schon mal im Film gesehen: Diener im Frack und Frauen mit weißer Schürze und Häubchen, die den Gästen Häppchen und Sekt anbieten. Auf silbernen Tabletts. Lachs und Kaviar heißt das, was die vornehmen Leute im Fernsehen essen. Nadine träumt. Bei Tante Christiane gibt's Salami und Gehacktes. Silberne Tabletts gibt es nicht. Wahrscheinlich sind die noch teurer als die Kette, die sie von Oma und Opa hat. Nadine weiß, daß es ganz reiche Leute gibt, die sich einfach alles leisten können. Und sie weiß auch, daß ihre Eltern nicht so reich sind. Ihr Vati ist Gleisbaufacharbeiter. Zur Zeit ist er arbeitslos, genau wie Mutti.

Opa Winfried und der Freund von Tante Christiane sind auf den Balkon gegangen. Sie haben keinen Hunger. Sie wollen lieber eine rauchen, und Tante Christiane hat es nicht so gern, wenn man ihr beim Essen das Zimmer vollqualmt. Um 19 Uhr wird Manuel ins Bett gebracht. „Der ist ja auch erst fünf", denkt Nadine. Sie sitzt auf der Couch im Wohnzimmer. Jetzt, wo Manuel im Bett ist, ist das Geburtstagsfest nur noch halb so lustig. Die Erwachsenen reden nur von Sachen, die Nadine nicht interessieren. Von Politik. Von Fußball. Und immer wieder von dem kleinen Jungen aus Borna, der so plötzlich verschwunden ist. Nadine versteht nicht alles, was ihre Omas, ihr Papa und die anderen erzählen. Aber sie weiß, was sich gehört. Sie sitzt brav auf der Couch zwischen ihren Omas und tut so, als ob sie den Erwachsenen zuhört. Dabei denkt sie sich Geschichten aus, von Rittern und verschwundenen Prinzessinnen. Ab und zu muß sie gähnen. Aber sie gähnt so, daß es keiner sieht. Nur kleine Kinder wie Manuel müssen früh ins Bett. Nadine ist kein kleines Kind. Sie ist schon acht. Eigentlich achteinviertel.

Nadine schaut auf die Uhr an der Wand. So eine möchte sie auch mal haben, wenn sie groß ist: aus Gold, mit Pendel und verzierten Zeigern. 19.40 Uhr. Noch zwanzig Minuten, bis Onkel Gerd sie und Vati abholt. Oma Rita und Opa Winfried werden auch mitfahren. Nadine mag nicht mehr stillsitzen. Sie steht von der Couch auf und gibt ihrem Vater einen Klaps auf den Rücken. „Onkel Gerd kommt gleich", sagt sie. „Ich geh' auf den Balkon und sag' dem Opa Bescheid." Nadine geht zur Tür mit der Milchglasscheibe. Sie macht sie auf und geht in den Gang. Sie lehnt die Tür wieder an, damit es nicht zieht im Wohnzimmer. Bis zum Balkon sind es neun Meter. Nadine müßte zwei, drei Schritte über den Gang gehen und dann am Eisschrank vorbei durch die Küche. Neun Meter!

Ein paar Minuten nach acht. Vor dem Haus in der Könneritzstraße hupt jemand in einem Škoda. Es ist Onkel Gerd, der Nadine, ihren Vater und die Großeltern abholen will. Alle gehen auf die Straße. Sie begrüßen Gerd. „War das Fest schön?" Klar, da sind sich alle einig. „Wo ist denn die Dine?" fragt einer. „Die muß doch auf dem Balkon sein", sagen die, die im Wohnzimmer gesessen hatten. „Nee, auf dem Balkon war sie nicht", sagt Opa Winfried.

Die Familie geht zurück in die Wohnung. Vielleicht hat sich die Dine ja irgendwo versteckt? Die mit ihren verrückten Ideen! Doch die Wohnung ist nicht groß, schnell hat man in jeden Winkel geschaut. Also muß sie irgendwo draußen sein. Warum sie rausgelaufen ist, darüber kann man sich später den Kopf zerbrechen. Jetzt muß man sie erst mal finden. Der Opa, Tante Christiane und ihr Freund, Onkel Gerd, Nadines Vater – alle machen sich auf den Weg. Die Omas bleiben zu Hause. Sie gucken nochmal in jede Ecke und rufen vom Balkon. „Die Dine ist ein vernünftiges Mädchen", sagen sie, „die geht nicht weit vom Haus weg."

Zuerst gehen Nadines Vater und die anderen vor dem Haus auf und ab, dann bis an die Straßenkreuzung. Von Nadine keine Spur. Sie machen immer größere Runden. Sie laufen durch den Park, der ein paar Minuten entfernt ist, sie erreichen den kleinen Wald in der Nähe. Es dämmert. Sie rufen Nadines Namen. Sie bleiben stehen, um auch das kleinste Geräusch zu hören. Nichts. Ein paar Schritte weiter. „Nadine?" Nichts rührt sich. „Nadine!" Viertel nach acht, halb neun, zwanzig vor neun. Nadines Vater bricht der Schweiß aus, als er auf seine Armbanduhr schaut. 60 Minuten ist Natsch jetzt schon wie vom Erdboden verschluckt. Eine Stunde! Das hat sie doch noch nie gemacht. Wo sollte sie hingegangen sein? Sie kennt doch niemanden in dieser Ecke der Stadt. Hier hat sie keine Freunde, sie kennt die Nachbarn nicht. Seit Tante Christiane hier wohnt, war Natsch erst vier- oder fünfmal da. Vielleicht hat sie sich verlaufen? Wolfgang Hertel sieht, wie der Wald vor seinen Augen zu schwanken beginnt. „La-le-lu, nur der Mann im Mond schaut zu." Nadines Vater weiß nicht, warum ihm diese Zeile jetzt in den Kopf kommt. Nadines Lieblingslied, er singt es immer mit ihr, wenn er sie ins Bett bringt. Er hat das Gefühl, die Bäume durch einen Schleier zu sehen. Alles ist verschwommen. Er darf jetzt nicht schlappmachen. Er muß seine Tochter finden. Er muß die Polizei anrufen.

Um 21 Uhr wählt Wolfgang Hertel die Nummer der Polizei. Dann geht alles ganz schnell. Die größte Suchaktion in der Geschichte Leipzigs läuft an. Die Kripo bildet eine 12köpfige Sonderkommission „Nadine". Ein Polizeihubschrauber kreist über der Stadt, Beamte durchsuchen neun leerstehende Häuser. Eine Reiterstaffel durchkämmt die Wiesen im Park, Bereitschaftspolizisten durchsuchen Kleingärten und schlagen sich durchs feuchte Unterholz im nahen Wald. 200 Meter hinter dem Haus, aus dem Nadine verschwand, fließt die Weiße Elster: Polizisten in Schlauchbooten suchen den Fluß bis zum Wehr ab, Froschmänner tauchen auf den Grund, schließlich wird die Elster sogar abgesenkt. Passanten werden befragt, Straßenbahnfahrer verhört. Tagelang ist die ganze Stadt auf den Beinen, um Nadine zu suchen. Nichts. Nicht eine einzige Spur. Hat Nadine das Haus mit der Nummer 104 überhaupt verlassen?

Wohin ist sie wirklich gegangen, als sie um 19.40 Uhr aus dem Wohnzimmer ging und die Tür mit der Milchglasscheibe hinter sich anlehnte? Auf dem Balkon hinter der Küche ist sie nicht angekommen, das weiß der Opa, denn er war die ganze Zeit auf dem Balkon. Es gibt nur einen Weg aus der Wohnung: Die Eingangstür geht rechts vom Gang ab. Die Familie hätte es aber hören müssen, wenn die schwere Tür ins Schloß gefallen wäre. Ist Nadine rausgeschlichen? Hat sie ganz leise die Klinke runtergedrückt und die Tür hinter sich zugemacht? Weil sie sich wieder eine geheimnisvolle Geschichte ausgedacht hat? Eine Geschichte mit Drachen und Prinzessinnen?

Vielleicht wollte Nadine aber auch nur auf die Toilette gehen. Die ist bei Tante Christiane nicht in der Wohnung, sondern auf dem Hausflur. Und im Treppenhaus hat Nadine dann irgendetwas davon abgehalten, wieder in die Wohnung zurückzukehren. Wollte sie im Hof noch ein bißchen Fußball spielen? Dann hätte ihr Opa sie aber vom Balkon aus sehen müssen. Ist sie nach vorne aus der Haustür gegangen, um auf Onkel Gerd zu warten? Direkt vor dem Haus ist eine Straßenbahnhaltestelle. Die Kripo befragt Hunderte von Zeugen, aber niemand hat gesehen, daß am 9. Juni kurz vor acht ein kleines Mädchen mit rotem Rock und blau-weißem Nicki an der Straße gestanden hat. „Wenn ein Kind am hellichten Tag aus einer Wohnung oder von einer belebten Straße verschwindet, ohne daß es einer sieht, dann ist das schon sehr merkwürdig", sagt der Kriminalrat, der die Suche geleitet hat.

In den Tagen nach Nadines Verschwinden kommen viele Kripobeamte ins Haus mit der Nummer 104. Sie klingeln an jeder Tür. „Guten Tag, Kriminalpolizei. Dürfen wir mal kurz reinkommen?" Die Beamten sind nicht allein, und sie sind nicht nur gekommen, um ein paar Fragen zu stellen. Sie haben Fährtenhunde dabei. Vielleicht weiß ja einer der Hausbewohner, wo Nadine nach 19.40 Uhr geblieben ist. Vielleicht gibt es ja in einer der Wohnungen eine Spur. Doch die Hunde schlagen nicht an. Auch nach der Polizeiaktion bleiben alle Nachbarn freundlich, doch wenn Nadines Tante sie im Hausflur trifft, kann sie ihnen kaum in die Augen schauen. Sie weiß, daß sich die anderen Mieter fühlen, als habe man sie des Mordes verdächtigt.

Schreckliche Tage für Nadines Familie. Es gibt kein anderes Thema als den Abend des 9. Juni. Jede Sekunde wird durchgesprochen, nacherlebt. Immer wieder die gleichen Geschichten und Hoffnungsparolen: Nadine hat Angst vor Wasser, sie würde nie in den Fluß gehen. Nadine ist schüchtern, sie würde sich nie von einem Fremden ansprechen lassen. Daß sie ein schüchternes Mädchen ist, keines, das sich von Fremden ansprechen läßt. Nadine ist kein kleines Kind mehr, sie würde sich nie in ein Auto ziehen lassen. Die Familie macht sich Vorwürfe: Hätten wir doch besser aufgepaßt an dem Abend. Hätten wir mal vorne aus dem Fenster geschaut, auf die Straße. Wäre der Gerd fünf Minuten früher mit dem Auto gekommen, hätte er Nadine vielleicht noch gesehen. Wenn sie überhaupt vor dem Haus auf ihn gewartet hat. „Hätte", „wäre", „wenn"!

Tante Christiane wird die Bilder nicht so schnell vergessen, die sich in den Tagen nach Nadines Verschwinden vor ihrem Fenster abgespielt haben. Ein Bus der Polizei bezieht Stellung. Passanten, die Nadine gesehen haben, sollen sich hier melden. Sie sieht Polizisten, die den grauen Škoda untersuchen. Der Wagen, mit dem Onkel Gerd Nadine abholen wollte. Sie sieht Spürhunde, die in jeder Ritze des Wagens schnüffeln. Christiane sieht Reporter und Fotografen, die Bilder vom Haus machen. Sie bemerkt Nachbarn, die beieinanderstehen und tuscheln. Und sie sieht wildfremde Menschen, die nur gekommen sind, um einmal vor dem Haus mit der Nummer 104 zu stehen. Dem Haus, von dem es jetzt in der Zeitung heißt: „Hier verschwand die kleine Nadine!"

Donnerstag nacht, 22.33 Uhr. Nadine ist seit sechs Tagen weg. Ein anonymer Anrufer meldet sich unter 110 bei der Polizei. Er sagt: „Ihr braucht nicht mehr nach dem Mädchen suchen. Es ist in meiner Gewalt." Sechs Minuten später ruft der Mann noch einmal an. Ein drittes Mal um 22.42 Uhr. Als er diesmal auflegt, stehen schon Polizisten vor seiner Telefonzelle – Fangschaltung! Sie nehmen den Mann fest. Er ist 35 Jahre alt, aus Leipzig. Die Polizei findet heraus: Der Anrufer ist ein Spinner. Er hat mit der Sache nichts zu tun. Fast jeden Morgen, wenn die Hertels die Zeitung aufschlagen, lesen sie solche Geschichten. Jemand will ein frisches Erdloch entdeckt haben, groß genug, um eine Kinderleiche zu verscharren. Jäger wollen gesehen haben, wie jemand ein weißes Bündel im Wald ablegt. Geschichten, die für eine Schlagzeile taugen. Geschichten, die Nadines Eltern den Schlaf rauben.

Aber mit jedem Tag, den Nadine länger verschwunden ist, werden die Berichte in der Zeitung kleiner. Zuerst waren es riesige Schlagzeilen, ein Bild von Nadine auf Seite eins. Dann kleine Meldungen mit winzigen Fotos und der Überschrift: „Noch keine Spur". Und schließlich sucht die Familie vergeblich nach einer Zeile über Nadines Schicksal. Andere Stories sind wichtiger geworden.

Die Hertels wenden sich an *Bitte melde Dich*. Nadines Oma Rita appelliert an die Zuschauer: „Wer sie gesehen hat oder weiß, wo sie ist, der möchte sie uns doch bitte zurückgeben. Lebend." Viele sind erschüttert, wollen helfen. Aber wie? Helfen kann man Nadines Familie nur, wenn man weiß, was mit dem Mädchen passiert ist. Und das weiß keiner der Anrufer. Immerhin: ein paar Zuschauer wollen Nadine gesehen haben, in Wismar auf dem Marktplatz. Bei Osnabrück. In der City von Wuppertal. Die Polizei geht den Hinweisen nach. Nichts.

Die Familie klammert sich an jeden Hinweis, der Platz für die Hoffnung läßt, daß Nadine noch lebt. Vielleicht war sie ja tatsächlich in Wismar auf dem Marktplatz oder in der City von Wuppertal. Vielleicht ist sie am 9. Juni vor dem Haus ihrer Tante in Leipzig entführt worden. Das ist der Strohhalm, an den sich Nadines Vater klammert: daß ein kinderloses Ehepaar seine Tochter auf der Könneritzstraße gesehen und sie einfach mitgenommen hat. Daß seine Natsch irgendwo ein neues Zuhause hat. Schlimm genug, aber die einzige Hoffnung. Wenn in Leipzig Volksfest ist, steht Wolfgang Hertel stundenlang vor den Hüpfburgen und hält Ausschau nach einem kleinen Mädchen mit dunkelblondem Haar und blauen Augen. Und vielleicht trägt das Mädchen ja auch eine vergoldete Kette mit einem kleinen Herz. Die Kette, die seine Nadine am 9. Juni getragen hat, als bei Tante Christiane Geburtstag gefeiert wurde. „Ich habe das Gefühl, Nadine ist zum Greifen nahe – aber ich sehe sie nicht", sagt der Vater.

Nadines Mutter hat im Kinderzimmer nichts verändert. Es sieht aus, als sei Nadine nur kurz zum Spielen auf der Straße. Ihre Kleider und T-Shirts hängen gebügelt im Schrank, ihr Bett ist gemacht, ihre Puppen liegen auf dem Kissen. Auch „Hoppel" wartet auf Nadine. „Hoppel" ist ihr Schmusehase. Sie hat ihn immer im Arm gehalten, wenn sie eingeschlafen ist. Manuela Hertel sagt: „Meine Tochter lebt noch. Ich spüre das."

Die Leipziger Polizei sagt: „Nach so langer Zeit haben wir noch nie ein vermißtes Kind lebend wiedergefunden." Doch Nadines Familie hofft weiter: Auch Christopher, der kleine Junge aus Boma, über dessen Verschwinden soviel in den Zeitungen stand, ist noch nicht gefunden worden. Nadines Oma sagt: „Wir glauben, daß sie lebt. Wenn wir sie im Herzen aufgeben, ist sie verloren."

**HINWEISE ZUM SCHICKSAL VON
NADINE HERTEL BITTE AN:**

Kripo Leipzig, Tel.: 0341 / 966 22 34

Ein altes Ziegeleigelände in Erfurt. Brachland. Mannshohe Disteln, wilde Stachelbeerbüsche. Im Gestrüpp ein schlichtes Holzkreuz, vor dem Kreuz ein paar Blumen. Hier ist die Stelle, an der am 4. November 1995 ein Jäger ein menschliches Skelett gefunden hat. Auf dem Kreuz steht:

Alois Niewiera 1920–1995

Die Geschichte von Alois Niewiera

Evelyne Proessdorf war 37, als sie den Mann kennenlernte, den sie bald darauf heiraten sollte. Sie weiß es noch genau, auch wenn es schon 30 Jahre her ist. Sie hat Fenster geputzt, als draußen ein Mann mit einem Strauß roter und weißer Gladiolen vorbeiging. „Ich hab doch gar keinen Geburtstag", hat sie ihm zugerufen und gelacht. Der Mann hat sich verbeugt – und ihr die Blumen geschenkt. „Gestatten? Alois Niewiera."

Alois ist zu der Zeit Lehrer für Latein, Russisch und Geographie am Gymnasium Weißenfels, 90 Kilometer von Erfurt entfernt. Sie arbeitet als Röntgenassistentin in der Poliklinik. Evelyne imponiert an Alois vor allem, wie gut er sich auskennt in der Welt und was er alles weiß: „Ich habe aufgeschaut zu ihm – auch wenn er nur zwei Zentimeter größer war als ich." 1967 heiraten die beiden. Alois und seine Frau hätten gerne Kinder, aber Evelyne kann keine bekommen. Es ist nicht leicht, das zu akzeptieren. Doch die beiden lernen, damit klarzukommen: Sie reisen viel – in die Sowjetunion, nach Polen, in die Tschechoslowakei. Kaum ein Museum, kaum eine Kirche, die sie nicht besuchen. Alois liebt die Kunst, und er liebt es, zu fotografieren.

Aber wenn Alois sich so richtig entspannen will, dann löst er Kreuzworträtsel – seine Frau wundert sich immer wieder, was Alois alles weiß. Nie muß er nachschlagen, kein Kästchen bleibt leer. Französischer Komponist mit sieben Buchstaben? „Milhaud". Asiatischer Vulkan mit drei? „Apo". Für Alois kein Problem. Er ist eben ein belesener Mann. Alois ackert Bücher förmlich durch, macht sich Notizen am Rand. Das Regal im Wohnzimmer ist riesig. Mindestens tausend Bücher hat Alois gesammelt. Nebenbei liest er noch vier Zeitungen: von der „Freiheit" bis zur „Deutschen Lehrerzeitung". 1985 geht Alois in Pension. Doch es wird ihm nicht langweilig. Er hat ja seine Bücher.

„Hab' ich dir das schon erzählt?" Immer öfter beginnt Alois plötzlich seine Erzählungen mit diesen Worten. Und meistens hat er tatsächlich schon erzählt, was er dann noch einmal berichtet. Seine Frau ist geduldig. Wir werden eben älter, denkt sie. Wenn ich zum Einkaufen gehe, vergeß' ich auch jedesmal das Wichtigste. Doch Alois wiederholt sich immer öfter. Schon nach ein paar Minuten kann er sich nicht mehr erinnern, daß er dieselbe Frage schon gestellt hat. Wenn Alois und Evelyne mit dem Auto durch Weißenfels fahren, zeigt Alois jedesmal auf dasselbe Haus am Straßenrand: „Guck mal, meine alte Schule." Jedesmal. Immer und immer wieder.

Kurz nach der Wende begleitet Evelyne ihren Mann zum Arzt – zum Neurologen. Diagnose: „Morbus Alzheimer". Der Arzt erklärt, was das bedeutet: ein Verlust von Nervenzellen, der zu Störungen im Gehirn führt, zu Sprachschwierigkeiten und Vergeßlichkeit. Eine Million Deutsche hätten die Alzheimer-Krankheit, sagt der Arzt. Und einer von ihnen sei Alois. Alois, der ganze Passagen aus lateinischen Klassikern zitieren konnte. Der zu jedem Land der Welt die Hauptstadt wußte. Der Russisch konnte, als sei es seine Muttersprache! Evelyne kann es nicht fassen. Doch sie ist tapfer. „Ich werde Alois jetzt nicht im Stich lassen", sagt sie sich. „Wäre ich krank, würde Alois das gleiche tun."

Sein Zustand verschlechtert sich. Bald ist er bei allem auf die Hilfe seiner Frau angewiesen. Bei wirklich allem. „Wo ist mein Bett?" fragt er manchmal, „wo soll ich schlafen?" Nicht einmal in seiner eigenen Wohnung kennt Alois sich mehr aus. Er wird ungeduldig, mißtrauisch. Er erkennt seine Schwägerin nicht mehr, hält sie für eine Fremde. Meist sitzt er auf dem Sofa und schaut ins Leere – lesen kann er schon lange nicht mehr. „Man konnte ihn nicht mal mehr zur Mülltonne in den Hof schicken", sagt Evelyne Niewiera, „er kam dann nicht wieder zurück in die Wohnung, sondern ist in die Stadt gegangen und hat sich verlaufen." Abends, wenn Alois schon im Bett liegt und Evelyne alleine in der Stube sitzt, weint sie. Alois ist wie ein kleines Kind. So hilflos. Hoffentlich stößt mir nichts zu, denkt Evelyne, ohne mich ist er verloren.

15. Mai 1995, ein schwarzer Tag für Evelyne Niewiera. Sie hilft einer Nachbarin, einen kleinen Ofen zu verschieben – und klemmt sich dabei den Ischiasnerv ein. Entsetzliche Schmerzen, sie kann sich kaum noch rühren. „Wird schon werden", denkt Evelyne und beißt die Zähne zusammen. Da muß ich durch. Ich muß Alois doch baden, ich muß ihn anziehen. Am 18. Mai hält sie es nicht mehr aus. Sie geht zum Arzt. Der

macht ihr keine Hoffnung: Sie habe einen Bandscheibenvorfall und eine Fußheberlähmung – „da muß operiert werden, sofort." Evelyne ist völlig verzweifelt. Nicht wegen der Operation. Wegen Alois. Wenn sie in die Klinik muß, was macht dann ihr Mann? Er kann unmöglich zu Hause bleiben. Er kann sich ja nicht mal was zu essen machen! Schon am nächsten Tag soll Evelyne ins Krankenhaus. Nicht einmal 24 Stunden, um jemanden zu finden, dem sie Alois anvertrauen kann. Sie telefoniert herum, versucht einen Heimplatz zu organisieren. Überall hört sie: „Tut uns leid, zu kurzfristig." Evelyne weiß nicht, was werden soll. Wenn niemand Alois nimmt, kann sie auch nicht ins Krankenhaus. Aber diese Schmerzen . . .

Evelyne ist kurz davor, in der Klinik anzurufen. Sie will sagen: Ich kann nicht kommen. Da hat sie endlich Glück: ein Heim in Erfurt will Alois aufnehmen! Evelyne fällt ein Stein vom Herzen. Sie hat nur eine Angst: daß man sich dort nicht richtig um ihren Alois kümmert. Daß er nicht rund um die Uhr betreut wird. Daß man ihn sich selbst überläßt, nur ein paar Minuten vielleicht . . .

19. Mai 1995. Evelyne muß sich von Alois trennen. Zum ersten Mal seit sehr langer Zeit. Ihr ist elend zumute. Sie weiß noch nicht, wie lange sie in der Klinik bleiben muß. Alois schläft schon. Sie setzt sich an den Wohnzimmertisch und nimmt ein Buch zur Hand. Schon oft hat sie ihrem Mann aus diesem Buch vorgelesen. „Pflücke den Tag" steht vorn auf dem Einband. Einen Text liest sie immer und immer wieder. Evelyne nimmt einen Zettel und beginnt Sätze aus dem Text abzuschreiben: „Es gibt Momente, da wünschte ich, ich wäre Sonnenstrahlen für Dich. Sonnenstrahlen, die deine dunklen Winkel in deinem Innern erleuchten, deinen Alltag in helles Licht tauchen . . ." Sie steckt den Zettel in ein Kuvert. Ein kleines Briefchen für Alois, so wie früher, das sie ihm beim Abschied zustecken würde. So wie früher würde sie lächeln, wenn sie es ihm in die Jackentasche schiebt und würde sagen: „Aber erst lesen, wenn du heute abend im Bett liegst und an mich denkst." Alois würde ihr einen Kuß geben und sie würden sich verabschieden, so wie früher. Evelyne schießen die Tränen in die Augen: Alois kann ja nicht einmal mehr lesen, und das Briefchen würde er in seiner Jackentasche nicht wiederfinden. Sie kann ihm ja nicht einmal erklären, daß sie ein paar Tage fort muß. Daß er in einem fremden Haus untergebracht wird. Er wird nicht einmal verstehen, daß er nur kurze Zeit dort bleiben soll, denn wenige Sekunden, nachdem Evelyne ihm das erklärt hat, wird er es wieder vergessen haben. Es ist eine schlimme Nacht, die Nacht vom 19. auf den 20.

Mai. Am nächsten Morgen zieht Evelyne ihren Mann an, gibt ihm zu essen und versucht fröhlich zu wirken. Alois muß gespürt haben, wie schwer seiner Frau der Abschied fällt. Er nimmt Evelyne in den Arm. Und er sagt einen Satz, den er schon seit Jahren nicht mehr gesagt hat. Den er wegen seiner Krankheit nicht sagen konnte. Alois sagt: „Ich liebe dich." Als ob er spürt, daß dieser Abschied ein Abschied für immer ist.

Eine Nichte fährt Alois ins Pflegeheim „Am Roten Berg" in Erfurt. Auf der Fahrt spricht Alois kein Wort, er schaut aus dem Fenster. Ob er verstanden hat, warum seine Frau nicht bei ihm ist? Die Nichte sagt: „Du mußt nicht lange in dem Heim bleiben. Nur bis deine Frau wieder gesund ist." Immer wieder sagt sie das. Alois schaut aus dem Fenster und schweigt. Wie es in ihm aussieht, weiß Kirsten nicht.

Donnerstag, 25. Mai. Evelyne Niewiera ist inzwischen operiert, Alois ist im Heim. Keiner weiß, was er fühlt. Es ist Vatertag, ein Feiertag. Die Sonne scheint. Im Seniorenheim ist ein kleines Fest. Die Bewohner sitzen im Hof und unterhalten sich. Auch Alois ist dabei. Jemand macht ein Foto von ihm. Niemand ahnt: Es ist das letzte Foto von Alois Niewiera. Die anderen wundern sich, warum er mit niemandem spricht – man sieht ihm nicht an, wie krank er ist. Alois geht zwar ein wenig schleppend und gebeugt. Aber wer ihn nicht kennt, kann nicht ahnen, wie hilflos er ist.

Irgendwann ist der Stuhl von Alois leer. Ein paar Minuten später wird er an der Pforte gesehen. Eine Frau hält Alois davon ab, hinauszugehen. Wahrscheinlich sucht er sein Zimmer. Er dreht sich um und geht den Gang entlang. In die Richtung, in der sein Zimmer liegt. Die Heimbewohnerin ist die letzte, die Alois Niewiera sieht. Rechts hinten ist die Treppe, hier müßte er hinaufgehen. Sein Zimmer liegt im sechsten Stock. Doch Alois kennt sich nicht aus. Er weiß ja nicht einmal mehr bei sich zu Hause, wo das Schlafzimmer liegt. Er geht durch eine Tür, rechts hinten, vor der Treppe. Er läuft ein paar Meter geradeaus. Er steht vor dem Hinterausgang. Er öffnet die Tür. Er tritt ins Freie . . .

Evelyne liegt auf der Intensivstation im Krankenhaus Bad Berga, 20 Kilometer von Erfurt enfernt. Und von Alois. Gerne würde sie ihren Mann anrufen, fragen, wie er sich fühlt in der fremden Umgebung. Aber Alois Niewiera ist schon lange nicht mehr fähig, zu telefonieren. So kann Evelyne nur hoffen, daß es ihrem Mann gutgeht. Noch ein paar Tage, dann darf sie wieder nach Hause. Dann kann sie Alois wieder zu sich nehmen.

Zur selben Zeit wird im Altenheim „Am Roten Berg" in Erfurt ein Bewohner vermißt – Alois Niewiera. Es ist 19 Uhr. Die Heimleitung informiert die Polizei, die Beamten wenden sich an den Rundfunk. Über Radio Thüringen wird eine Suchmeldung verlesen: „Vermißt wird ein 74jähriger Mann . . ."

Evelyne weiß nichts von alldem. Sie schläft schlecht in dieser Nacht. Die Folgen der Operation, glaubt sie. Wenn sie nur wüßte, ob Alois ein schönes Zimmer hat und ein bequemes Bett. Ob er besser schläft als sie.

11 Uhr am nächsten Vormittag. Evelyne bekommt Besuch von ihrer Schwester. Als sie ihr in die Augen blickt, weiß sie: es muß etwas Schlimmes passiert sein. Die Schwester zögert: „Der Alois ist verschwunden . . ."

Evelyne weiß heute nicht mehr, wie sie diesen Tag überstanden hat: „Das Schlimmste war: Ich war ans Bett gefesselt und konnte nichts tun." Sie hofft, daß das Telefon klingelt und man ihr sagt: Wir haben ihn gefunden, es geht ihm gut. Doch nichts passiert. Evelyne weint, den ganzen Tag. „Ich dachte nicht, daß ich noch Tränen habe." Am Abend bricht ein Gewitter los, stundenlang peitscht der Regen gegen die Scheiben. Evelyne schläft erst spät in der Nacht ein. Sie hat einen Traum. Alois steht vor ihr. Und er sagt: Ev, hilf mir doch! Aber Evelyne kann ihm nicht helfen. Sie darf ja nicht einmal aufstehen.

Wochenlang wird nach Alois Niewiera gesucht, mit Hubschraubern, mit Hunden. Evelyne will nicht daran denken, was passiert sein könnte. Daß Alois vielleicht tot ist. Nein, diesen Gedanken darf sie nicht zulassen. Sie fleht ihre Verwandten an: Helft mir! Die Angehörigen kommen von überall her: aus Gera, aus Augsburg, aus Stuttgart. Sie laufen durch Erfurt, verteilen Flugblätter, fragen Passanten, suchen in der Umgebung der Stadt. Wochenlang, jeden Tag. Evelyne Niewiera kann nicht mitsuchen, jeder Schritt tut höllisch weh. Das ist das Schlimmste: ihr Mann ist irgendwo da draußen, und sie muß zu Hause sitzen. Darauf warten, daß das Telefon klingelt. Und wenn es klingelt: Was wird man ihr sagen?

Anfang August, Alois ist seit zehn Wochen verschwunden. Zehn Wochen zwischen Hoffen und Bangen. Evelyne glaubt, daß sie wieder ein paar hundert Meter laufen kann. Sie hat große Schmerzen, aber die steckt sie weg. Es wird gehen, denkt sie, irgendwie. Sie fährt nach Erfurt, einen Schwung Flugblätter nimmt sie mit. Evelyne hat nur eine kleine Rente, aber die will sie gerne opfern, wenn sie nur irgend etwas von ihrem Ali hört: „1000 DM Belohnung" steht auf den Flugblättern, die sie verteilt. „Wenn ich mich nicht hätte operieren lassen", denkt Evelyne, „dann wäre das alles nicht passiert." Hier irgendwo muß Alois sein. Er ist krank, weit kann er nicht gekommen sein. Aber wenn ihm was passiert wäre, dann hätte man ihn doch gefunden! Evelyne hofft. Sie hofft, daß irgend jemand Alois aufgenommen hat und ihn bei sich zu Hause versorgt: „Vielleicht hat er ja eine gute Seele gefunden." Und weil Alois seinen Namen nicht weiß, kann man sie auch nicht verständigen.

Es gibt Menschen, die Evelyne Mut machen. Eine Frau glaubt, Alois am Tag nach seinem Verschwinden in der Nähe des Altenheims gesehen zu haben. Ein Taxifahrer sagt: Alois wollte bei mir einsteigen, aber er konnte nicht sagen, wohin er will. Ein Obdachloser erzählt, Alois habe drei Nächte bei ihm verbracht, dann sei er wieder verschwunden. Evelyne weiß nicht, ob sie glauben kann, was diese Menschen sagen. Aber sie will es glauben, denn es bedeutet: Alois war noch Tage nach seinem Verschwinden am Leben.

„Ich appelliere an alle Zuschauer: Wenn Sie irgendwelche Hinweise geben können, wo sich mein Mann aufhält – bitte helfen Sie mir und melden Sie sich!" Evelyne Niewieras Appell in *Bitte melde Dich* zeigt Wirkung: Viele Zuschauer rufen an, alle glauben, Alois gesehen zu haben. Meistens in der Umgebung von Weißenfels, dort also, wo Alois herkommt – in einem Einkaufszentrum, am Bahnhof, im Bus. Hat er es geschafft, sich in seiner Heimatstadt durchzuschlagen? Irrt er dort herum, weil er seine Frau nicht finden kann?

Am 4. November 1995 findet ein Jäger auf dem Gelände einer alten Ziegelei in Erfurt ein menschliches Skelett. Nur ein paar hundert Meter vom Altenheim entfernt, aus dem Alois Niewiera verschwunden ist. Ein paar Minuten nur zu Fuß. Der Mann, der hier gestorben ist, hat sich verirrt. Er hat sich auf den Boden gelegt und die Hände unter dem Kopf gefaltet. Er ist eingeschlafen. Alois Niewiera hat nicht lange leiden müssen, sagen die Ärzte, im Schlaf hat ihn der Tod überrascht. Die Zuschauer, die angerufen hatten, um mitzuteilen, daß sie Alois Niewiera in Erfurt gesehen haben, haben sich getäuscht. Alois starb nur einen, vielleicht zwei Tage, nachdem er aus dem Heim verschwunden war. Die Polizei schließt die Akte Niewiera. Der Fall mit dem Aktenzeichen 1180–003418-95/0 ist geklärt.

Evelyne N i e w i e r a,   o6667 Weißenfels,den 4.8.1995

SAT - I
"Bitte melde Dich"
Postfach 86o525
zHd. v.Herrn Jörg Wontorra
81632 M ü n c h e n

Sehr geehrter Herr W o n t o r r a!

Mein Interesse galt früher mehr den von Ihnen sehr anschaulichen
Berichten des Sportgeschehens.
Als Sie mit der Sendung "Bitte melde Dich" begannen, war ich auch
darauf sehr gespannt.
Jedoch im Laufe der Zeit kam ich vor Mitleidum, wieviele Menschen
einfach verschwinden.

Doch nun zu meinem Anliegen:
Ich habe niemals gedacht, Sie in einem solchen Fall um Hilfe zu bitten.

Am 15.5.95 half ich einer älteren Frau einen kleinen Füllofen
ca. 2 m zu verschieben. Dabei klemmte ich mir den Ischiasnerv ein
und die Folge davon war, eine Lähmung am rechten Fuß.
Ich mußte von heute auf morgen zu einer Notoperation in die
Neurochirurgie.
Da ich meinen Mann schon 3 Jahre pflege, er hat die Alzheimersche
Krankheit, war ich gezwungen, ihn in einem Pflegeheim unterzubringen.

Am 22.5.1995 brachte meine Nichte ihn in dem Senioren- u.Pflegeheim
unter.
Ganze 3 Tage war er dort und schon geschah es, 15.3o Uhr wurde er
das l~etzte Mal gesehen.
Vom 25.5.95 suchte die Polizei ca. 8-14 Tage lang, es wurden auch
über Radio Thüringen mehrere Suchmeldungen durchgegeben.
Am 25.6.95 kam es über MDR-Fernsehen,bei der Sendung "Kripo live"
Man hat ihn dann später auch im Odachlosen-Milieu gesehen, aber
seit dem 14.6. fehlt laut Kripo Erfurt jede Spur.

Ich komme Tag und Nacht ni~cht zur Ruhe über diese Ungewißheit .

              Ich würde mich freuen, etwas von Ihnen
              zu hören und grüße hochachtungsvoll,

Evelyne Niewiera kann nicht abschließen mit dem Tod ihres Mannes, „vielleicht werde ich das niemals können." Sie macht sich Vorwürfe: „Wenn ich nicht krank geworden wäre, dann wäre Alois jetzt noch am Leben." In ihrer Wohnung hat sie nichts verändert. Die Bücher ihres Mannes stehen im Regal, sein Bett steht neben ihrem. Und so soll es bleiben.

Zweimal in der Woche besucht Evelyne Niewiera das Grab ihres Mannes. An der Stelle, wo man ihn gefunden hat, war sie nur ein einziges Mal. Sie wünscht sich, daß die Disteln und die Stachelbeerbüsche den Platz überwuchern. Und das Holzkreuz einhüllen, auf dem steht: Alois Niewiera 1920–1995.

Kurt Born ist eine stattliche Erscheinung, sein Bruder Fritz ist nicht mal einen Meter sechzig groß. Als Christine Fritz Born zum ersten Mal sieht, denkt sie: „Mein Gott, ist der klein. Wirklich kein Mann zum Heiraten." Ein Jahr später steht sie mit ihm in Gelsenkirchen vor dem Traualtar. Bruder Kurt kommt nicht zur Hochzeit. Er ist in die Frau verschossen, die nun seine Schwägerin geworden ist – und er kann nicht ertragen, daß sein kleiner Bruder das große Los gezogen hat. Ein Jahr lang schaut Kurt sich das Glück von Fritz und Christine an, dann macht er sich aus dem Staub. Fast vierzig Jahre bleibt er verschwunden. Bis Christine ihm über den Bildschirm sagt: „Kurt, bitte melde dich!"

Die Geschichte von Kurt Born

Die Geschichte beginnt im Jahr 1952. Kurt Born ist 20, sein kleiner Bruder Fritz 18 Jahre alt. Die beiden ziehen zu ihrer Tante nach Gelsenkirchen in die Hartmannstraße. Die Tante hat nicht viel Platz in der Wohnung, die zwei Brüder teilen sich ein kleines Zimmer. Kurt und Fritz stört das überhaupt nicht, sie machen ja sowieso alles zu zweit: Sie gehen zusammen zur Kirmes am Wildenbruchplatz und pfeifen den Mädchen hinterher. Sie sind gemeinsam im Kino und schauen sich „Quo Vadis" an. Sie arbeiten beide Schicht auf der Zeche Dahlbusch. Und sie haben oft dieselben Freundinnen, denn wenn der kleine Fritz eine Eroberung gemacht hat, ist es ein Kinderspiel für den stattlichen Kurt, seinem Bruder die Braut wieder auszuspannen. Bis Fritz Christine kennenlernt . . .

Christine ist eine attraktive Brünette, die mit beiden Beinen auf der Erde steht. Sie hat genug von Männern, die es nicht ehrlich meinen. Eigentlich sehnt sie sich nach einem Mann, der ernste Absichten hat. Aber die meisten, in die sie sich verguckt, sind Hallodris. Und die, die ein Auge auf sie geworfen haben, sind ihr zu langweilig. Bis Christine Fritz kennenlernt . . .

Liebe auf den ersten Blick ist es nicht. Nicht einmal Liebe auf den zweiten. Christine findet Fritz einfach nur nett. Schön findet sie ihn nicht. Er sei halt schon ein „unwahrscheinliches Männlein" mit seinen einssiebenundfünfzig, sagt Christine heute noch. Sie selbst ist fast einen Kopf größer. Aber die beiden beginnen sich öfter zu sehen. Sie gehen in Gelsenkirchen spazieren, sie hören Radio zusammen. Christine schenkt Fritz eine Schallplatte, die er sich so sehr gewünscht hatte: „Wenn am Rhein die Reben wieder blühen" von Willy Schneider. Und irgendwann stört es sie nicht mehr, daß ein paar Leute über das ungleiche Paar lachen, wenn Christine und Fritz zusammen tanzen. Eigentlich, denkt sie, wär' der Fritz gar kein schlechter Ehemann. Klein, aber oho.

Da tritt Kurt auf den Plan. Bisher hat er seinem Bruder noch jede Freundin ausgespannt. Wäre doch gelacht, wenn nicht auch die süße Christine . . . Er umgarnt sie, er schmeichelt ihr, er nennt sie liebevoll „Christel". Kurt Born, der perfekte Kohlenpott-Kavalier. „Was willste denn mit dem Fritz?" fragt Kurt manchmal, „der ist doch viel kleiner als ich!" Christine bleibt standhaft. Ihre große Liebe ist nun mal ein kleiner Mann. Wegen der paar Zentimeter wird sie doch nicht ihr Glück aufs Spiel setzen! Da kann der schöne Kurt baggern, soviel er will. Christine sagt: „Ich bin kein Mädchen, das die Männer wechselt wie die Pantoffeln."

16. August 1956. In Köln geht der Film „Der Hauptmann von Köpenick" mit Heinz Rühmann an den Kinostart. In Gelsenkirchen starten Christine und Fritz Born in die Ehe. Als die Braut den Bräutigam küssen will, muß sie sich ein bißchen zu ihm hinunterbeugen. Aber was macht das schon, wenn man sich liebt. Fritz hatte das Rennen gemacht, und Kurt war nicht einmal zur Hochzeit gekommen. Der große Kurt hatte bei Christine den kürzeren gezogen. Kurt ahnt, daß sich jetzt vieles ändern wird. Fritz wird keine Zeit mehr haben für die Kirmes auf dem Wildenbruchplatz. Und wenn er hingeht, dann wird er Christine mitnehmen und ihr eine Rose schießen. Im Kino wird Fritz neben seiner Frau sitzen und ihre Hand halten, und nach der Schicht auf der Zeche wird er sich nicht mehr in der Kneipe um die Ecke ein schnelles Pils genehmigen. Für ihn, fürchtet Kurt, wird kein Platz mehr sein im Leben seines Bruders.

Fritz und Christine ziehen in die Nähe von Lüdenscheid, nach Rotthausen. In der Beethovenstraße finden sie eine kleine Wohnung unterm Dach. Eine ganze Weile kommt Kurt noch oft zu Besuch. Fast immer, wenn Kurt da ist, macht Christine den beiden Männern Bratkartoffeln. Das ist ihre Spezialität. Bratkartoffeln mit Salat, Bratkartoffeln mit Spiegelei, Bratkartoffeln mit Kotelett. Kurt kann gar nicht genug davon kriegen. „Wenn es die Christel nicht gäbe", denkt er manchmal, „dann würde ich nie was Vernünftiges zwischen die Zähne bekommen." So gesehen, war die Hochzeit von Fritz und Christine dann doch eine gute Sache. Oft kann Kurt, wenn er seinen Bruder besuchen kommt, schon in der Wohnungstür riechen, daß in der Küche die Bratkartoffeln bruzzeln. In solchen Momenten fühlt sich Kurt ein bißchen getröstet, denn wenn schon Fritz die Küsse kriegt, er kriegt wenigstens die Bratkartoffeln.

Neun Monate nach der Hochzeit kommt Fritz' und Christines erster Sohn zur Welt. Helmut heißt er. Mutter und Kind sind wohlauf, der Vater schwebt auf Wolken vor Glück. Kurt kommt zu Besuch. Christine ist einkaufen. Anders als sonst, wirkt Kurt heute bedrückt. Kurt will nicht lange bleiben. Er geht kurz an das Kinderbettchen und schaut sich Christines Sohn an. Dann gehen die beiden Brüder ans Fenster und schauen hinunter auf die Straße. Ein paar Minuten spricht keiner ein Wort. Etwas liegt in der Luft, man kann es mit Händen greifen. Aber Fritz will seinen Bruder nicht fragen, was los ist. Er ist kein großer Redner. Kurt schaut auf die Autos, die unten vorbeifahren. Er sieht den Menschen nach, die vorbei gehen. Die meisten sind zu zweit unterwegs. Paare, Frauen mit Kindern. Kurt sagt: „Fritz, du hast Familie. Dein Kind, deine Frau. Ich hab' niemanden. Ich hau' ab." Fritz weiß nicht recht, was er antworten soll. Er kann nicht so gut mit Worten umgehen. Er denkt: Kurt hat wohl keinen guten Tag heute. Das mit dem Abhauen, das meint er nicht ernst. Der Kurt doch nicht. Wo will er denn hin? Das sagt er nur so.

Ein paar Minuten später nimmt Kurt seinen Hut. Er hatte nicht einmal gewartet, bis Christine zurück war. Nein, er wolle auch nicht mit zu Abend essen. Kurt verabschiedet sich. Fritz sagt: „Dann gibt's eben beim nächsten Mal wieder Bratkartoffeln." Kurt antwortet nicht, er lächelt nur. Er schließt die Tür hinter sich, geht die Treppe hinunter. Er spürt, Fritz hat nicht verstanden, daß er sich einsam fühlt. Freilich, hin und wieder hat er eine Freundin. Aber das ist nichts Ernstes. Fritz hat seine Christine, die zwei haben ein Kind. Sie sind eine Familie. „Und ich?" denkt Kurt.

Fritz schaut seinem großen Bruder nach, als er die Straße entlanggeht. Kurt dreht sich nicht um, und er geht schneller als sonst. Jahrzehnte danach wird Fritz Born diese Szene noch vor Augen haben, als wäre sie gestern geschehen. Erst viel später ist Fritz klar geworden, wie schwer es für seinen Bruder gewesen sein muß, die Beethovenstaße hinunterzulaufen, ohne sich einmal umzudrehen. Als Fritz am Fenster steht, kann er nicht wissen, daß ihm fast vierzig Jahre lang die drei Worte seines Bruders: „Ich hau' ab!" in den Ohren klingen werden. An diesem Tag im Mai 1957 wäre Fritz nicht im Traum darauf gekommen, daß Kurt ernst machen würde. „Nein", denkt Fritz, „der wird nicht abhauen. Ein Bergmann kann nicht einfach weggehen, der hängt an seiner Zeche. Der hängt am Revier. Und außerdem hängt Kurt an Christines Bratkartoffeln."

Ein paar Tage später klingelt es bei Borns an der Tür. Tante Emmi steht draußen. Sie weint. „Was ist denn los?" fragt Christine. Statt einer Antwort kommt ein Schluchzen. „Komm erst mal rein", sagt Christine. Tante Emmi bleibt im Flur stehen. „Komm ins Wohnzimmer, setz dich hin", sagt Christine. Tante Emmi läßt sich in einen Sessel fallen. Es dauert fünf Minuten, bis sie sich faßt. Dann sagt sie: „Der Kurt ist weg."

36 Jahre vergehen. Kurt ist wie vom Erdboden verschluckt. 36 mal Heiligabend und 36 mal die Hoffnung, daß Kurt wenigstens eine Weihnachtskarte schreibt. Nichts! Die Mauer wird gebaut und wieder eingerissen. Deutschland hat sechs Bundeskanzler, sechs Präsidenten und wird zweimal Fußballweltmeister. Die Borns bekommen zwei weitere Söhne: Reinhold wird 1959 geboren, Norbert ein Jahr später. Die Söhne werden erwachsen. Fritz und Christine feiern Silberhochzeit und werden Großeltern. Die Zeche Dahlbusch macht dicht. Von Kurt kommt kein Brief, kein Anruf. „Vielleicht ist er nach Amerika ausgewandert?" denkt Christine manchmal.

Im Dezember 1993 hat Fritz Born seinen Sechzigsten. Sein Sohn Reinhold will ihm keine Reise schenken und keinen Schaukelstuhl, er will ihm einen Wunsch erfüllen. Den sehnlichsten Wunsch, den Fritz hat: Er will noch einmal seinen Bruder in die Arme nehmen. Reinhold hat die Geschichten von früher oft gehört. Geschichten über einen Onkel, den er nie gesehen hat. Die Geschichten, wie sein Vater und sein Onkel unter Tage gearbeitet haben, daß sein Onkel die Frauenherzen höher schlagen ließ, aber bei Christine, seiner Mutter, keine Chancen hatte. Und wie die drei in der Beethovenstraße unterm Dach in der kleinen Küche gesessen sind und zusammen gegessen haben. Bratkartoffeln.

Reinhold ist wild entschlossen, seinen Onkel zu finden. Reinhold schreibt ans Meldeamt in Gelsenkirchen. Er teilt den Namen seines Onkels mit und sein Geburtsdatum und bittet um Auskunft. Das Meldeamt schreibt zurück: „Die von Ihnen gesuchte Person wurde 1957 abgemeldet nach Unbekannt." Auf der alten Karteikarte sei noch vermerkt: „zur Sowjetzone verzogen". Er könnte noch die Telefonauskunft anrufen, denkt sich Reinhold, und nach allen Kurt Borns im Gebiet der ehemaligen DDR fragen. Aber bei der Auskunft will man die exakte Ortschaft wissen, und Reinhold kann unmöglich alle Orte in den neuen Bundesländern abklappern.

Im November 1993 schreibt Reinhold an *Bitte melde Dich*. Wenige Wochen später rückt ein Kamerateam bei Familie Born an. Bei Fritz und Christine Born wird ein Film gedreht, der helfen soll, Kurt zu erreichen. Oder wenigstens jemanden, der weiß, wo Kurt heute lebt. Christine hat eine Idee: Wenn es irgendetwas gibt, das Kurt zurück zu seiner Familie locken kann, dann sind es die Bratkartoffeln. Also wird die Kamera in der Küche aufgebaut und Christine stellt sich an den Herd. In der Pfanne brutzeln goldbraune Kartoffeln. Fritz sitzt am kleinen Tisch in der Küche. Er sagt in die Kamera: „Lieber Kurt, wir sitzen hier gemütlich zusammen, so wie damals. Es wäre schön, wenn du dabeiwärst. Dann würde es nochmal so gut schmecken."

Im Januar 1994 wird der Film für Kurt Born in *Bitte melde Dich* ausgestrahlt. Christine und Fritz Born sind nach München ins Studio gekommen. Mit den anderen Gästen warten sie darauf, daß in der Telefonzentrale jemand anruft, der ihnen helfen kann. Die Sendung ist ihre letzte Hoffnung; wenn sie hier auch nichts über Kurt erfahren, „dann stimmt es vielleicht wirklich, daß er nach Amerika gegangen ist", sagt Fritz Born. Fritz Born spricht nach diesem Satz nicht weiter, aber jeder im Raum spürte, daß er einen weiteren Gedanken hatte, den er nicht laut sagen wollte: „Vielleicht ist Kurt schon tot und kann sich gar nicht mehr melden."

40 Minuten nach der Sendung hat Fritz Born einen Telefonhörer in der Hand. Christine sitzt neben ihm. Fritz Born ist sprachlos. „Ihr Bruder ist am Telefon", sagt die Redakteurin zu ihm. Fritz schluckt. „Hallo, Kurt, ich bin's, der Fritz!" Danach eine lange Pause. Auch Kurt fehlen die Worte. Nur Christine ist nicht sprachlos, sie nimmt Fritz den Hörer aus der Hand, ihre Augen glänzen. „Hier ist die Christel, die du so gerne leiden mochtest. Kennst du mich noch?" Natürlich erinnert sich Kurt. Das Gespräch kommt in Gang. Christine lacht, Kurt lacht am anderen Ende mit. Fritz hat Tränen in den Augen und schüttelt immer wieder mit dem Kopf. Christine ist in ihrem Element. Immer neue Dinge fallen ihr ein, die sie Kurt unbedingt mitteilen möchte: „Der Fritz ist nicht

Bitte Melde Dich
Postfach 860525
81632 München

Heppen, den 16.11.93

Sehr geehrte Damen und Herren!

Ich wende mich heute mit der Bitte an
sie, meinen Onkel Kurt Born zu suchen
Kurt Born verschwand am 20.07.57
spurlos Richtung Osten. Die einzige Person
die die Adresse wußte nahm die Information
über den Aufenthalt mit ins Grab
Die Gründe für sein Verschwinden sind
aus Erzählungen her, daß Fritz die Frau
geheiratet hat, die er liebte und Finanzielle
Gründe.
Ich bitt nun Sie, von der Redaktion, "Bitte
melde Dich", für uns tätig zu werden, damit
wir wenigstens erfahren, was mit unserem
Onkel und Bruder geschehen ist. Wir würden
uns auch sehr freuen, ihm persönlich kennen-
zulernen. Mein Vater ist mitlerweile auch
durch Krankheit geschwächt, sodaß der
lange geheime Wunsch, seinen Bruder zu
sehen, immer größer wird
Wir bedanken uns bei Ihnen für Ihre
Bemühungen in Voraus

144

*Ende gut, alles gut: Die Brüder Fritz und Kurt Born
feiern gemeinsam mit ihren Frauen das erste
Wiedersehen nach 36 Jahren Trennung.*

145

mehr so klein und dünn. Der ist richtig dick geworden", sagt sie. Und dann: „Wir haben doch früher immer so gerne Bratkartoffeln gegessen, erinnerst du dich noch?" Natürlich erinnert sich Kurt. Der Hörer geht nun immer zwischen Christine und Fritz hin und her. Kurt erzählt von seiner Frau Ilse und daß er drei Kinder hat. „Wie bei uns, wir haben auch drei", jubelt Christine. Er erzählt, daß er vor 36 Jahren in die damalige DDR gegangen sei, weil er wußte, daß dort Bergleute gesucht wurden. Er erzählt vom August '61, vom Mauerbau: Wie er gespürt hat, jetzt gibt's kein Zurück mehr – ich bin eingesperrt. Er erzählt, daß er Facharbeiter geworden ist. Daß er jetzt in Mecklenburg wohnt, im Kreis Teterow. Er sagt, daß er oft an zu Hause gedacht hat. „Siehst du", sagt Christine zu Fritz, „er hat viel an uns gedacht." Irgendwann habe er aber nicht mehr den Mut gehabt, sich zu melden. „Frag ihn doch, ob er uns bald besuchen kommt?" flüstert Christine ihrem Mann zu, denn Fritz hat gerade den Hörer in der Hand. „Dann mache ich auch wieder Bratkartoffeln".

Vier Tage später holt Christine das beste Geschirr aus dem Schrank und legt eine rotweiße Decke auf den Küchentisch. Sie stellt vier Teller hin, einen für Fritz, einen für sich selbst, einen für ihren Schwager Kurt und einen für Jörg Wontorra. Durch die Küche weht der Duft von Bratkartoffeln. Als Kurt die Wohnung betritt, ist ihm, als sei die Zeit stehen geblieben. Natürlich sind alle 36 Jahre älter geworden, aber mit ihren Gesprächen haben sie sofort wieder da anknüpfen können, wo sie damals aufgehört haben. Jörg Wontorra hat bei diesem Wiedersehen nach fast vierzig Jahren heftig mitgefeiert. Christine Born legt bis heute Wert auf die Feststellung, daß der Herr Moderator dreimal von den Bratkartoffeln nachgenommen hat. Die Redaktion wiederum hat bemerkt, daß Jörg Wontorra seit diesem Tag in Restaurants auf die Bestellung von Bratkartoffeln verzichtet. Und irgendwann hat er auch erklärt, warum: „Leckere Bratkartoffeln sind eine Kunst, die nicht jeder beherrscht. Und an die Bratkartoffeln von Frau Born kommen höchstens noch die ran, die meine Frau zu Hause macht."

Der Kontakt zwischen Fritz und Kurt Born und deren Familien ist wieder eng. Man besucht sich seit dem Wiedersehen regelmäßig. Mal in Mecklenburg-Vorpommern, mal im Kohlenpott. Kurt hat ein Gewächshaus, in dem er Gemüse züchtet. In die Geheimnisse einer reichen Tomatenernte hat er seinen Bruder Fritz schon eingeweiht. Christine Born hat Kurts Frau dafür das Bratkartoffel-Rezept verraten. Und die Redaktion bekommt von jedem Familientreffen ein Foto geschickt. Ende gut, alles gut.

Frei wie ein Vogel sein. Reisen, wohin man will, anhalten, wo es gerade schön ist. Ein Traum, den viele träumen. Klaus Dominigg hat ihn sich vielleicht erfüllt. Aber er hat Familie und Freunde hinter sich gelassen, die nicht verstehen können, daß Klaus am 4. Oktober 1989 ohne Abschied verschwunden ist. Sie hätten ihn ziehen lassen – sie kennen seine Sehnsucht nach Freiheit. Aber sie möchten wissen, wohin es Klaus Dominigg gezogen hat und ob es ihm gut geht . . .

Die Geschichte von Klaus Dominigg

Kapfenberg in der österreichischen Steiermark. Hier ist Klaus am 26. Mai 1960 geboren worden. Hier ist er aufgewachsen. Kapfenberg hat nur 25.000 Einwohner, aber Klaus kommt es immer vor wie ein Großstadtdschungel. Klaus Dominigg mag keine Städte. Ins 70 Kilometer entfernte Graz fährt er nur, wenn es unbedingt sein muß. Er liebt die Berge, grüne Wiesen und vor allem Tiere. Klaus wohnt in einer Gegend, in der viele Menschen Urlaub machen. „Das grüne Herz Österreichs" wird die Steiermark genannt. Da, wo Klaus groß wird, ist die Landschaft besonders schön. Jeder Besucher, der bei den Dominiggs zu Gast ist, gerät ins Schwärmen: Täler so weit das Auge reicht, die Berge sind nicht so hoch, nicht schroff und abweisend und wenn man das Vieh auf den Weiden sieht, dann ahnt man, wo der Ausspruch von den „glücklichen Kühen" entstanden sein muß. Schon als Kind hält es Klaus nicht in der kleinen Mietwohnung seiner Eltern. In dem gelben Mehrfamilienhaus fühlt er sich eingeengt. Er streift lieber tagelang durch Wiesen und Felder und beobachtet Vögel. Besonders die Falken haben es ihm angetan.

Als Klaus 26 ist, zieht er aufs Land. Nur ein paar Kilometer von zu Hause weg. Er mietet ein Zimmer in einem kleinen Bauernhof in Sölsnitz: 20 Quadratmeter mit Kochnische für 1000 Schilling. Ein winziges Reich, aber dafür mit einem Ausblick, für den viele die doppelte Miete zahlen würden. Klaus steht oft ganz früh auf, dann öffnet er sein Fenster und schaut zu, wie die Sonne aufgeht. Das, was er sieht, kommt ihm manchmal vor wie eine riesengroße Ansichtskarte: saftige Wiesen und grüne Hügel. Kühe trinken aus einem kleinen Bach, der in der Nähe plätschert. Auf dem Balkon vor dem Haus blühen Blumen. Und dazu noch die Stille, die nur von solchen Geräuschen unterbrochen wird, die Klaus wie Musik vorkommen. Kuhglocken, ein krähender Hahn, ab und zu bellt ein Hund und die Vögel singen. Alles wie aus einem Prospekt für ‚Ferien auf dem Bauernhof‘. Klaus ist glücklich. Hier ist Platz für seine Jagdhündin Asta und hier kann er endlich sein Hobby verwirklichen: die Falknerei. Klaus liebt Greifvögel. Jede freie Minute liest er über Aufzucht und Arten, über Futter und Haltung. Sein bester Freund Dieter hat die gleiche Leidenschaft.

Die Vögel bedeuten Klaus alles. Mitten in der Nacht steht er auf, um sie zu füttern. Jeden Tag fegt er ihren Käfig aus, denn er hält die braunweiß gesprenkelten Falken in seinem Zimmer. Wenn er seine Tiere um sich hat, atmet er auf. Mit seiner Arbeit ist Klaus nicht glücklich. Er würde so gern einen Job machen, der mit Tieren zu tun hat. So wie vor vier Jahren, als er in der Vogelschutzstation in Bruck gearbeitet hatte. Früher mal hatte er eine Lehre als Kfz-Mechaniker gemacht. Als er damit fertig war, hatte ihn sein Chef freundschaftlich zur Seite genommen und gesagt: „Klaus, Du bist nicht geschaffen für Schrauben und Bremsschläuche. Du liebst die Tiere, mach doch was daraus.“ Klaus wird also Tierpfleger, aber drei Jahre später ist er arbeitslos. Die Vogelstation kann die Löhne nicht mehr zahlen. Klaus ist verzweifelt. Er sucht eine ähnliche Arbeit. Er findet keine. Im Jahr darauf muß er notgedrungen als Maschinist in einem Sägewerk anfangen. Der Lärm bei der Arbeit, die kreischenden Maschinen strengen ihn an. In der Luft wirbelt immer Staub, es ist heiß und stickig im Sägewerk. Und wieder ist er an dem Punkt, an dem er als KFZ-Mechaniker aufgehört hatte: Er muß mit Maschinen umgehen statt mit Lebewesen.

„Damals hat Klaus öfter mal vom Weggehen gesprochen“, erzählt Helene, die Frau seines Freundes Dieter. Helene und Dieter sind die Menschen, die Klaus manchmal ein Stückchen in sein Herz schauen läßt. Jeden Tag besucht er sie: „Es war absolutes Vertrauen da,“ meint Helene. „Er hat von fernen Ländern geträumt. Aber wir haben nicht viel drauf gegeben. Klaus kam uns immer wirklich sehr verbunden mit seiner Heimat vor.“ Niemand ahnt, daß seine Sehnsucht wegzugehen so stark ist. Klaus erzählt nicht viel. Wenige Jahre später wird er alles, was ihm lieb ist, zurücklassen. Klaus Dominigg wird sich auf den Weg in eine ungewisse Zukunft machen. „Er wollte frei sein, frei wie seine Falken“, sagt sein Vater. „Nach Arabien gehen und Falken züchten, das wär’ was“, hatte Klaus einmal gesagt. Klaus Dominigg ist seit sieben Jahren spurlos

verschwunden, und seiner Mutter Ingeborg fällt es immer noch schwer, über ihren Sohn zu sprechen. Jedesmal wenn sie seinen Namen sagt, muß sie schlucken, sie versucht gegen die Tränen zu kämpfen. Nein, es habe nie Streit mit Klaus gegeben. „Nichts Großes jedenfalls", sagt sie. „Natürlich waren wir nicht immer einer Meinung." Oft denkt die Mutter an Sätze, die Klaus gesagt hat. Sätze, die ihr damals so unwichtig erschienen und die ihr heute wie eine stille Andeutung auf das vorkommen, was dann unweigerlich passieren mußte. „Arabien, das war sein Traumland", erzählt die Mutter. Ein Bekannter, auch ein Falkner, hatte Klaus davon vorgeschwärmt. „Da wär' man wer, wenn man Falken züchtet", hatte Klaus gesagt. „Die Tiere werden dort unten richtig verehrt."

Dienstag, 3. Oktober 1989. Es ist 18 Uhr. Draußen beginnt es dunkel zu werden. Der Bauer, bei dem Klaus sein Zimmer gemietet hat, wundert sich: Klaus und Autowaschen? So sorgfältig, mit Scheiben putzen und Scheinwerfer polieren? Sehr ungewöhnlich! Klaus wäscht seinen Wagen äußerst selten. Aber vielleicht plant er ja an diesem schönen Herbstabend noch einen Ausflug. Die Sonne geht gerade hinter der Scheune unter, die Kühe werden von der Weide heimgetrieben. Die zwei Männer wechseln ein paar Worte, und dann wendet sich Klaus wieder der Polierwatte zu. Der Bauer treibt die Kühe in den Stall. Erst nach Klaus' Verschwinden wird sich der Vermieter an diese Szene erinnern und sie plötzlich in einem ganz anderen Licht sehen: Vielleicht hat Klaus seinen roten Mazda 626 nur deshalb auf Hochglanz gebracht, weil er ihn verkaufen wollte. Weil er Geld für seine Reisekasse brauchte? Klaus hatte Urlaub genommen an diesem Montag, dem 3. Oktober 1989. Aber Klaus bereitet keinen kleinen Ausflug vor. Klaus will weg! Weg von was? Weg von der ungeliebten Arbeit im Sägewerk? Diese ewige Maloche an den Maschinen, der Gestank, der Lärm! Weg, weil er alles satt hat? Weil er frei sein will in einem anderen Land? Wahrscheinlich macht Klaus einen gewaltigen inneren Kampf mit sich aus, während er mit dem Schwamm über sein Auto fährt. Er bearbeitet den Wagen wie noch nie in seinem Leben. Schweiß tropft ihm von der Stirn. Es ist, als wolle er mit jeder Handbewegung seine Zweifel wegwischen. Er weiß: Wenn er geht, dann läßt er auch seine Eltern zurück. Er liebt sie, obwohl er es oft nicht zeigen kann. Er läßt Dieter und Helene zurück, die immer zu ihm gehalten haben. Und er läßt die Tiere zurück, die ihm alles bedeuten: Asta, die Hündin, und seine beiden Falken. Der Preis, den er für seine neue Freiheit zahlen muß, dieser Preis ist hoch. Klaus kann nicht anders. Er muß hier weg. Möglicherweise ist er sich zu diesem Zeitpunkt schon sicher, daß er die geliebten grünen Wiesen der Steiermark gegen eine

Landschaft eintauschen wird, die nur aus den Farben blau und gelb zu bestehen scheint, die Farben der arabischen Halbinsel.

Am Abend des 3. Oktober ist Klaus zum letzten Mal in seinem Zimmer. Wahrscheinlich ist er zu seinen Falken an den Käfig gegangen: Er spricht leise mit ihnen. Dann füllt er Astas Napf, streicht ihr kurz über den Kopf. Die Hündin schaut ihn an. Hunde spüren es, wenn etwas nicht stimmt! Irgendwann in dieser Nacht verläßt Klaus Dominigg das Bauernhaus in Sölsnitz. Seinen Haustürschlüssel legt er gut sichtbar auf das Fensterbrett neben der Eingangstür. Er hat keinen Koffer dabei, keine zusätzliche Kleidung. Er nimmt nur Paß, Führerschein und ein wenig Bargeld mit. Und seine Kamera. Dann fährt er mit dem Auto davon.

„Ich weiß nicht, was ihn weggetrieben hat", sagt seine Mutter Ingeborg. „Er hat nie viel geredet. Klaus war sehr verschlossen. Wenn man ihn was Persönliches gefragt hat, ist er immer ausgewichen." Klaus war schon als Kind ein Eigenbrötler. „Er hat nur das gemacht, was er wollte", sagt seine Mutter. Vom Gymnasium geht er nach vier Jahren ab, wechselt auf eine „Höhere Technische Lehranstalt", will dort Abitur machen. Nach drei Jahren hat er keine Lust mehr. „Klaus hätte damals jeden Beruf gemacht, er wollte einfach sein eigenes Geld verdienen."

Drei Monate vor seinem Verschwinden hatte Klaus während der Arbeit im Sägewerk einen Unfall. Er wird am Kopf verletzt, muß ins Krankenhaus. Klaus hält es in der Klinik nicht aus. Er will zu seinen Falken. Gegen den Willen der Ärzte und auf eigene Gefahr verläßt er mit einer Gehirnerschütterung das Spital. Auf dem Heimweg geht er bei seinen Eltern vorbei. „Er hat verheerend ausgeschaut", erinnert sich seine Mutter. Sie macht sich heute noch Sorgen, daß er bei dem Unfall „was abbekommen hat."

Klaus' Besuche bei den Eltern werden spärlicher. Sonst hatte er Asta jeden Morgen bei seiner Mutter abgeliefert und sie nach der Arbeit wieder abgeholt. Er kommt nur noch vorbei, wenn es etwas ganz Besonderes zum Essen gibt. Und wenn er frische Wäsche braucht: „Er ist immer verschlossener geworden, man kam gar nicht mehr an ihn ran", sagt Ingeborg Dominigg heute. Trotzdem rechnet niemand damit, daß Klaus im Sommer 1989 sein Leben so radikal ändern wird. Niemand ahnt, daß er bereit ist, alles aufzugeben, sogar seine Falken. Am 5. Oktober erhält Dieter einen letzten Brief von seinem Freund. Klaus hat ihn am Vortag,

Sg. Herr Jörg Wontorra!

Wir sehen uns gerne Ihre Sendung " bitte melde
Dich" an und freuen uns über jede erfolgreiche
Suche. Auch uns geht es so, daß wir tagtäglich
darauf warten, etwas von unserem Sohn KLAUS
zu hören.
Unser Sohn KLAUS DOMINIGG, geboren am
26. Mai 1960, ist seit 4. Oktober 1989
abgängig.   Mitgenommen
hat er außer seinen Papieren (Paß, Führerschein) nur
etwas Bargeld Bekleidung nur die er an hatte,
nichts Zusätzliches.
Ja es sind nun über 5 Jahre vergangen und wir
haben kein einziges Lebenszeichen von Klaus erhalten.
Wir hoffen noch immer, daß ihm nichts zugestoßen
ist und daß es ihm gut geht.
Am 26. Mai hat Klaus Geburtstag. Vielleicht
ist es Ihnen möglich, eine Suchmeldung
auszustrahlen, mit der Bitte daß sich Klaus
bei Ihnen od. zuhause meldet, wir möchten
auch gerne helfen, wenn Klaus etwas
braucht.
        Herzlichen Dank und freundliche
Grüße senden

                Anton und Ingeborg Dominigg

dem Tag, an dem er wegging, im nahen Allerheiligen aufgegeben. „Lieber Dieter", heißt es da, „hole die beiden Falken aus Sölsnitz, füttere sie gut und nimm das Falknereizeug mit. Gib Asta ins Tierheim. Ich bin für lange Zeit verreist. Liebe Grüße, Klaus."

Dieter ist der einzige, den Klaus informiert. Dieter nimmt die beiden Falken zu sich, pflegt sie in seiner Voliere. Klaus' Eltern schmerzt es, daß sich ihr Sohn bis heute nicht bei ihnen gemeldet hat. Sie warten seit sieben Jahren auf ein Lebenszeichen. Asta ist ihnen geblieben – sie kam nicht ins Tierheim. „Sie ist eine Erinnerung an Klaus. Asta gehört zu uns und wartet, bis er wiederkommt", sagt der Vater. Warum die Hündin in ein Tierheim sollte, warum Klaus seinen Eltern keine Nachricht hinterlassen hat – die Dominiggs verstehen es nicht. Zwei Monate nach Klaus' Verschwinden haben die Eltern ein kleines spitzgiebliges Haus am Rande von Kapfenberg gekauft. Sechs Zimmer, Terrasse und ein großer Garten. Platz genug für Klaus, für Falken und für Hunde. Es wird sein Haus sein, wenn er dort wohnen will. Wenn er zurückkommt. Falls er zurückkommt.

Klaus Dominigg hat sich nicht gemeldet, als der Beitrag über ihn am 22. Mai 1995 in *Bitte melde Dich* gelaufen ist. Ein Bekannter hatte private Videoaufnahmen für den Film zur Verfügung gestellt. Videos, auf denen Klaus und seine Falken zu sehen sind. Klaus wirkt so glücklich auf diesen Aufnahmen. Noch während der Sendung rufen Zuschauer an, die Klaus in Falknereien in Deutschland gesehen haben wollen. In der Eifel, in Sankt Goarshausen, in Kaiserslautern. Keiner der Hinweise führt zu Klaus Dominigg. Er bleibt verschwunden. Spurlos. Seit dem 4. Oktober 1989. Vielleicht züchtet er wirklich Falken irgendwo auf der arabischen Halbinsel. Klaus' Mutter ist vor einiger Zeit zu einer Hellseherin gegangen. Und dort hat sie erfahren, daß Klaus im nahen Ausland leben soll und Frau und Kinder habe. Ingeborg Dominigg weiß, daß diese Auskunft sie nur trösten soll: Und trotzdem hat sie ihr gutgetan. Klaus lebt also, das ist die Hauptsache. Und es ist gut, wenn er sich seinen Traum von der Freiheit verwirklicht hat. Aber Familie und Freunde hat Klaus mit einem Traum zurückgelassen. Sie hoffen, daß der bald Wirklichkeit wird: ein Anruf, ein Brief von Klaus. Oder daß er einfach in der Tür steht.

„Gegen 10.45 Uhr wurde in der Nähe des Badestrandes am ‚Großen Fenster' aus der Havel die Leiche einer männlichen Person geborgen. Der Mann ist ca. 50 Jahre alt, ca. 180 cm groß und ca. 100 kg schwer. Es liegen Anhaltspunkte dafür vor, daß der bisher nicht identifizierte Mann von fremder Hand getötet wurde." Eine Pressemeldung der Berliner Polizei. Wochen vergehen, bis der Name des toten Mannes bekannt ist: Eberhard Teubner. Seine Frau hatte ihn über **Bitte melde Dich** *gesucht. Bis heute ist der Fall rätselhaft. Die Polizei sucht Zeugen. Irene Teubner sucht eine Antwort auf die Frage: Warum?*

Die Geschichte von Eberhard Teubner

1. Februar 1995, ein Mittwoch. Zwei Tage zuvor war die 54ste *Bitte melde Dich*-Sendung gelaufen. Das Telefon in der Redaktion klingelt pausenlos. Unter der kostenlosen Notrufnummer 0130/2000 rufen Hunderte von Menschen an: Sie wollen Hinweise zu den Vermißtenfällen der letzten Sendung geben, sie wollen die Adresse der Redaktion, andere möchten ein Autogramm von Jörg Wontorra. An diesem Tag ruft auch Irene Teubner an, aus einem Weiler in der Oberpfalz. Seit genau drei Wochen sei ihr Mann verschwunden, erzählt sie – Eberhard heiße er. Seit 16 Jahren seien sie verheiratet und nie sei Eberhard länger als ein paar Stunden von zu Hause weggewesen. Die Frau weint. Sie kann kaum einen klaren Gedanken fassen. „Wir warten alle auf ihn – bitte helfen Sie uns!"

Der Redakteur am Telefon versucht, die Frau zu trösten. Er notiert sich ein paar Daten, dann bittet er Irene Teubner, einen Brief an die Redaktion zu schreiben. In aller Ruhe. Sie soll schildern, was sie bewegt, und sie soll ein Bild von Eberhard beilegen. Ein paar Tage später, am 6. Februar, liegt der Brief im Kasten. Es ist wieder Montag. Um 21 Uhr ist Live-Sendung! Die stressigsten Stunden für das *Bitte melde Dich*-Team. Aber für eine Redaktionskonferenz muß Zeit sein, auch wenn sie kürzer ausfällt als an den anderen Tagen. Die Redakteure erzählen kurz, welche Vermißtenfälle übers Notruf-Telefon oder mit der Post gekommen sind. Auch der Brief von Irene Teubner wird vorgelesen. Die Frau ist am Ende. Schnell sind sich die Redakteure einig: Da müssen wir was tun.

154

Ich komme mit einer
Bitte und einem Anliegen
zu Ihnen. Wie Sie schon wissen vermisse ich meinen Mann.
Wir möchten gern meinen Mann
und Vater der Söhne Harald u.
Martin in unserer Mitte haben.
Wir können Uns ohne Dich
das weitere Leben nicht vorstellen.
Was soll aus dem Geschäft werden,
das du vor 3 Jahren erst aufge=
baut hast.

Gib Mir bitte noch eine Chance,
zum Ausreden, wenn es das war,
was ich mir nicht vorstellen kann.
Laß bitte bald was von Dir
hören am besten kamm
zurück zu uns. Sonst weiß Ich
nicht was noch passiert.

P.S. Falls Sie es nicht alles lesen
können rufen Sie an, hatte leider
keine Schreibmaschine.

Heute ist keine Zeit für lange Telefonate, im Studio laufen schon Vorbereitungen für die Sendung. Aber ein kurzer Anruf bei Irene Teubner muß sein. Es wird ihr helfen, wenn sie weiß, daß sie nicht allein ist.

Am nächsten Morgen beginnt für die Redaktion die Arbeit am Vermißtenfall Eberhard Teubner. Das Team versucht, Eberhards Verschwinden genau zu rekonstruieren und zu erfahren, was für ein Mensch er ist. Wie er denkt und fühlt. Es wird viel telefoniert in den nächsten Tagen zwischen der Oberpfalz und München. Für Irene Teubner ist es nicht leicht, von ihrem Leben mit Eberhard zu erzählen, jetzt, wo er weg ist. Wie soll sie sich Eberhards Verschwinden auch plausibel machen. Jede Erklärung, die sie sich gibt, tut weh. Wenn sie sich vorstellt, daß er sie mit den Kindern einfach allein gelassen hat, versagt ihr die Stimme. Wenn sie daran denkt, daß ihm etwas passiert sein könnte, bricht sie in Tränen aus.

5. Mai 1979, Irene und Eberhard heiraten. Er ist 30, sie 25 Jahre alt. In der „Petersklause" steigt ein Riesenfest, 80 Gäste sind da. Viele junge Paare zieht es in die Stadt, Eberhard und Irene wollen da bleiben, wo sie aufgewachsen sind – in der Oberpfalz. Pienmühle 1, so lautet die Adresse der Teubners. Pienmühle: das ist ein einsames, altes Gehöft, irgendwo an der Grenze zur Tschechischen Republik. Eberhard ist Fernseh- und Radiomechanikermeister bei einer Firma in Mitterteich. Sein Traum: ein eigenes Geschäft. Irgendwann, da ist Eberhard sicher, wird es klappen mit der Selbständigkeit. Irgendwann.

Ein Jahr nach der Hochzeit kommt Harald zur Welt, der Stammhalter, drei Jahre später Martin. Geld für teure Reisen haben die Teubners nicht. Im Urlaub fahren sie nach Berchtesgaden oder Garmisch. Jeden Freitag geht Eberhard zur Probe des Männergesangvereins Königshütte, und bei der Feuerwehr ist er auch Mitglied. Einmal hat er auch einen Feuerwehr-Lehrgang mitgemacht – die Ansteckmadel ist sein ganzer Stolz. Am Sonntag sitzt er mit seiner Frau und den beiden Söhnen zusammen und spielt Mensch-ärgere-Dich-nicht oder Memory. Das einzige, was ihm noch fehlt zu seinem Glück, ist sein eigener Laden. Dann ist er sein eigener Chef, dann hat er es geschafft.

Im November 1991 ist es soweit. In Waldsassen, zehn Minuten Autofahrt von der Pienmühle, wird in der Egerer Straße Nummer 1 ein neues Schild über dem Schaufenster angebracht: TV-Video-Hifi, Eberhard

Teubner. Sein eigenes Geschäft, endlich. Der Bürgermeister kommt zur Einweihung, und sogar der Pfarrer gibt dem Laden seinen Segen. Eberhard hat ein großes Warenlager, und er nimmt Reparaturen an. Er hängt sich voll rein, oft kommt er erst um neun oder zehn Uhr abends heim, und dann werkelt er noch am Haus. In Eberhards Branche muß man aufpassen, daß man den Anschluß nicht verliert: Satellitenfernsehen, Kabel, Pay-TV, ständig tut sich Neues. Und Eberhard will am Ball bleiben: er besucht Seminare, Kurse, Schulungen. Meist am Abend nach der Arbeit. Er fährt dafür nach Augsburg oder Nürnberg, manchmal auch am Wochenende nach Hannover oder Berlin. Wenn er mit dem Auto fährt, und das macht er meistens, kommt er noch in der Nacht zurück, meist so gegen 2 Uhr.

11. Januar 1995, ein Mittwoch. Am Abend ist wieder ein Fortbildungsseminar angesetzt. Das erzählt Eberhard jedenfalls seiner Frau. „Auf Nürnberg" müsse er diesmal fahren, sagt er. Den Vormittag verbringt er im Geschäft, am Nachmittag macht er Außendienst. Gegen 16 Uhr kommt er nach Hause. Er ißt ein Wurstbrot, dann legt er seinen grünen Arbeitskittel ab und zieht sich ein frisches Hemd an, darüber einen Pullover. Eberhard gibt seiner Frau einen Kuß und sagt „Servus". Dann verläßt er das Haus. Es ist Viertel vor fünf. Eberhard steigt in seinen Toyota-Combi und macht sich auf den Weg . . .

Irene Teubner fällt es schwer, von diesem 11. Januar zu erzählen: Nachdem ihr Mann das Haus verlassen hat, hat sie ihn nicht mehr gesehen. Auch angerufen hat Eberhard nicht. Er ist wie vom Erdboden verschluckt. Am nächsten Tag hat seine Frau mit der Autobahnpolizei telefoniert: Vielleicht hat Eberhard ja einen Unfall gebaut und kann sich nicht melden? Dann hat sie sich an die Kripo gewandt, schweren Herzens. Und die Beamten fanden heraus: Am Abend des 11. war überhaupt kein Seminar, das Eberhard hätte besuchen können!

Er hat gelogen. Seine Frau begreift nicht, warum. Sonst war er doch immer so ein ehrlicher Mensch. Einer, auf den man sich verlassen konnte. Hundertprozentig. Das sagt auch sein Freund Gottfried, den die Redaktion auch befragt: „Ein ganz Ruhiger ist der Eberhard, keiner, der einfach wegrennt." Gottfried kennt Eberhard schon aus der Schule, die beiden waren zusammen im Gesangverein und bei der Feuerwehr. Und nie, niemals sei Eberhard unangenehm aufgefallen.

Hat Eberhard sich zu Hause eingesperrt gefühlt? „Bis jetzt hat er sich nie beklagt", sagt seine Frau. Hat sie ihn zu sehr unter Druck gesetzt? „Nein", sagt Irene Teubner: „Wenn er nur ein Wort gesagt hätte, hätt' ich ihm gern ein freies Wochenende vergönnt!" Auch in der *Bitte melde Dich*-Redaktion kann sich keiner einen Reim darauf machen, was mit Eberhard Teubner passiert ist. Ob er eine Freundin hat? Dann hätte er doch zumindest mal zu Hause angerufen. Oder irgendetwas mitgenommen. Denn außer Führerschein und Ausweis hat Eberhard nichts dabei. Gar nichts. Hat er die Nase voll von seiner Familie? Alle, die ihn kennen, sagen nein – Harald und Martin, seine beiden Söhne, würde Eberhard nie im Stich lassen! Und auch die Zukunft war ja schon geplant: Harald sollte im Herbst beim Vater anfangen, als Azubi.

Hat Eberhard Teubner das gehabt, was Psychologen einen „Blackout" nennen? Hat er einfach aufs Gaspedal gedrückt und ist losgefahren, immer geradeaus, ohne zu wissen, wohin? Nein. Er muß gewußt haben, was er tut. Mehr noch: er muß es geplant haben. Schon Tage vorher hatte Eberhard seiner Frau gesagt: am 11. ist wieder Seminar, da muß ich abends weg. Und er verschwieg, was er wirklich vorhatte in dieser Nacht.

Vielleicht weiß die Kripo mehr. Die Redaktion nimmt Kontakt mit dem Beamten auf: Teubners Verschwinden sei ihm unerklärlich, sagt der Kommissar. Vielleicht sei der Vermißte in die Tschechische Republik gefahren? Die Grenze sei ja recht nah. Aber geschäftliche Verbindungen dorthin seien nicht bekannt, sagt der Mann von der Kripo. Der Vermißtenfall Eberhard Teubner – ein Rätsel.

7. März, acht Wochen nach dem Verschwinden. Ein kalter Tag, es hat geschneit. Ein Kamerateam von *Bitte melde Dich* fährt in die Oberpfalz. Das Ziel: die Pienmühle der Teubners. Der Ort steht nicht im Straßenatlas, das Team muß oft nach dem Weg fragen. „Über den Hügel, dann rechts und die kleine Straße links . . ." Der Mann von der Kripo hatte recht: „Eine Einöde am Ende der Welt", so hatte er die Pienmühle beschrieben. Der Wagen rollt die schmalen Straßen entlang, läßt alle Häuser und Höfe hinter sich. Hier draußen? Da wohnt doch keiner mehr! Wir müssen falsch sein.

Und plötzlich – zwischen schneebedeckten Feldern – ein kleines Gehöft. Über der Tür eine Laterne, am Briefkasten ein Schild: „Teubner, Eberhard, Rundfunk- und Fernsehtechnikermeister". Wir sind richtig. Die Tür geht auf, Irene Teubner wartet schon. Seit Wochen hat sie diesen Tag herbeigesehnt – und jetzt, wo er da ist, hat sie ein flaues Gefühl. Irene Teubner ist nervös, sie versucht, sich abzulenken, sie sorgt sich um Kleinigkeiten: „Ist in der Wohnung Platz für die Kamera? Kann ich diesen Pulli anlassen? Eberhard hat ihn so gern gemocht. Ist es hell genug hier? Haben alle Kaffee? Ich geh' und hol' frischen . . .“

Es dauert seine Zeit, bis Irene Teubner sich beruhigt hat. Das Kamerateam geht noch eine Weile spazieren, der Redakteur setzt sich in Ruhe mit Frau Teubner hin. „Wichtig ist nur, daß die Sendung ihren Mann erreicht. Und daß er erfährt, daß sie ihm nicht böse sind. Daß sie es hier kaum aushalten ohne ihn“, erklärt er ihr. Irene Teubner sitzt vor dem grünen Kachelofen, ihr Hochzeitsbild steht auf dem Sims. Hier hat sie früher oft mit Eberhard gesessen. Am Abend, wenn draußen Schnee gefallen ist, so wie heute. Die Kamera läuft. „Es ist so einsam und leer auf der Pienmühle“, sagt Irene Teubner, „hast du denn unsere 16 gemeinsamen Jahre vergessen? Bitte komm zurück . . .“ Niemand konnte ahnen, daß Eberhard Teubner zu diesem Zeitpunkt bereits tot war. In der Polizeisprache war aus ihm ein „unbekannter Toter“ geworden, der im Gerichtsmedizinischen Institut in Berlin für die Kripo zu einer Nummer geworden war.

Als das *Bitte melde Dich*-Kamerateam am Abend nach München zurückfährt, wird nicht viel gesprochen. Auch das Team ist betroffen. Irene Teubner hat allen leid getan, alle möchten helfen, daß diese Geschichte gut ausgeht. „Die Leute in den Dörfern in der Nähe reden schon über die Sache“, hat Irene Teubner gesagt. Und sie hat erzählt, daß Martin seit ein paar Wochen Probleme in der Schule hat.

Auch in Eberhard Teubners Geschäft hatte das Team Aufnahmen gemacht an diesem Tag. An der Tür ein Zettel: „Vorübergehend geschlossen“. In den Regalen noch ein paar Geräte, die anderen hat Irene Teubner verkauft, zum Schleuderpreis. Sie muß ja von etwas leben. Die Werkstatt sieht aus, als sei Eberhard nur mal kurz weggegangen, um Brotzeit zu holen – Schraubenzieher auf dem Tisch, Meisterbrief an der Wand. Irene Teubner sagt, sie wisse nicht, was werden soll mit dem Laden. Die Miete sei hoch, aber sie könne das Geschäft nicht führen. Und verkaufen? Wenn Eberhard wiederkommt, sagt sie, wovon soll er dann leben?

Am 3. April wird der Film ausgestrahlt. Irene Teubner und Eberhards Bruder sind ins Studio in die Türkenstraße gekommen. Sie sitzen in der

Redaktion und warten. Sie hoffen, daß ein Redakteur aus der Telefonzentrale zu ihnen kommt und sagt: „Eberhard ist am Apparat." 23 Uhr, die Telekom schließt die Leitungen. Jörg Wontorra geht noch einmal zu den Gästen: „Tut uns leid", sagt er, „heute hatten wir kein Glück. Aber in den nächsten Tagen kann sich noch viel tun. Vielleicht rufen Ihre Vermißten Sie ja auch direkt zu Hause an. Ich drücke Ihnen die Daumen!"

Zwei Wochen später. Irene Teubner bekommt einen Anruf. Seit Monaten zittert sie jedesmal, wenn das Telefon klingelt. Vielleicht ist es ja diesmal Eberhard? Er ist es nicht. Es ist die Polizei. Es gibt Neuigkeiten. Nein, am Telefon wolle man nichts sagen. Ob man kurz vorbeikommen dürfe? Minuten später stehen die Beamten in der Wohnung. Es fällt ihnen schwer, zu sagen, was passiert ist: Man hat die Leiche eines Mannes aus dem Wannsee in Berlin geborgen. Das ist schon eine Weile her, doch erst jetzt weiß man, wer der Mann ist: Eberhard Teubner. Wie er zu Tode kam, kann die Polizei nicht mit Sicherheit sagen – vermutlich ist er ermordet worden. Eberhards Auto bleibt verschwunden. Irene Teubner muß sich festhalten. Sie kann nicht glauben, was sie da hört. Sie hat das Gefühl, der Boden bricht ihr unter den Füßen weg. An die nächsten Stunden kann sie sich später kaum noch erinnern. Alles ist verschwommen. Sie weiß nur noch, daß sie Tabletten genommen hat. Eine ganze Schachtel. Und daß sie versucht hat, sich die Pulsadern aufzuschneiden. Und wenn ihre Mutter sie nicht gefunden hätte . . .

Ein Jahr später. Irene Teubner hat es geschafft, ihr Leben in den Griff zu bekommen. Das Geschäft ihres Mannes hat sie verkauft, Harald hat eine Lehrstelle als Elektroinstallateur gefunden. Sie selbst geht halbtags arbeiten, in einer Wäscherei. Das Auto ihres Mannes ist wieder aufgetaucht: in Frankfurt/Main am Hauptbahnhof. Wie es dort hinkam, weiß niemand. Der Motor war defekt. Irene Teubner hat den Wagen reparieren lassen, jetzt fährt sie damit. Es ist ein Andenken an Eberhard. Dieses Auto kennt all die Geheimnisse, die sich um Eberhards Verschwinden ranken. Manchmal, wenn Irene alleine mit dem Auto fährt, möchte sie am Lenkrad rütteln und das Auto anschreien, doch endlich zu erzählen, was damals los war.

Wohin Eberhard Teubner am Abend des 11. Januar 1995 wirklich gefahren ist und was dort geschah, liegt bis heute im Dunkeln. Ein Unfall, Selbstmord oder Mord – die Polizei weiß bis heute nicht, warum Eberhard Teubner gestorben ist. Wieso fand man seine Leiche in Berlin?

Als Irene Teubner dieses Foto ihres Mannes in der Bitte
melde Dich-*Sendung vom 3. April 1995 zeigt, ist
Eberhard Teubner bereits tot. Seine Leiche wurde aus
dem Berliner Wannsee geborgen. Die Umstände seines
Todes sind bis heute nicht geklärt.*

Wenn er sich das Leben nehmen wollte, hätte er nicht so weit fahren müssen. Ein Unfall? Warum war seine Leiche dann unbekleidet? Im Januar, als er verschwand, geht man wohl kaum im Wannsee baden. Oder doch Mord? Hatte Eberhard Teubner Feinde? Wieso stand sein Toyota mit dem Kennzeichen TIR-ZW 94 in Frankfurt, Hunderte Kilometer von Berlin und von seiner Heimat entfernt? Offene Fragen. Die Polizei ist für jeden Hinweis dankbar. Und Eberhards Frau will endlich wissen, was wirklich passiert ist.

Hinweise bitte an die Kripo Berlin unter T.: 030/6990

*Notburga Schmidt steht auf dem Schulhof von
Aulendorf. Es ist ein kühler Oktobernachmittag,
die Kinder sind längst nach Hause gegangen. Es
gibt kaum etwas Stilleres als einen leeren
Schulhof. Aber Notburga Schmidt bemerkt die
Stille nicht. Wenn sie die die Augen schließt,
dann hört sie all die Geräusche von damals:
Irgendwo dudelt ein Kofferradio, Pferde
wiehern, Wohnwagentüren werden
zugeschlagen, ganz in der Nähe lachen zwei
Frauen. Sie hört Metallstangen
aufeinanderschlagen, Männer brüllen sich
Kommandos zu, dann folgt ein dumpfes
Klatschen, als eine Zeltplane zu Boden fällt. Es
sind die Geräusche eines Zirkus, der sein Lager
abbaut. Notburga Schmidt wirkt verloren auf
dem großen Platz, nur das Kamerateam von
Bitte melde Dich ist bei ihr. Sie ist völlig in ihre
Gedanken versunken. Immer wenn sie hier
vorbeikommt, durchlebt sie die gleiche Szene.
Und jedesmal steigen ihr Tränen in die Augen.
Genau hier hat sie ihren Sohn Georg das letzte
Mal im Arm gehalten. Georg verschwand mit
einem Zirkus. Es war im Mai vor zwanzig
Jahren.*

Die Geschichte von Georg Schmidt

Muttertag 1976. Ausgerechnet Muttertag! Notburga Schmidt merkt
nichts davon. An diesem Tag wird sie schon lange nicht mehr gefeiert.
Kein Frühstück ans Bett, kein neuer Küchenmixer, nicht mal eine Flasche Kölnisch Wasser für Mutti. Freilich, als die drei Söhne Georg, Ramon und Alexander noch klein waren, haben sie an diesem Tag manchmal ein paar Blumen gepflückt, aber das ist schon lange her. Georg ist
inzwischen sechzehn. Zusammen mit seinen Brüdern wohnt er in einem
kleinen Zimmer zwei Stockwerke über der Wohnung der Eltern. Die
Wohnung war einfach zu klein geworden für die Eltern und drei fast
erwachsene Jungs. Die Söhne fanden das klasse, als der Raum im zweiten
Stock dazugemietet wurde. Endlich Ruhe für die heimliche Zigarette
am Abend, Musik hören, ohne daß der Vater schimpfend die Lautstärke

nach unten dreht. Teenagerträume von Freiheit. Muttertag 1976! Notburga Schmidt macht die Betten. Sie ist allein in der Wohnung. Sie hat Georg gestern nur ganz kurz gesehen. Heute noch gar nicht. „Der Junge kommt nicht mal mehr zum Essen runter", denkt sie. „Warum kapselt er sich so ab?" Notburga Schmidt weiß noch nicht, daß sie ihren Sohn an diesem 9. Mai 1976 den ganzen Tag über nicht sehen wird. Am Abend wird sie ihn noch einmal im Arm halten, Georg wird sie küssen, und sie wird nicht im Traum daran denken, daß sie ihren Sohn jahrzehntelang nicht wiedersieht.

Den Brief an *Bitte melde Dich* hatte Notburga heimlich geschrieben. Ihr Mann sollte nichts davon wissen. Er ist aufbrausend, oft laut. Manchmal hat Notburga Angst. Sie weiß, daß er es nicht so meint. Mit den Jahren ist es ja auch besser geworden mit ihm, sagt sie sich. Notburga will keinen Streit. Sie schreibt den Brief abends in der Küche, als ihr Mann schon schläft. Alles hat sie schon versucht, um Georg wiederzufinden. Alles ohne Erfolg. Die Suche im Fernsehen ist ihre letzte Hoffnung. Trotzdem, Notburga erschrickt, als die Redaktion bei ihr anruft. Tagelang versucht sie ihrem Mann beizubringen, daß die Geschichte von Georg in *Bitte melde Dich* gezeigt werden soll. Auch Georgs Brüder reden auf den Vater ein. Und endlich, die kleine, zierliche Frau setzt sich durch.

Am Abend vor den Dreharbeiten sitzt Notburga Schmidt lange mit den Redakteuren von *Bitte melde Dich* zusammen. Das Wohnzimmer ist klein. Auf der Fensterbank stehen Dutzende von Grünpflanzen. Die Fotografie vom Vater bei der Fremdenlegion ist groß gerahmt und hängt rechts neben der Tür. Georg ist überall. Es gibt zwar nicht viele Fotos von ihm. Zu einem Fotografen zu gehen konnten sich die Schmidts nie leisten. Aber die paar Aufnahmen, die die Familie hat, stehen in den Regalen. „Da ist er oft gesessen. Das hier war sein Lieblingsplatz." Wenn Notburga Schmidt erzählt, klingt es, als sei Georg erst vor ein paar Wochen weg, nicht vor zwanzig Jahren. An diesem Abend erfahren die Redakteure alles über Georg und die Verzweiflung seiner Mutter. Georgs Vater sitzt die ganze Zeit stumm dabei. Ob er seinen Sohn auch gern wiedersehen möchte, wird er gefragt. „Natürlich", schießt es aus ihm heraus. Seine Augen funkeln, dann sackt er wieder ein Stück in sich zusammen. Rudolf Schmidt hat Angst vor dem Gerede der Nachbarn, der Kollegen. Rudolf Schmidt ist ein dickköpfiger Mensch. „Unser Georg ist halt sehr sensibel", sagt die Mutter. Und: „Himmel noch mal, aus den anderen Kindern ist doch auch was geworden", sagt der Vater. Die bei-

Der Zirkus hat ihn nicht mehr losgelassen. Wenn Notburga Schmidt dieses Foto ihres Sohnes Georg in den Händen hält, steigen ihr die Tränen in die Augen. Jeden Tag – seit 20 Jahren – betet sie zu Gott, daß Georg wieder nach Hause kommt.

den Redakteure sehen, wie sich Tränen in den Augen des Vaters sammeln, je länger das Gespräch dauert, je öfter Georgs Name fällt. Rudolf Schmidt will sich nichts anmerken lassen. Er war immer für den strengen Teil der Erziehung seiner Kinder zuständig. Daß er es damit manchmal übertrieben hat, ist ihm längst klar, aber er kann nicht aus seiner Haut. Die Fremdenlegion habe ihn hart gemacht, sagt seine Frau. Er hat nie gelernt, seine Liebe zu zeigen. Ganz anders seine Frau, die aus Liebe für ihre Kinder immer alles getan hat. Wenn sie über Georg erzählt, läßt sie den silbernen Bilderrahmen im Regal nicht aus den Augen. Seit zwanzig Jahren steht sein letztes Foto an dieser Stelle.

Muttertag 1976! Notburga Schmidt war um halb sechs aufgestanden, um für ihren Mann Kaffee zu kochen. Rudolf Schmidt arbeitet bei der Bahn im Schichtdienst, er ist Gleisarbeiter, ein knochenharter Job. Der Bahnhof von Aulendorf liegt direkt gegenüber der Wohnung von Familie Schmidt. Immer wenn ein Zug durchfährt, klirren im Wohnzimmer die Fensterscheiben. Als Notburga mit dem Bettenmachen fertig ist, zieht sie ihr gutes Kostüm an. Sie verläßt das Haus, sie will zum Gottesdienst. Im Schaufenster eines Blumenladens hängen rote Herzen aus Pappe. „9. Mai – Muttertag" steht in der Mitte. Notburga Schmidt bleibt vor dem Geschäft stehen und schaut sich die bunten Sträuße an. Jetzt erst wird ihr bewußt, daß heute ihr Ehrentag ist. Ein kleiner Junge kommt aus dem Laden, er ist vielleicht elf oder zwölf. Er hat einen winzigen Blumenstrauß in der Hand. Moosröschen mit Schleierkraut. Sie schaut dem Jungen nach. Er ist strohblond, so wie ihr Georg. „Wo sind die Jahre geblieben?" denkt Notburga. Es ist, als wäre es gestern gewesen, als Georg so schlaksig und fröhlich durch die Straßen gelaufen ist. Jetzt ist er schon sechzehn, fast erwachsen. Georg ist der Sohn, der Notburga am nächsten steht. „Er ist genau wie ich", denkt die Mutter. „Jeden lauten Ton, jeden Streit nimmt er sich zu Herzen." So wie im letzten Winter. Es hatte eine Auseinandersetzung gegeben, und plötzlich war Georg verschwunden. Einfach so. Sie hatten noch zusammen gefrühstückt, dann ging er, ohne irgend etwas zu sagen. Drei Monate blieb er weg. Notburga wurde krank vor Sorge. Dann kam ein Brief aus Italien. Das deutsche Konsulat in Florenz schrieb, Georg läge dort im Krankenhaus, man würde für seinen Rücktransport sorgen. Als er dann wieder in Aulendorf ankam, war er noch sehr schwach, und nur bruchstückweise erfuhr die Mutter, was geschehen war. Georg schwärmte von seinen Tramper-Erlebnissen und von Italien. „Die Leute dort sind alle so nett", sagte er. Aber wie er auf die Idee kam, mitten im Winter nach Florenz zu fahren, ohne seinen Eltern Bescheid zu sagen, das hat er nicht erzählt.

Die Mutter wollte ihn auch nicht bedrängen, ihr Sohn sollte erst mal wieder zu Kräften kommen. „Gott sei Dank hat sich der Junge wieder gefangen", denkt Notburga Schmidt und geht weiter, Richtung Kirche. Sie nimmt sich vor, Georg heute sein Leibgericht zu kochen. Es soll ein schöner Abend werden. Vielleicht erreicht ihr Mann ja auch bald etwas. Er bemüht sich schon länger um eine Anstellung für Georg bei der Bahn. Eigentlich hat Georg Bäcker und Konditor gelernt. Aber mit der schweren Arbeit und dem frühen Aufstehen kommt der Junge einfach nicht klar. Er ist auch so schmal und zerbrechlich. Nach dem Gottesdienst plaudert sie noch kurz mit Nachbarn auf der Kirchentreppe. Dann geht sie heim. Sie stellt das Radio an und beginnt Kartoffeln zu schälen. „Wo bleiben die Jungs bloß?" fragt sie sich. „Wahrscheinlich sind sie losgezogen, um mit Freunden einen drauf zu machen. Warum auch nicht. Es ist ja Sonntag." Am Nachmittag ist sie immer noch allein. Das Essen ist vorbereitet, wenn die Söhne kommen, muß sie nur noch die Herdplatten andrehen und das Fleisch in die Pfanne tun. Plötzlich klingelt es. Notburga geht zur Tür. „Hat wieder mal einer seinen Schlüssel vergessen?" ruft sie lachend in den Hausflur. Aber es ist nicht ihr Mann, nicht Ramon oder Alexander und auch nicht Georg. Es ist ein Polizist aus Aulendorf, den Notburga gut kennt. „Der Georg, der ist beim Zirkus, Frau Schmidt", sagt er. „Ich glaube, der will weg. Schauen Sie besser mal hin."

Zwanzig Jahre später. Drehbeginn zehn Uhr. So hat es der Redakteur mit Notburga Schmidt ausgemacht. Aber sie steht schon seit acht Uhr am Fenster und wartet. Die Nacht über hat sie kaum geschlafen, natürlich immer an Georg gedacht. Sie überlegt lange, was sie anziehen soll – schließlich sieht ihr Sohn sie so im Fernsehen, hofft sie. Sie findet eine Bluse von damals – ob er die wohl noch kennt? Sie schlüpft hinein. Alles, was ihren Sohn an zu Hause erinnert, will sie ihm zeigen. Als erstes geht das Kamerateam mit Notburga Schmidt über den Markt. Wenn Georg den Beitrag sieht, soll er mitbekommen, daß vieles in seinem Heimatdorf so geblieben ist wie früher. Zum Beispiel die Freundlichkeit der Menschen, denen seine Mutter begegnet. Notburga ist überall sehr beliebt. Jeder kennt die Geschichte von Georgs Verschwinden. Immer wieder wird sie auf ihren Sohn angesprochen. „Was, haben Sie immer noch nichts von ihm gehört?" – „Er war doch so ein netter Junge." – „Jetzt muß er sich aber doch wirklich mal melden." Notburgas Finger graben sich tief in ihre Einkaufstasche, wenn sie den Namen ihres Sohnes hört. Immer noch. Ein bittersüßes Gefühl: Einerseits schmerzt der Blick zurück, andererseits muß Georg doch leben, solange er in der Erinnerung der Menschen in Aulendorf lebendig ist. Vielleicht ist Georg Artist geworden, Löwenbändiger, Clown, redet sich die Mutter ein. Der Zirkus wird ihn glücklich gemacht haben. Vielleicht hat er in eine berühmte Artistenfamilie eingeheiratet, denn Artisten waren es ja auch, mit denen er verschwunden ist. Am Muttertag 1976.

„Der Georg, der ist beim Zirkus, der will weg" – die Worte des Polizisten hallen in den Ohren von Notburga nach. Sie bekommt Angst. Was will ihr Sohn bei den Artisten? Ein ganz komisches Gefühl steigt in der Mutter auf. Sie muß los, muß nach Georg schauen. Der Zirkus hat sein Zelt auf dem Schulhof aufgebaut, das weiß sie. Als sie dort ankommt, wird es schon dunkel. Einen Mantel hat sie sich nicht angezogen, einfach vergessen in der Eile. Wie soll sie ihren Sohn finden? Plötzlich hat sie riesige Angst. Angst, daß Georg sie wieder verläßt. Sie sieht ein paar fremde Menschen, Wohnwagen mit Rüschengardinen in den Fenstern. Von Georg ist nichts zu sehen. „Zirkus Aeros" liest sie auf einem der Wagen. Die bunte Schrift ist schon ziemlich verblichen, die Farbe blättert ab. „Nein, heute Abend gibt es keine Vorstellung mehr", sagt einer der Zirkusleute zu der ängstlichen kleinen Frau, die ihn anspricht. „Morgen ziehen wir schon weiter, jetzt wird nur noch zusammengepackt." Notburga Schmidt nimmt ihren ganzen Mut zusammen und fragt weiter. Jeden, den sie sieht, spricht sie auf ihren Sohn an. Sie beschreibt ihn, den zarten Jungen, gerade sechzehn, mit dem Seitenscheitel und den blonden Haaren, die bis über die Ohren reichen. „Was hat er denn an?" will einer der Zirkusleute von ihr wissen. Das kann sie nicht sagen, schließlich hat sie ihn heute noch nicht gesehen – vermutlich seine Jeans, wie immer. Dann plötzlich trifft sie einen, der ihr helfen kann. Auch er arbeitet beim Zirkus. Er steht vor einem Wohnwagen, als Notburga Schmidt ihn anspricht. „Ja, der ist hier – einen Moment", sagt er ganz höflich. Der Mann geht in den Wohnwagen. Als er die Tür öffnet, fällt ein schmaler gelber Lichtfleck auf den Schulhof. Inzwischen ist es dunkel geworden. Aus dem Wohnwagen kommen Geräusche. Leise Musik, Lachen ist dabei, mehrere Stimmen – aber sie versteht nichts. Der Mann bleibt in der Tür des Wagens stehen und ruft nach innen: „Georg, gib deiner Mutter wenigstens noch ein Küßchen!" Notburga Schmidt erstarrt, solche Angst hat sie davor, daß ihr Sohn sie allein läßt. Sie erkennt seine Statur, als er aus dem Licht in der Tür des Wohnwagens kommt. Er geht eine Stufe hinunter und lehnt die Wohnwagentür wieder an. Er kommt im Dunkeln auf seine Mutter zu. Notburga kann Georgs Gesicht kaum erkennen. Als sie sich umarmen, kommt es Notburga Schmidt vor, als berührte sie einen Fremden. „Das ist doch nicht

Georg", sagt ihr Herz. „Natürlich ist es Georg", sagt ihr Kopf. Sie zittert, als er sie auf die Wange küßt, dann nimmt er ihre beiden Hände und bleibt vor ihr stehen. „Mutti, in einem Jahr komm' ich wieder." Das ist alles, was er sagt. „Aber es ist doch Muttertag", mehr bringt Notburga Schmidt nicht heraus. Georg schüttelt nur den Kopf und drückt sie noch einmal. Nicht zu fest, nicht zu lange, wie einer, der in Gedanken schon weit weg ist. Dann dreht er sich um und geht wieder zum Wohnwagen. Die Tür fällt ins Schloß, Georg ist verschwunden, die Mutter steht alleine auf dem Schulhof. Minutenlang bleibt sie einfach nur da stehen, kann sich nicht bewegen, weiß nicht, was sie tun soll. In den Wagen gehen und ihren Sohn rausholen? Unmöglich. Nach Hause gehen und ihrem Mann sagen, was passiert ist? Undenkbar, denn der würde bestimmt böse und versuchen, Georg mit Gewalt nach Hause zu holen. Also bleibt sie stehen, wie angewurzelt. „Mein Gott", betet sie, „der Junge ist doch erst sechzehn. Bitte beschütze ihn. Bitte." Notburga läuft los, ziellos. Erst Tage später, als der Zirkus längst nicht mehr in der Stadt ist, erfährt ihr Mann, was geschehen ist.

„Genau da stand der Wagen, und hier war ich davor." Als sie mit dem Team von *Bitte melde Dich* auf den Schulhof kommt, durchlebt Notburga Schmidt die gespenstische Situation noch einmal. Wieder zittert sie, wieder kann sie ihre Tränen nicht zurückhalten. So geht es ihr jedesmal, wenn sie hier vorbeikommt. Später am Tag kommt ihr ältester Sohn, Alexander. Er ist drei Jahre jünger als Georg, und auch er möchte sich über das Fernsehen an seinen Bruder wenden. Alexander wohnt schon lange nicht mehr bei den Eltern. Er weiß, wie schwierig das Verhältnis mit dem Vater war. Deshalb bietet er Georg auch an, mit ihm, dem Bruder, einen neuen Anfang zu machen. Die Aufnahmen mit Alexander macht das Kamerateam in der Nachbarschaft des Elternhauses. „Es hat schon mal Prügel gegeben, aber inzwischen komme ich mit den Eltern gut klar", spricht Alexander für Georg in die Kamera. Alexanders Tochter ist währenddessen bei ihrem Opa, Georgs strengem Vater. Alexander spricht weiter in die Kamera: „Ich kann meinem Vater nicht alle Schuld geben, denn perfekte Kindererziehung gibt es nicht", sagt er. Das kleine Mädchen liegt im Arm des Mannes, von dem Alexander gerade erzählt. Der Großvater strahlt und spielt mit den Fingern des Säuglings. Ganz sanft, ganz vorsichtig. „Ich glaub', ihm ist auch klar, daß damals einiges schiefgelaufen ist – aber er hat sich geändert." Alexander spricht ruhig über seinen Vater. Der Sohn hat gelernt, mit seiner Vergangenheit umzugehen. Und wenn man Rudolf Schmidt mit seiner Enkelin zusieht, wird klar: So abweisend und hart, wie er mit seinen Söhnen umgegangen ist, will er nie wieder sein. Auch wenn er seine Gefühle nicht in Worte fassen kann – die Zärtlichkeit, die er seiner Enkelin entgegenbringt, zeigt, daß vieles anders geworden ist.

Einige Wochen später wird der Beitrag in *Bitte melde Dich* ausgestrahlt. Es gibt einige Anrufe von Zuschauern, aber keine echte Spur. An mehreren Orten soll Georg gesehen worden sein, aber niemand weiß eine Adresse. Viele Hinweisgeber sind sich auch nicht sicher. Schließlich ist Georg heute über 30, und das letzte Foto, das im Fernsehen gezeigt werden kann, zeigt ihn noch als Teenager. Eines nimmt die Mutter als gute Nachricht: Offenbar weiß keiner der Zuschauer zu berichten, daß ihrem Sohn etwas zugestoßen ist.

Am Tag nach der Sendung geht Notburga Schmidt in die Kirche von Aulendorf. Sie will für ihren Sohn eine Kerze anzünden, wie schon so oft in den letzten zwanzig Jahren. Sie ist ein sehr gläubiger Mensch. In ungezählten Gebeten hat sie sich Georg zurückgewünscht. Links neben dem Altar liegt auf einem kleinen Tisch das Fürbittenbuch der Gemeinde. Sie blättert in dem abgegriffenen Band und stößt immer wieder auf ihre eigene Handschrift. Viele ihrer Sorgen hat sie diesem Buch anvertraut, in der Hoffnung, daß sie ihr Schicksal dann leichter ertragen kann. Auf etlichen Seiten ist eine Eintragung von ihr. Zweimal die Woche geht sie in die Kirche. Hier ist sie ungestört, wenn sie sich ein paar Minuten in eine Bank setzt und an ihren Sohn denkt. Hier kann sie ihren größten Wunsch formulieren, vor sich und vor Gott. Es ist immer wieder der gleiche Satz, den sie in das Buch schreibt. Mal ist sie dabei ganz stark, aber oft verwischt die Tinte auch, weil ein paar Tränen mit aufs Papier fallen. So wie an diesem Tag. Die Erinnerungen an ihren Sohn sind durch die Sendung wieder ganz frisch geworden. Um so drängender ist gerade heute ihr Wunsch, den sie wohl schon zum hundertsten Mal ins Fürbittenbuch schreibt: „Heilige Mutter Gottes, hilf mir, daß mein Sohn Georg wieder nach Hause kommt."

Ein Tag im Juli 1993. Jena, Saalbahnhof. Rosel Schwert will nach Freyburg fahren, ein kleiner Ort bei Naumburg. Sie muß noch ein paar Minuten warten und setzt sich auf eine Bank ans Gleis. Der Zug von München nach Berlin fährt ein. Ein Mann steht am Fenster: etwa 70 Jahre alt, graue Haare, eleganter Anzug, gestreiftes Hemd, ein Siegelring am Finger. Rosel Schwert hält die Luft an. Sie schaut dem Mann in die Augen, er fixiert sie. Bevor sie reagieren kann, fährt der Zug weiter. Rosel Schwert ist sicher: Sie kennt den Mann am Fenster. Es ist Fritz Dahne – ihr Bruder! Der Mann, der seit 1986 für tot erklärt ist. Ein Fall für **Bitte melde Dich** . . .

Die Geschichte von Fritz Dahne

Die mysteriöse Geschichte beginnt 20 Jahre früher, im Juni 1973: Fritz Dahne ist 52 Jahre alt und Arbeiter bei Daimler Benz, im Mercedes-Werk in Sindelfingen. Schon seit neuneinhalb Jahren ist er dafür verantwortlich, daß das Fließband läuft und die Maschinen nicht schlappmachen. Er ist verheiratet und hat drei Töchter. Sein Sohn ist zwei Jahre zuvor bei einem Autounfall ums Leben gekommen. Es war schwer für Fritz Dahne, das zu verkraften – aber jetzt, zwei Jahre später, bekommt er langsam wieder Freude am Leben.

Große Sprünge können die Dahnes nicht machen. Wenn sie in Urlaub fahren, geht die Reise an den Chiemsee, nach Rügen, oder zu den Eltern von Fritz nach Berlin. Fritz ist schon über 50, als er zum erstenmal in seinem Leben ins Ausland fährt – nach Österreich mit ein paar Kollegen. Und weil die Fahrt damals eine Riesengaudi war, will man auch in diesem Jahr wieder einen Ausflug machen. Mit den gleichen Kollegen. Und wieder nach Österreich.

Am 2. Juni 1973 geht's los. Obwohl Samstag ist, muß Fritz an diesem Morgen früh raus – um halb fünf klingelt der Wecker. Doch heute kommt er leichter aus dem Bett als an den anderen Tagen. Kein Wunder: Er trifft sich mit seinen Kollegen ja nicht im Maschinenraum, sondern vor dem Werkstor. An den Bodensee soll die Reise gehen, mit dem Bus.

Morgen abend will man wieder daheim sein, so gegen acht. Fritz ist keiner, der gerne lang weg ist von zu Hause. Am liebsten macht er sich's auf dem Balkon bequem, oder er werkelt im Garten. Aber eine Zwei-Tages-Tour mit den Kollegen – das, findet Fritz, ist eine gute Sache. Mal nicht nur am Fließband von der Arbeit reden und vom Chef. Nicht nur in der Pause zwischen Thermoskanne und Salamibrot dutzendfach „Mahlzeit" raunzen. Endlich mal wieder was Privates mit den Kollegen besprechen. Über die Bundesliga diskutieren und den VfL Ostelsheim, da ist Fritz nämlich der Boß. Oder einfach nur nett zusammensitzen und ein Bierchen zischen. Ja, denkt Fritz, das werden zwei lustige Tage.

Seine Frau steht mit ihm auf, die beiden trinken gemeinsam Kaffee. Fritz nimmt seine kleine Reisetasche, gibt Else einen Kuß und sagt: „Bis morgen." Dann geht er aus dem Haus. Ein Kollege holt ihn an der Hauptstraße ab und fährt mit ihm nach Sindelfingen. Dort warten schon die anderen. Sechs Uhr, Abfahrt. Das Wetter ist schön, die Stimmung prächtig. Zwanzig Mann sitzen im Bus, und alle sind in Bombenstimmung. Keiner denkt an übermorgen und an die Stechuhr am Werkstor, alle wollen nur eins: Spaß haben, auch wenn's nur zwei Tage sind. Es wird gesungen und gelacht, und als der Bus am Nachmittag vor dem Hotel in Partenen ankommt, sind die Männer schon ganz heiser. Tolle Gegend, die Kollegen sind beeindruckt: Berge, grüne Wiesen – wie im „Förster vom Silberwald". Fritz und die anderen machen sich in ihren Hotelzimmern frisch, ein paar Minuten später treffen sie sich vor dem Eingang. Jetzt wollen sie was erleben, einen richtig tollen Abend haben! Die Männer laufen zur Hubertusklause, einer urigen Wirtschaft im Ort. 300 Meter, ein Katzensprung. Den ganzen Tag haben sie im Bus geschwitzt, jetzt freuen sich alle auf ein kühles Bier. Oder zwei.

Es wird ein langer Abend in der Hubertusklause. Bei den zwei Bieren bleibt es nicht. Auch Fritz, der zu Hause nur Most mit Sprudel trinkt, langt ordentlich hin. Die Männer sind aufgedreht, man redet sich die Köpfe heiß, ein Wort gibt das andere, und irgendwann gibt es eine Keilerei. Fritz Dahne versucht zu schlichten – doch er spricht ins Leere. Keiner hört ihm zu. Stattdessen kriegt er selbst Schläge ab. Fritz ist sauer: So explosiv hatte er sich die Tour mit den Kollegen nicht vorgestellt. Peinlich, denkt Fritz, wie die Barbaren führen sich die Kollegen auf. Und er ist mittendrin. Wäre er doch zu Hause bei seiner Frau geblieben: Er hätte den Tag im Garten verbringen können und dann noch ein bißchen Sportschau gucken. Erholsamer als das hier wär's bestimmt gewesen.

Seit 1986 ist er für tot erklärt. Doch Fritz Dahne lebt! Seine Schwester Rosel Schwert hat ihn gesehen: im Juli 1993, in einem vorbeifahrenden Zug am Bahnhof von Jena. Aber warum meldet er sich nicht?

Draußen hat es zu regnen begonnen, ein richtiges Unwetter bricht los. Zum Hotel sind es nur ein paar Minuten, doch bei dem Regen will keiner laufen. Jemand ruft im Hotel an: Sie sollen den Bus schicken. Fritz Dahne ist froh, daß das Spektakel vorüber ist. Die Wirtsleute wollen endlich schlafen gehen. Und die Kollegen sind müde, vom Feiern und vom Zanken. Sie wanken ins Freie, die frische Luft draußen tut gut. Der Bus ist schon da. Es dauert seine Zeit, bis sich die Kollegen nach dem hitzigen Streit geeinigt haben, wer wo sitzt. Wie im Kindergarten, denkt Fritz Dahne. Kurz vor eins, alle Kollegen sind im Bus – jeder hat einen Platz gefunden. Jetzt wollen die Männer nur noch eins: ins Bett, so schnell wie möglich. Da steht einer auf, geht den Gang entlang und verläßt den Bus. Es ist Fritz Dahne. Warum er wieder ausgestiegen ist – keiner weiß es. Doch die Kollegen wollen sich jetzt nicht mehr darum kümmern, sie wollen ins Hotel, sofort. Vielleicht will der Fritz ja zu Fuß laufen? Wenn er unbedingt naß werden will . . . Sie lachen. Die Türen schließen sich, der Bus fährt los. Fritz Dahne bleibt zurück. Allein.

In der Nähe der Hubertusklause ist ein Wasserkraftwerk. Ein Wärter hat Nachtschicht. Kurz nach eins, es klingelt. Der Wärter erschrickt. Wer kann denn so spät noch was von ihm wollen? Er schaut durch die Glastür und sieht im fahlen Licht einen Mann, der sich nur mit Mühe auf den Beinen halten kann. Die rechte Hand hat er noch auf der Klingel, mit der linken hält er sich am Türknauf fest. Es ist Fritz Dahne. „Was wollen Sie?" fragt der Mann vom Kraftwerk. „Schlafen", sagt Fritz Dahne. „Das ist ein Kraftwerk, kein Hotel", erklärt der Wärter. Fritz Dahne sagt: „Ja, das weiß ich auch." Dann dreht er sich um und geht. Bis zum Hotel sind es nur ein paar hundert Meter. Doch Fritz Dahne ist fremd hier, es ist dunkel, es regnet. Und er ist müde, hundemüde.

Beim Frühstück merken die Kollegen: Fritz ist nicht da. Die Polizei wird alarmiert, die Beamten informieren den Bürgermeister. Der nimmt die Suche selbst in die Hand: Er ruft die Bergrettung, die Feuerwehr, aktiviert das Personal des Kraftwerks, die Gendarmerie, die Wasserrettung aus Bregenz, er trommelt freiwillige Helfer zusammen und schafft es sogar, Soldaten des Bundesheeres nach Partenen zu holen. Schluchten und Gletscherspalten in der Nähe werden durchsucht, der Stausee wird abgelassen. Nichts. Nicht die kleinste Spur. Die Kollegen fahren zurück nach Deutschland. Ein Platz im Bus bleibt leer.

In den nächsten Wochen gibt es im Mercedes-Werk kein anderes Thema: Was ist mit Fritz geschehen? Ist er in eine Felsspalte gestürzt?

Ist er ertrunken? Irgendwer hätte ihn doch finden müssen. Hunderte von Menschen haben schließlich nach ihm gesucht. Ist er vielleicht einfach abgehauen? Aber warum sollte er das tun – und vor allem: wie? Mitten in der Nacht, zu Fuß? Mit der Zeit läßt das Interesse der Kollegen nach. Man hat sich damit abgefunden: Fritz kommt nicht wieder.

„Ich habe nie wirklich gespürt, daß Fritz tot ist", sagt seine Frau. In den ersten Jahren hatte sie noch von Fritz geträumt: Fritz saß dann immer an ihrem Bett. Er sagte, er könne nur kurz bleiben. Er müsse gleich wieder fort. Wieder und wieder hat sie diesen Traum geträumt.

Jahrelang wartet Else Dahne darauf, daß Fritz zurückkommt, und jedes Jahr ist der Juni besonders schlimm. Für Else Dahnes Enkelkinder bedeutet dieser Monat Ferienanfang, Erdbeeren essen und ins Freibad gehen. Für Else ist der Juni der Monat, als Fritz verschwand, sonst nichts. Eigentlich wird sie mit jedem Jahr, das er weg ist, sicherer, daß Fritz nicht tot sein kann. Und wenn doch? Ist sie nun Witwe oder nur verlassene Ehefrau? Else Dahne hält diesen Zustand nicht mehr aus.

Im Jahr 1986, 13 Jahre nach dem Verschwinden von Fritz, wird es wieder Juni. Und Else Dahne faßt einen Entschluß. An der Gerichtstafel in Calw wird ein Blatt Papier ausgehängt. Ein Blatt, das über Leben und Tod von Fritz Dahne entscheiden soll: „Der Verschollene wird aufgefordert, sich bis spätestens 20. August 1986 im Zimmer 102 des Amtsgerichts, Schillerstraße 11, zu melden, widrigenfalls er für tot erkärt werden kann." Unterschrift, Stempel. Auch in den Calwer Kreisnachrichten wird der Aufruf gedruckt: „Ferner ergeht Aufforderung an alle, die Auskunft über den Verschollenen geben können, dem Gericht bis zu dem angegebenen Zeitpunkt Anzeige zu machen." Niemand meldet sich.

20. August 1986. Ein schlimmer Tag für Else Dahne. Der Tag, an dem über das Schicksal von Fritz entschieden wird. Vom Gericht. In einem Schriftstück mit dem Aktenzeichen GR I 158/86: „Auf Antrag von Else Dahne wird deren Ehemann Fritz Otto Franz Dahne, Schlosser, geboren am 18. Juli 1920 in Darmitzel, für tot erklärt." Als Zeitpunkt des Todes legt man den 31. Dezember 1978 fest, nachts um 24 Uhr. Fritz Dahne ist tot – amtlich, beglaubigt und offiziell. Doch der Funken Hoffnung, den seine Familie noch hat, der ist nicht totzukriegen. Und die Erleichterung, die sich Else Dahne so sehr erhofft hat – sie stellt sich nicht ein: „Man kann sowas nicht einfach auslöschen", sagt sie.

Juli 1993. 20 Jahre zuvor ist Fritz Dahne verschwunden. Seine Schwester Rosel will verreisen. Sie sitzt auf einer Bank am Bahnhof in Jena. Der Zug von München nach Berlin hat Einfahrt. Ein Mann – steht am Fenster und schaut hinaus: etwa 70, graue Haare, Anzug, gestreiftes Hemd, Siegelring. Rosel Schwert sieht den Mann und erstarrt. Sie schaut dem Fremden in die Augen – und hat das Gefühl: Das ist kein Fremder. Das sind die Augen meines Bruders. Das ist Fritz! Eine Minute vergeht, 60 endlose Sekunden. Die beiden starren sich an. Keiner rührt sich, keiner sagt ein Wort. Da rollt der Zug wieder an. Rosel sieht ihm hinterher. Sie kann es nicht fassen. Fritz lebt! Rosel braucht ein paar Stunden, bis sie sich gefaßt hat. Immer wieder überlegt sie, ob sie wirklich Fritz am Zugfenster gesehen hat oder ob sie sich getäuscht hat, weil sie ihn so gern wiedersehen möchte. „Nein", sagt sie zu sich, „ich werde doch meinen eigenen Bruder erkennen, auch nach 20 Jahren." Eine ganze Weile behält Rosel das Ereignis für sich. Zu groß ist die Sorge, ihre Schwägerin in Unruhe zu vesetzen. Aber irgendwann platzt es aus ihr heraus: „Ich habe Fritz gesehen, er lebt!"

Für Fritz' Ehefrau geht das Drama von vorne los. Da ist sie wieder, die Ungewißheit: Wenn das wirklich Fritz war – wieso hat er sich die ganzen Jahre nicht gemeldet? Wo lebt er? In Berlin, dort, wo der Zug hinfuhr? Die Telefonauskunft und das Einwohnermeldeamt kennen keinen Fritz Dahne in Berlin. Aber vielleicht wohnt er ja auch woanders und hat nur jemanden besucht? Vielleicht lebt er ganz in der Nähe?

Barbara ist eine von Fritz Dahnes Töchtern. Sie war 25, als ihr Vater verschwand. Sie erinnert sich genau an die vielen Gespräche mit ihrer Mutter. Gespräche, in denen hundertmal die Frage bewegt worden ist: Was ist mit Papa passiert? Barbara hat Angst um ihre Mutter. Jetzt, nachdem der Vater in diesem Zug gesehen worden sein soll, ist Else wieder unruhig. Sie träumt wieder von Fritz.

Im November 1993 schreibt Barbara einen Brief an *Bitte melde Dich*, ein paar Wochen später wird ein Film über Fritz Dahne gedreht. Ein Film, der die Orte zeigt, an denen Fritz zuletzt gesehen worden ist – und der Fritz Dahne zeigen soll, daß seine Familie ihn noch immer vermißt. Doch Fritz ruft nicht an. Und es meldet sich auch niemand, der ihn kennt. Hat sich Rosel getäuscht, als sie auf dem Bahnhof in Jena in die Augen des Mannes am Zugfenster schaute?

Else Dahne ist heute 74 Jahre alt. Am 9. November 1946 hat sie ihren

An Sat 1
Kennwort :
Bitte melde Dich

Ostelsheim, den 11.11.1993

Sehr geehrte Damen !
Sehr geehrte Herren!

Vor 20 Jahren verschwand unser Vater bei einem Ausflug
mit seinen Arbeitskollegen, in der Nacht vom 2.- auf
3.-Juni 1973 spurlos. Polizei, die am anderen Tag eingesetzt wurde, fand bis heute keine Spur.
Vor einigen Wochen, sah unsere Tante, (die Schwester
 unseres Vaters) auf dem Bahnhof von Jena (ehemalige
DDR) in einem Zug, der kurz Aufenthalt hatte, unseren
Vater am Fenster stehen. Unsere Tante ist fest überzeugt, daß es unser Vater war. Der Zug kam von München
bis Berlin Hbf.
Wir hoffen, daß wir durch Ihre Sendung etwas weiter kommen.

Mit freundlichen Grüßen

Barbara Stoblovil

Anbei 1 Bild unseres Vaters vor 20 Jahren.

Fritz geheiratet, dieses Jahr ist Goldene Hochzeit – sie sagt, daß sie zumindest eine Flasche Sekt aufmachen wird. Ihre Töchter werden zu Besuch kommen, und sie werden an Fritz denken. Seit 23 Jahren ist er verschwunden, seit 10 Jahren ist er für tot erklärt. Aber für Else Dahne lebt ihr Mann, trotz der Urkunde mit dem Aktenzeichen GR I 158/86, die sie in einem Ordner aufbewahrt.

Else träumt weiter von ihrem Mann. Manchmal wacht sie morgens auf und erinnert sich an sein Gesicht: Ein paar Falten mehr und graue Haare hat er im Traum, aber sein Lachen, das ist noch das gleiche. Else könnte sich damit abfinden, wenn sie erfährt, daß Fritz tot ist. Dann könnte sie sein Grab besuchen und mit Blumen schmücken, und sie könnte ein Kreuz setzen lassen, auf dem steht: Fritz Dahne, 1920 bis . . . Aber solange sie nur ein Formular vom Amtsgericht bei ihren Unterlagen hat, auf dem steht: „Es bestehen ernsthafte Zweifel am Fortleben des Verschollenen" – solange wird sie keine Ruhe finden. Und wenn ihr jemand sagt: „Wie kannst du noch glauben, daß er lebt – nach so vielen Jahren?" Dann antwortet Else Dahne: „Und wenn ich hundert Jahre alt werde, ich werde es immer glauben. Immer."

„Seit dem 18.05.1994, 03.00 Uhr ist der
selbständige Hausschuhfabrikant Dieter
Barthel, geb. am 04. 02. 1949, vermißt. Herr
Barthel nahm am 17. 05.1994 gegen 20.00
Uhr die Suche nach seinem 18jährigen geistig
behinderten Sohn auf, der aus der elterlichen
Wohnung abgängig war. Die am 18. 05. 1994
durchgeführte Suche von Polizei und
Freiwilliger Feuerwehr mit
Hubschrauberunterstützung führte zur
Feststellung des Jugendlichen, von seinem Vater
fehlt aber jede Spur. " Das sind die Sätze, mit
denen der Bericht der Kripo Plauen zum
Vermißtenfall Barthel beginnt. Ein Blatt
Papier aus dem Computer. Daten, Uhrzeiten,
eine Berufsbezeichnung. Die schlimmste Nacht
im Leben der Familie Barthel, zusammengefaßt
auf sechseinhalb Zeilen. Fakten, mit denen die
Polizei auf Spurensuche geht. Wer aber ist
Dieter Barthel? Was hat er gefühlt, gedacht in
den Stunden vor seinem Verschwinden? Eine
andere Spurensuche.

Die Geschichte von Dieter Barthel

Dieter Barthel ist ein attraktiver Mann. Er hat blondes Haar, eine gute
Figur, und sieht jünger aus als 45. Wenn er in der Zeitung liest, daß
Männer in seinem Alter in die „midlife crisis" schlittern, dann lacht Dieter Barthel. „Wenn die keine anderen Sorgen haben", denkt er. Dieter
hat keine Zeit zu jammern. Er hat keine Zeit, zu grübeln und Gedanken
voller Weltschmerz nachzuhängen. Es ist, wie es ist! Punkt! Er hat eine
Familie zu ernähren. Er hat einen Sohn, der seinen Vater braucht. Er
muß eine Firma führen.

Die „Hausschuhfabrik Martin Barthel" existiert seit 1925. Dieter hat sie
von seinem Vater übernommen, und der Vater hat sie wiederum von
seinem Vater. Ein Familienbetrieb in der Schallerbachstraße in Brunn
bei Plauen. Hier rattern keine computergesteuerten Maschinen, hier
geht es um gute, alte Handwerkskunst. „Damenpantoffeln mit be-
schichteter Filzsohle" zum Beispiel. 120 Paar Pantoffeln werden am

Tag hergestellt, doch seit Jahren sind sie kein Verkaufsschlager mehr. Nach der Wende schon gar nicht. Aber auch zu DDR-Zeiten war es nicht leicht, mit einem Familienunternehmen über die Runden zu kommen. Vom Arbeiter- und Bauernstaat war keine Unterstützung zu erwarten. Aber Dieter war immer froh, daß er sein eigener Herr war. Keine Kollegen, die einen bespitzelten, keine Parolen, die von oberster Stelle an die Wand genagelt wurden. Dieter war glücklich, daß er nur seinem Vater gegenüber verantwortlich war und keinem Parteibonzen.

Ein Jahr vor Dieters Verschwinden hatte der Vater ihm die Firma übergeben. Seitdem war Dieter sein eigener Chef. „Chef" – zuerst wußte Dieter gar nicht, was er sagen sollte, wenn man ihn so ansprach. 25 Jahre hatte er getan, was sein Vater ihm gesagt hat. Jetzt war er es, der seinen drei Arbeitern Anweisungen geben mußte. 25 Jahre lang hatte sein Vater die Entscheidungen getroffen. Jetzt war er es, ohne den in der Firma nichts lief.

Das Geschäft geht ihm nicht mehr aus dem Kopf. Am Feierabend und an Feiertagen, am Wochenende, oft bis tief in die Nacht hinein. Dieter kann nicht abschalten. Seine Frau Christel hat oft Angst, daß er sich zuviel zumutet. Aber Dieter ist keiner, der kneift. „Aufgeben" – ein Wort, das Dieter nicht kennt. Nur seine Familie ahnt, wie schwer es ihm fällt, Ellenbogen zu zeigen und sich durchzuboxen. Auf Fotos sieht man einen Mann mit sanften Augen, der den Kopf leicht zur Seite neigt. Dieter Barthel ist verantwortungsbewußt, aber ein harter Geschäftsmann ist er nicht. Ein paar Monate vor seinem Verschwinden hat Dieter seinem Bruder erzählt, wovon er träumt: „Einmal auf einen Bauernhof fahren. Nur was zum Essen und zum Trinken haben und einen Platz zum Schlafen. Keinen Fernseher, kein Auto – nur Ruhe. Ab und zu würde ich vielleicht Holz hacken. Und wenn es nur für zwei Wochen wäre . . ."

Niemand weiß, ob Dieter vielleicht viel lieber Bauer geworden wäre. Dieter sprach nicht viel über sich. Aber jeder wußte, daß er Tiere liebt. Daheim in Vogelsgrün hat er Pferde gehabt: „Mücke" und „Wickie". Er hing an den beiden. Anfang 1994 mußte er sie verkaufen. „Er konnte das alles nicht mehr bewältigen", sagt seine Frau heute.

Dieter hat sich nie über seinen Beruf beklagt. Es ist ein ungeschriebenes Gesetz im Hause Barthel, daß der Sohn die Pantoffelfabrik vom Vater übernimmt. Dieter hat auch einen Sohn, Sven. Fünf Jahre waren Dieter und Christel verheiratet, als endlich der ersehnte Erbe geboren wurde.

Verschollen seit dem 18. Mai 1994: Dieter Barthel, Hausschuhfabrikant aus Brunn bei Plauen. Er machte sich auf die Suche nach seinem Sohn – seither ist er selbst verschwunden.

Das war 1975. Sven ist ein süßes blondes Baby, aber bald nach der Geburt erfahren die Eltern die grausame Wahrheit. Sven ist geistig behindert. Er wird nie so leistungsfähig sein wie sein Vater. Er wird die Firma nie übernehmen können. Dieter muß klar sein, daß er der letzte seiner Familie ist, der die kleine Fabrik führt, aber er sträubt sich gegen den Gedanken. Jede freie Minute verbringt er mit seinem Sohn. Er spielt mit ihm, macht Ausflüge mit ihm. Über jede Kleinigkeit, die Sven dazulernt, jubelt der Vater. „Er hat Sven nicht nur geliebt, er hat ihn vergöttert", sagt Dieters Frau. Aber es ist nicht zu leugnen, daß Sven immer behindert bleiben wird. Sven wird älter, und die Mutter möchte, daß der Junge mit anderen Menschen zusammenkommt. Mal raus aus dem Elternhaus. Dieter schimpft mit seiner Frau. Er wolle nicht, daß sein Sohn in eine „Anstalt" kommt, sagt er. Seine Frau versucht ihn zu beruhigen, sie sagt, daß es heute keine „Anstalten" mehr gibt. Daß Behinderte in speziellen Werkstätten gefördert werden. Daß es vielleicht besser wäre, wenn Sven eine Zeitlang bei Menschen ist, die sich den ganzen Tag um ihn kümmern können. Dieter will nichts davon hören. Er glaubt, daß keiner so gut für seinen Sohn sorgen kann wie er. Auch wenn er den ganzen Tag in der Firma verbringt, auch wenn er abends müde heimkommt und ihm Bestellisten, Bankauszüge und Buchungen im Kopf herumschwirren. Dieter will, daß Sven bei ihm und seiner Frau bleibt. In Vogelsgrün im Vogtland. Da, wo er aufgewachsen ist.

Sven wird langsam erwachsen. Er ist ein hübscher Junge. Auf den ersten Blick kann man ihm seine Behinderung nicht ansehen. Er freut sich, wenn man ihm Aufgaben gibt. Und so verbringt er manchmal die Nachmittage damit, vor einem Stapel Pappen zu sitzen und Schuhkartons zu falten. Aber Sven kann nicht lange stillsitzen. Ganz plötzlich wird er unruhig und läuft aus dem Haus. Er hastet durch den Ort, marschiert über die Felder, ziellos, ruhelos. Stundenlang ist er manchmal unterwegs. Die Eltern kennen diese Anfälle ihres Sohnes. Aber sie können Sven ja nicht zu Hause einsperren. Sie versuchen, sich selbst zu beruhigen. Vogelsgrün ist ein kleiner Ort, und ihr Haus steht abgeschieden inmitten von Wiesen und Feldern. Keine großen Straßen, also kaum eine Gefahr für den Jungen.

Immer wenn Christel und Dieter Barthel von der Firma heimkommen, müssen sie damit rechnen, daß Sven nicht da ist. Aber sie wissen auch: Bisher hat er noch jedesmal den Weg zurück nach Vogelsgrün gefunden. Trotzdem: Jede Stunde, die Sven fort ist, ist eine Tortur für die Eltern. Immer. Wenn es dann draußen dunkel wird und Sven immer noch nicht zurück ist, kommt die Angst. Das sind die Stunden, in denen Christel Barthel ihren Mann fragt, ob es so weitergehen kann mit Sven. Ob es nicht besser wäre für alle, auch für Sven, wenn der Junge in einer Gruppe Gleichaltriger betreut werden würde. Aber Dieter läßt nicht mit sich reden: Nein, Sven soll nicht von irgendwelchen Ärzten behandelt werden, die nicht wissen, was er wirklich braucht. Es werde schon alles gut werden, sagt Dieter zu Christel. Sie werde schon sehen. Manchmal ist es nach Mitternacht, bis die Tür aufgeht und Sven wieder in der Stube steht. Er sieht, daß seine Mutter geweint hat. Aber er kann nicht verstehen, warum.

Durch die Wende war der Umsatz der kleinen Hausschuhfabrik in Brunn zurückgegangen. Die Barthels wissen, daß ihnen jetzt ein scharfer Wind ins Gesicht wehen wird. Sie wissen, daß ihre Landsleute jetzt jede Mark zweimal umdrehen müssen, bevor sie sie ausgeben. Sie wissen, daß sie mit den Preisen der Kaufhausketten nur schwer konkurrieren können. Aber sie ahnen noch nicht, wie schlimm es wirklich kommen wird. Christel Barthel ist eine zurückhaltende Frau. Ein Mensch, der erst an die anderen denkt und dann an sich selbst. Wenn sie heute zurückblickt, dann sagt sie: „Im Frühjahr 1994, da haben die wirklichen Schwierigkeiten angefangen." Mit der Firma ging es rapide bergab, der Großhandel hatte kaum noch Interesse an Pantoffeln aus Barthelscher Produktion. Rasante Westware war gefragt, die auch erheblich billiger zu kriegen war. Außerdem wurden die Sorgen um Sven immer größer. „Ich glaube, Dieter ist einfach alles zuviel geworden", sagt Christel Barthel. Sie liebt ihren Mann. Auch heute noch. Wenn sie an ihn denkt, sieht sie ganz deutlich sein Bild vor sich. Sie denkt an die vielen glücklichen Stunden, die sie zusammen gehabt haben. Dann lächelt sie. Bis ihr plötzlich der 17. Mai 1994 wieder einfällt. Christel Barthel gerät noch heute in Panik, wenn sie an diesen Tag und die darauffolgende Nacht denkt.

17. Mai 1994. Die Barthels essen zusammen zu Mittag. Sven ist dabei, wie immer. Gegen 14 Uhr steigen Dieter und seine Frau ins Auto und fahren die drei Kilometer von Vogelsgrün in die Firma nach Brunn. Sven bleibt zu Hause, er wird am Nachmittag wieder Pappschachteln falten. Niemand merkt, daß heute wieder einer dieser Tage ist. Ein Tag, an dem Sven die große Unruhe befallen wird, an dem er glaubt, er müsse raus, irgendwohin, nur laufen, laufen. Am frühen Abend kommen die Eltern zurück in die Reiboldsgrüner Straße. Als sie die Tür öffnen, spüren sie gleich: Sven ist fort. Doch irgend etwas ist anders als sonst. Christel und Dieter wissen nicht, was es ist, aber sie haben ein seltsames Ge-

fühl. Ein Gefühl, das nur Eltern kennen, wenn es um ihre Kinder geht. Diesmal setzen sie sich nicht in die Stube und lauschen auf jedes Geräusch, jeden Schritt in der Nähe. Diesmal sitzen sie nicht am Tisch, den Kopf auf die Hände gestützt. Sie können nicht warten. Heute ist es, als liege etwas in der Luft. Etwas Bedrohliches. Und Dieter, der sonst die Ruhe selbst ist, weil er seinem einzigen Sohn vertraut – Dieter läuft im Zimmer auf und ab, tritt ans Fenster, geht zu seiner Frau, weiß nicht, was er mit sich anfangen soll. Sonst warten die beiden oft bis in die Nacht auf ihren Sohn. Sie haben gelernt, Geduld zu haben. Heute ist das anders. Es ist kurz vor acht, als Dieter zu seiner Frau sagt: „Ich fahr' los, Sven suchen."

Niemand weiß, was in Dieter vorgeht, als er dann in seinem Wagen sitzt. Man kann nur ahnen, wie er sich in diesem Augenblick fühlt. Dieter muß Angst haben, große Angst, sonst wäre er nicht losgefahren. Er macht sich Vorwürfe, weil seine Frau schon oft gesagt hat: „So kann es nicht weitergehen." Er hat nichts erwidert, weil er gehofft hat, Sven sei nun erwachsen und werde nicht mehr weglaufen. Als Dieter jetzt im Auto sitzt, spürt er: Es wird sich nie etwas ändern. Sven ist behindert, er wird nicht plötzlich ein anderer Mensch, nur weil er in vier Monaten 19 wird. Dieter fährt langsam durch die Dämmerung. Oft bleibt er stehen und steigt aus. Er will Sven finden. Er muß ihn finden, bevor es dunkel wird.

Dieter fährt zum Haus seiner Eltern. Von hier will er die Polizei anrufen, er selbst hat kein Telefon. Dieter ist in Panik, als er ankommt. Seine Mutter will ihn beruhigen: „Dieter, reg dich nicht auf. Der Sven ist doch öfters mal nicht da." Dieter geht zu seinem Wagen und fährt los, wieder nach Hause. Er hofft, daß Sven zurück ist, daß er ihn in den Arm nehmen kann, daß der Spuk ein Ende hat. Dieter öffnet die Tür. Er sieht seine Frau, sie schüttelt den Kopf. Dieter bricht der Schweiß aus. Er kann sich jetzt nicht einfach ins Bett legen und schlafen. Dieter verläßt die Wohnung. Seither hat ihn seine Frau nicht mehr gesehen.

Wieder sitzt Dieter Barthel im Auto. Er fährt durch die Nacht. Kein Mensch ist mehr auf der Straße, kein anderes Auto ist unterwegs, nur seine Scheinwerfer reißen Löcher ins Dunkel. Irgendwo da draußen ist Sven. Allein. Dieter Barthel hat sich noch nie so hilflos gefühlt. Stundenlang fährt er herum. Er hat kein Gefühl mehr für die Zeit. Er ist wie in Trance. Starrt aus dem Fenster und klammert sich am Lenkrad fest. Irgendwann hält er bei seinem Bruder Frank. Frank ist Chef der Freiwilligen Feuerwehr. „Ich komm' später nochmal bei dir vorbei und hol' mir die großen Suchscheinwerfer!" sagt Dieter zu ihm. Dann fährt er wieder los. Frank wartet stundenlang, er will seinem Bruder bei der Suche helfen. Doch Dieter kommt nicht mehr.

3 Uhr nachts. Noch einmal klingelt Dieter bei seinen Eltern. Er hat immer noch keine Spur von Sven. Er hofft, seinen Sohn hier zu finden. Aber Svens Großeltern haben keine Ahnung, wo der Junge steckt. Dieter ist am Ende seiner Kräfte. Todmüde, mit den Nerven fertig. Er kann kaum seine Augen offenhalten. Die Eltern raten ihm, endlich nach Hause zu fahren und sich hinzulegen. Vielleicht sei Sven ja schon ein paar Stunden zu Hause, und er irre hier durch die Nacht. „Bis jetzt ist der Sven doch noch jedesmal von selbst gekommen", sagt Dieters Mutter. Dieter spricht nicht viel. Ja, vielleicht fahre er jetzt heim. Mal sehen. Seine Mutter schaut Dieters Wagen nach, der sich einen Weg durch die Nacht bahnt. Es ist kurz nach drei am Morgen des 18. Mai 1994. Seither ist Dieter Barthel verschwunden.

Seine Frau wacht früh auf an diesem Morgen. Sie hat schlecht geschlafen, kein Wunder. Das Bett neben ihr ist leer. Es ist vier Uhr dreißig. Sie sieht Licht in der Küche. Dieter! Sven! Christel Barthel steht auf, sie ist plötzlich hellwach. Die Küche ist leer. Die Tür zum Hof ist offen. Dort steht Dieters Auto. Christel Barthel weiß nicht, was das bedeutet. Tausend Gedanken schießen ihr durch den Kopf. Hat Dieter Sven gefunden und ist mit ihm bei den Großeltern? Aber warum ist dann das Auto hier? Das Auto – es ist nicht verschlossen, der Schlüssel steckt. Dieters Papiere liegen im Wagen. Alle. Christel Barthel spürt: Nun ist auch Dieter fort. Ihr wird schwarz vor Augen.

Ein paar Stunden später. Die Polizei greift Sven Barthel auf. Ganz in der Nähe vom Elternhaus. Sven wird nach Hause zu seiner Mutter gebracht. Der Junge wundert sich, weil man ihn fragt, ob er seinen Vater gesehen hat. Irgendwo da draußen, heute nacht. „Nein", sagt Sven. Noch in der Nacht hatte Dieter Barthel seinen Sohn vermißt gemeldet, nun ist er selbst verschwunden. Polizisten, Feuerwehrmänner, Leute vom Forstamt – alle wollen helfen. Vielleicht ist Dieter ja am frühen Morgen noch einmal zu Fuß losgezogen, weil er Angst hatte, am Steuer einzuschlafen. Vielleicht ist er ohnmächtig geworden. Vielleicht hat er sich im Wald verlaufen. Aber alle, die ihn kennen, sagen: „Der kennt die Gegend wie seine Westentasche." 25 Quadratkilometer werden abgesucht, über hundert Mann sind auf den Beinen, sogar Spürhunde haben sie dabei. Nichts.

Ein paar Monate später ist ein *Bitte melde Dich*-Team im Vogtland. Frank Barthel, der seinen Bruder als einer der letzten noch in der Nacht gesehen hat, sagt dem Redakteur: „Wir haben hier das gesamte Waldgebiet durchsucht. Aber wir haben keine Hinweise bekommen, wo der Dieter abgeblieben sein könnte. Nach fünf Tagen mußten wir die Suche abbrechen." Gemeinsam gehen Frank Barthel und das Team noch einmal durch den Wald, in dem Dieter verschwunden ist. Sehen sich das Gebiet an, das wieder und wieder durchsucht worden ist. Nach seiner Rückkehr erzählt der Redakteur seinen Kollegen: „Da kann man nicht einfach so verschwinden." Was aber ist passiert, wenn Dieter Barthel keinen Unfall hatte? Hat er sich nach Tschechien abgesetzt? Die Grenze ist nah. Aber warum sollte er das tun? Weil ihm alles zuviel geworden ist? Die Firma, die Sorge um seinen Sohn? „Nein", sagen alle, die ihn kennen. Dieter ist keiner, der davonläuft.

Seine Frau schläft seither keine Nacht ruhig. Immer wieder schreckt sie auf. Sie glaubt dann, daß jemand an der Tür ist. Daß sie Dieters Stimme hört. Aber immer ist es nur ein Traum gewesen. Die Ausstrahlung in *Bitte melde Dich* hat keine Hinweise gebracht. Das ist selten. Fast immer rufen Zuschauer an, die einen Vermißten gesehen oder gar mit ihm gesprochen haben wollen. Nicht so bei Dieter Barthel. Aber was heißt das? Daß Dieter etwas zugestoßen ist? Daß er sich abgesetzt hat und irgendwo anders lebt, weit weg von zu Hause, von Brunn und Vogelsgrün? Seine Frau weiß es nicht. Seit fast drei Jahren weiß sie nicht mehr, was sie glauben soll.

Der kleinen Schuhfabrik geht es schlecht. Christel Barthel kann nur noch eine Arbeiterin beschäftigen. Die beiden schaffen dreißig Paar Schuhe pro Tag. Höchstens. Der Großhandel nimmt nichts mehr ab, Christel muß jeden Tag auf einen anderen Markt in der Umgebung, um ihre Ware selber anzubieten. Doch die Leute kaufen Schuhe lieber in den glitzernden Kaufhäusern, die seit der Wende überall entstanden sind. Für Handarbeit wollen sie kein Geld mehr ausgeben. Auch wenn Christel Barthel kaum weiß, wie sie über die Runden kommen soll: Sie will durchhalten, will das Geschäft ihres Mannes nicht aufgeben. Wenn er nach Hause kommt, soll Dieter wieder in der Firma arbeiten können, die er von seinem Vater übernommen hat. Wenn er nach Hause kommt, kann die Kripo Plauen die „Akte Barthel" endlich schließen. Dann kann Christel Barthel wieder ruhig schlafen, zum ersten Mal seit Jahren. Wenn Dieter nach Hause kommt.

„Ich träum' oft von Jochen dann seh' ich ihn vor mir, und er sagt: ‚Ich komm' doch wieder.'" Seit vielen Jahren hat Lore Gerstenberger diesen Traum. Fast jede Woche. Und sie ist traurig, wenn sie aufwacht, denn Jochen ist nicht da. Schon tausendmal hat sie diese Sätze wiederholt, die mit „hätte" anfangen: „Hätte ich den Jungen doch bloß nicht in Urlaub fahren lassen." „Hätte ich mich doch nicht von Jochen überreden lassen ..." Die Mutter hat ihren Sohn vor 21 Jahren zuletzt gesehen. Damals trugen die jungen Leute Plateausohlen und Hosen mit Schlag. Heute sieht Lore Gerstenberger manchmal einem Jungen hinterher, weil er Röhrenjeans mit weitem Schlag trägt, Rollkragenpullover und schlaksig ist wie Jochen. Dann lächelt Lore Gestenberger über sich selbst, denn es ist nicht ihr Sohn, der plötzlich wieder da ist. Es ist nur die Mode.

Die Geschichte von Jochen Gerstenberger

1975: Jochen ist gerade 16, und er ist verliebt. Zum ersten Mal. Und natürlich unsterblich. Marion heißt seine Herzensdame. Zum ersten Mal in seinem Leben hat Jochen das Gefühl, daß etwas anderes wichtiger ist als die Fußball-Bundesliga. Am liebsten würde er den ganzen Tag mit Marion verbringen. Aber alles andere hinzuschmeißen, dafür ist er nicht der Typ: Er geht aufs Gymnasium, will in drei Jahren sein Abitur machen, vielleicht Sport studieren. Und als Spielführer will er seinem Fußballclub treu bleiben, das ist klar. Der ASV Aichwald ist genauso wichtig wie Marion. Fast.

Marion macht mit ihrer Tante im Sommer '75 Ferien am Lago Maggiore in Italien. Und als sie Jochen vorschlägt, sie für ein paar Tage dort zu besuchen, ist er gleich Feuer und Flamme. Er hatte sowieso keine Lust, mit seinen Eltern und den beiden kleinen Schwestern in Urlaub zu fahren. Im Bayerischen Wald Pilze suchen oder sich in der Lüneburger Heide Blasen laufen – das ist was für alte Leute. Aber Italien! Riesengroße Eistüten, Pizza mit drei Schichten Schinken: Jochen läuft das Wasser im Mund zusammen, wenn er nur daran denkt. Weil er aber auf seinen

Führerschein noch zwei Jahre warten muß, braucht er einen Chauffeur Richtung Süden. Da fällt ihm Gotthilf ein, der Cousin seiner Mutter. Der ist schon 23, und mit ihm versteht er sich super. Das tollste: Gotthilf hat ein schickes Fiat Coupé, in rot. Jochen fragt ihn, und Gotthilf schlägt ein. Der Italien-Urlaub ist gebongt. Jochens Mutter kauft Proviant und gibt den Jungs einen selbstgebackenen Kuchen für die Reise mit. Marmorkuchen, den ißt Jochen am liebsten. Am Samstag morgen geht's los.

Gotthilf ist heute 44, er erinnert sich an jedes Detail dieser Reise, so als sei es gestern gewesen. „Wir waren richtig euphorisch", sagt er. Wenn er an diesen 26. Juli zurückdenkt, tut das oft weh. Dann fällt ihm wieder ein, welche Lieder im Autoradio liefen, als sie über den Brenner fuhren: „Fox on the Run" von Sweet und „Deine Spuren im Sand" von Howard Carpendale. Gotthilf weiß noch, wie Jochen auf seiner Mundharmonika gespielt hat, weil er so glücklich war. „Diese Melodien", sagt Gotthilf, „werde ich niemals vergessen".

Am späten Nachmittag, die Sonne steht schon tief, kommen die beiden am Lago Maggiore an. Jochen ist ganz aufgeregt: Irgendwo hier muß das Ferienhaus von Marion und ihrer Tante stehen. Er hat sich die Adresse aufgeschrieben, das Haus soll direkt am See stehen, aber irgendwie klingen die Straßennamen alle gleich. Gotthilf ist nach der langen Fahrerei ziemlich am Ende, Jochen drängelt so lange, bis er nachgibt: „Okay, erst suchen wir Marion, dann den Campingplatz. Muß Liebe schön sein." Ein blauer Schal unterm Fenster, das ist das Zeichen, so ist es mit Marion ausgemacht. Gotthilf schleicht mit dem Fiat am Ufer entlang, Jochen späht in die Dämmerung – und da ist es! Marions Haus! Jetzt kann der Urlaub richtig losgehen.

Bis zum Campingplatz sind es bloß noch zwei Kilometer. „Campagna" heißt er, und er liegt direkt am See. Ein Traum. Neun Tage soll der Urlaub dauern – neun Tage Sonne, Dolce vita und Beine baumeln lassen. Als er sein Zelt aufbaut, denkt Jochen an den Bayerischen Wald und an seinen Vater im karierten Hemd mit Wanderstab. Er denkt an Butterstullen und Thermoskannen mit lauwarmem Pfefferminztee. Er grinst. Dann macht er ein Foto von seinem Zelt und kriecht in seinen Schlafsack.

Sonntag. Ganz früh fahren Jochen und Gotthilf zu Marion. Zusammen gehen die drei baden und faulenzen in der Sonne. Jochen ist ganz aufgedreht. Er ist sich jetzt schon sicher: Das wird der tollste Urlaub, den er jemals hatte. Acht lange Tage hat er noch vor sich! Immerhin. Aber acht

Tage sind schnell vorbei, denkt Jochen. Acht Tage, das sind – 192 Stunden. Eigentlich könnt' ich's hier länger aushalten. Ein paar Wochen, mindestens. Vielleicht sogar ein ganzes Leben. Gotthilf schnarcht schon, aber Jochen liegt noch lange wach in dieser Nacht. Er kann vor lauter Glück nicht einschlafen.

Montag. Jochen braucht Gotthilf gar nicht zu fragen, was er heute vorhat. Sonnenbaden und schwimmen, klar. Und am Abend in den Ort, nach Cannobio. Dort soll ein Fußballturnier sein. Die Mannschaft vom Campingplatz gegen Clubs aus dem Ort. Mit dem ASV Aichwald können die Jungs nicht mithalten, da ist Jochen sicher. Aber als Spielführer muß man ja mal gucken, was die Konkurrenz so zusammenkickt. Der Tag ist heiß und wolkenlos, der Speiseplan simpel: Gotthilf verläßt seine Luftmatratze auf dem See nur, um mit Jochen Pizza essen zu gehen. Und Eis. „Due gelati, per favore", „zwei Eis bitte" – so viel haben die beiden inzwischen gelernt.

Es wird Abend. Gotthilf sieht aus, als sei er in einen Eimer Tomatensoße gefallen – Sonnenbrand! Bei jedem Schritt scheint sich der Campingplatz einmal um die eigene Achse zu drehen. Er will nur noch eins: ab ins Zelt, rein in den Schlafsack, Reißverschluß zu. Jochen ist sauer. Er hatte sich so darauf gefreut, zusammen mit Gotthilf rüber in den Ort zu gehen, zum Fußball. Die Jungs vom Campingplatz anfeuern! Aber Gotthilf ist fertig mit der Welt. Ganz verquollen sieht er aus, und schlecht ist ihm auch. Zuviel Sonne, zuviel Pizza, zuviel Eis. Um sieben Uhr abends zieht Jochen seine Badehose aus und macht sich schick für den Ort: braunes T-Shirt, Jeans, Turnschuhe. Um acht soll das Spiel losgehen. „Es ist doch nur ein Kilometer zu laufen", sagt Jochen zu Gotthilf. „Los, versuch's doch und komm mit." Gotthilf will jetzt endlich in Ruhe gelassen werden, ihm ist speiübel. „Vielleicht morgen", sagt Gotthilf. Morgen sei aber kein Fußballspiel, sagt Jochen. Und überhaupt: „Du bist ja 'ne echt lasche Wurzel!" Gotthilf weiß nicht, warum er sich genau diesen Spruch bis heute gemerkt hat. „Du bist ja 'ne echt lasche Wurzel!" Wenn er daran denkt, hört er jedesmal Jochens Stimme . Und jedesmal beginnt auch er einen Satz zu formulieren, der mit „hätte" anfängt. „Hätte ich doch bloß damals keinen Sonnenbrand bekommen . . ."

Jochen steckt seine Papiere in die Tasche. Im Ausland, denkt er, ist es besser, wenn man seine Ausweise immer dabei hat. Man weiß ja nie. Und dann tut er etwas, was Gotthilf nicht versteht: Er nimmt 150 DM mit, seine ganze Reisekasse! 150 DM. Für einen Abend am Fußballplatz.

Gotthilf kriecht ins Zelt. Er ist froh, daß er endlich seine Ruhe hat. Er sieht noch, wie Jochen ein paar Minuten mit einem Ball vor dem Zelt herumkickt und schließlich aufbricht. Es ist halb acht am Abend des 28. Juli 1975.

Kurz vor Mitternacht. Es ist schwül. Gotthilf schläft schlecht, jede Bewegung tut ihm weh. Er fühlt sich fiebrig. Jochen ist noch nicht zurück. Gotthilf hört Stimmen: Es sind die Fußballer vom Campingplatz, die aus dem Ort zurückkommen. Sie setzen sich irgendwo ans Lagerfeuer und reden und lachen. „Da wird der Jochen dabeisein", denkt Gotthilf und macht die Augen wieder zu. Er fällt in tiefen Schlaf. Stunden vergehen. Das Lagerfeuer draußen ist heruntergebrannt. Als Gotthilf aufwacht, hört er noch immer Stimmen, doch es sind weniger geworden – ein paar Fußballer können nicht schlafen. Er lauscht dem Gemurmel. Er versucht zu verstehen. Die Jungs erzählen von Flanken und Pässen und wie sie's den anderen vorhin gezeigt haben. Jochens Stimme ist nicht dabei.

Gotthilf schält sich aus dem Schlafsack. Draußen wird es schon hell. Er geht zu den Jungen am Lagerfeuer und fragt sie nach Jochen. Den hätten sie den ganzen Abend nicht gesehen. Nein, sie wüßten nicht mal, ob er sich das Spiel überhaupt angeschaut hat. Die Jungen stochern im Feuer. Sie lachen, wenn sie an das Spiel vom letzten Abend denken. Einer erzählt nochmal die Geschichte von dem verschossenen Elfmeter . . . Gotthilf bekommt es mit der Angst. Aber er fängt sich gleich wieder: „Jochen ist 16", sagt er sich, „der wird schon wissen, was er tut." Wahrscheinlich wird er nach dem Spiel zu Marion gegangen sein. Ja, so wird er's gemacht haben. Naja, ich werd' den Eltern jedenfalls nichts verraten. Gotthilf grinst, dann geht er duschen. Er kann jetzt sowieso nicht mehr schlafen.

Dienstag mittag. Jochen ist jetzt seit 17 Stunden weg. Gotthilf ist den ganzen Vormittag am Strand herumgelaufen. Nicht, daß er Jochen richtig gesucht hätte. Aber er schaut sich um. Vielleicht trifft er ihn ja irgendwo. Um 13 Uhr steigt er in seinen Fiat und fährt zu Marion. Vielleicht laden ihn die beiden Turteltäubchen ja zum Mittagessen ein? Er klingelt, Marion öffnet die Tür. Sie lacht: „Zum Mittagessen seid ihr zu spät!"

Gotthilf erzählt Marion, daß Jochen seit gestern abend nicht mehr auf dem Campingplatz erschienen ist. Bei ihr sei er auch nicht gewesen, sagt

Marion. Gotthilf rät ihr, das Haus nicht zu verlassen – für den Fall, daß Jochen auftaucht. Er selbst fährt zurück zum Campingplatz. Dort will er warten, bis Jochen zurückkommt. Denn irgendwann *muß* er ja zurückkommen. Klar, er *wird* zurückkommen. Wahrscheinlich hat Jochen irgendwo im Ort einen über den Durst getrunken, und weil er nichts gewohnt ist, muß er seinen Rausch erst ausschlafen. Vermutlich liegt er irgendwo am Hafen in einem Boot und pennt. „Und ich mach' mir hier Sorgen."

Der Tag vergeht, Jochen taucht nicht auf. Gotthilf vergißt seinen Sonnenbrand, er hat jetzt andere Sorgen. Jochens Mutter hatte ihm noch gesagt: „Paß auf den Jungen auf." Gotthilfs Herz schlägt bis zum Hals. Irgendwas muß passieren. Er geht zur Polizei. „Due gelati, per favore", damit kann er hier wenig ausrichten. Er muß erklären, daß ein Jochen Gerstenberger, Sohn seiner Cousine, aus Aichwald bei Esslingen, gestern abend zum Fußballspiel nach Cannobio ... Die Beamten schütteln den Kopf. Sie verstehen nicht. Es dauert lange, bis Gotthilf ihnen erklärt hat, was los ist. Und daß er Angst hat. Die Polizisten winken ab, es sei doch ganz normal, daß ein junger Mann mal ein paar Stunden unauffindbar sei. Noch dazu im Urlaub. Jochen habe eine Freundin? Na, dann sei doch sowieso alles klar. Nein, nein, sagen die Beamten, kein Grund zur Sorge. Der junge Mann werde schon wieder auftauchen. Vielleicht mit ein bißchen Lippenstift auf der Wange. Sie zwinkern sich zu. „Arrivederci!"

Na ja, denkt Gotthilf, vermutlich haben sie recht. Ich mach' mir einfach zu viele Gedanken. Wenn er sich schon nicht bei Marion meldet – vielleicht hat er ja wirklich ein nettes italienisches Mädchen kennengelernt? Gotthilf weiß nicht mehr, was er denken soll. Eine Minute ist er in Panik, in der nächsten beruhigt er sich wieder. Er ist mit den Nerven am Ende. Aber den schwersten Gang hat Gotthilf noch vor sich: Er muß Jochens Eltern anrufen. Nein, heute abend will er ihnen noch keine Sorgen machen. Morgen früh wird er anrufen. Morgen früh. Vielleicht hat sich die Sache ja dann schon erledigt, vielleicht ist Jochen bis dahin zurück. Vielleicht.

Mittwochmorgen, Jochen ist seit 39 Stunden weg. Als Gotthilf die Nummer der Gerstenbergers wählt, bricht ihm der Schweiß aus. Wie sagt man einer Mutter, daß ihr Sohn in Italien verschwunden ist? Spurlos. Einfach so. Gotthilf wählt die lange Nummer bis nach Deutschland, es tutet im Hörer, in wenigen Sekunden wird sich Jochens Mutter melden. Gotthilf hat Glück: Jochens Tante ist am Telefon, nicht die Mutter. Das macht es leichter, ein bißchen. Lore Gerstenberger ist gerade im Garten beim Himbeerenpflücken, als sie von ihrer Schwägerin ins Haus gerufen wird: „Anruf aus Italien. Irgendwas mit Jochen . . .“

Jochens Vater zögert nicht: Er reißt ein paar Fotos von Jochen aus den Alben, dann steigt er in seinen hellblauen Käfer und holt Jochens Onkel ab. Die beiden wollen nach Italien fahren. Sofort. Sie wollen Jochen suchen. Noch heute. Es ist eine schreckliche Fahrt. Die Männer malen sich aus, was alles passiert sein könnte – dann machen sie sich wieder Mut: Jochen ist so ein vernünftiger Junge, sagen sie. Und er will doch sein Abitur machen!

Am Abend kommen sie am Lago Maggiore an. Der See liegt schon im Dunkeln. Sie sind erschöpft von der langen Fahrt, todmüde. Aber sie können jetzt nicht schlafen. Zusammen mit Gotthilf gehen sie zur Polizei. Die Beamten kennen Gotthilf schon. Als sie ihn sehen, zucken sie mit den Schultern. Die drei Männer wissen nicht, was sie tun sollen. Da spricht sie ein Mann an – er sei Pastor aus Holland, sagt er. Und: er könne italienisch! Er redet eine Weile auf die Beamten ein – bis die endlich ein Blatt Papier in die Schreibmaschine spannen. „Il nome?“ – „Jochen Gerstenberger“ – „La data di nascita?“ – „18. Februar ’59“ – „Disparato da?“ Gotthilf muß schlucken. Verschwunden seit? Jochen ist jetzt ein Vermißtenfall. Jochens Vater sucht in jedem Winkel von Cannobio, in jeder Gasse. Er fährt alle Campingplätze am Lago Maggiore ab, er fragt in Krankenhäusern, in dreihundert Hotels und Tavernen, bis nach Mailand kommt er. Überall zeigt er Jochens Bild, überall schütteln die Leute den Kopf . . .

21 Jahre ist das jetzt her. 21 Jahre voller Angst – und voller Hoffnung. „Der Schmerz ist immer da“, sagt Lore Gerstenberger. Jochens Vater ist vor ein paar Jahren gestorben. Die Mutter hat alle Sachen von Jochen aufbewahrt: seinen Fußball, seine Mundharmonika. Die Mundharmonika, die er gespielt hat auf der Fahrt zum Lago Maggiore. Auf einer Reise, von der er nicht zurückkam, bis heute nicht. Weil er an jenem Abend im Juli ’75 beschlossen hat, auszusteigen? Hat er deshalb sein ganzes Geld mitgenommen – 150 DM? Niemand aus der Familie hat jemals wieder etwas von ihm gehört. Auch seine Freundin Marion nicht. Kein Anruf, kein Brief. Nichts.

Jochens Mutter und seine beiden Schwestern haben in all den Jahren nicht aufgehört daran zu glauben, daß Jochen lebt. Sie schreiben am 21.

Aichwald, 21.02.95

Sehr geehrte Damen und Herren,

seit einiger Zeit verfolgen wir Ihre Sendung mit großem Interesse und
möchten uns nun auch an Sie wenden.

Wie Sie aus den begefügten Unterlagen ersehen können, handelt es sich
um das Verschwinden unseres Sohnes und Bruders seit 1975.
Leider ist mein Mann und unser Vater 1991 verstorben. Doch Sie können
sehen, was wir damals alles unternommen haben, um Jochen zu finden.
Wir glauben, daß Jochen lebt!!

Selbst eine Wahrsagerin hatten wir damals um
Hilfe gebeten. Sie hat uns immer sehr große Hoffnungen gemacht, daß
Jochen noch lebt. Da sie nie Geld dafür wollte, hatten wir so daran
geglaubt. Leider.lebt diese Frau auch nicht mehr.

Durch die Erfolge Ihrer Sendung bitten wir Sie nun ganz herzlich, sich
unseres Anliegens anzunehmen. Sicher können Sie verstehen, wie überaus
wichtig es für uns ist, Jochen zu finden. Wir sehen darin die letzte
Möglichkeit.

Bitte helfen Sie uns !!!

Lore Gerstenberger
Lore Gerstenberger (Mutter)

Petra Gerstenberger
Petra Gerstenberger (Schwester)

S. Söll

Susanne Söll (Schwester)

194

Februar 1995 an *Bitte melde Dich*. Die Sendereihe kann man in ganz Europa empfangen, das wissen sie. Und vielleicht gibt es ja irgend jemanden, der weiß, was damals passiert ist am Lago Maggiore. Irgendwer, der sagen kann: Ja, ich habe Jochen gesehen. Ich habe mit ihm gesprochen. 15. Mai 1995, der Film für Jochen wird ausgestrahlt. Aber in der Telefonzentrale im Studio ruft an diesem Abend niemand an, der einen Hinweis zum Fall Gerstenberger gibt. Niemand. Wenn Jochen Gerstenberger noch lebt, dann ist er heute 37 Jahre alt. „Er hat mich nie enttäuscht", sagt seine Mutter. „Ich gebe die Hoffnung nicht auf, daß er eines Tages zurückkommt. Niemals!"

Service: Beratung und Hilfe

Bitte melde Dich läuft seit 1992 in SAT. 1. Immer montags, immer live. Als die Sendereihe gestartet wurde, haben manche den Kopf geschüttelt und gesagt: „Warum macht ihr gleich eine ganze Sendereihe? So viele Vermißtenfälle kann es doch in Deutschland gar nicht geben." Falsch! Rund 800 Briefe erreichen die Redaktion jede Woche, und viele Briefe fangen so an: „Ich habe schon oft *Bitte melde Dich* gesehen und war immer erschüttert über die Not der Angehörigen. Im Traum hätte ich nicht gedacht, daß mir so etwas auch einmal passieren kann. Bitte helfen sie mir, mein Mann ist seit 6 Wochen spurlos verschwunden . . ."

Die Ratlosigkeit der Angehörigen, die einen Menschen vermissen, ist immer groß. Warum ist der Ehemann, die Tochter, die Mutter wie vom Erdboden verschluckt? Manche Menschen, die vermißt werden, haben es nicht mehr geschafft, ihr Leben zu bewältigen. Sie haben sich in den Selbstmord geflüchtet. In anderen, seltenen Fällen, ist der Vermißte nicht freiwillig von zu Hause fortgeblieben, sondern wurde Opfer eines Verbrechens. Manche gehen auf und davon, weil sie vor Lieblosigkeit in der Familie zu erfrieren drohen.

Die Redaktion führt mit allen Familien, die sich mit einem ernsthaften Anliegen an *Bitte melde Dich* wenden, ausführliche Gespräche. Fast immer wird der Vermißte als ein Mensch geschildert, der sehr still, sehr zurückhaltend ist. Jemand, der über seine Probleme nicht offen reden kann. Und oftmals sind es große Probleme, die Menschen dazu bringen, ihren gewohnten Lebensraum plötzlich zu verlassen.

Gründe zu verzweifeln gibt es viele. Oft ist es dann nur eine Kleinigkeit, die das Faß zum Überlaufen bringt. Und dann scheint es nur noch eine Lösung zu geben: Abhauen!

Manche Menschen machen einen genauen Plan für ihren Abgang. Wie Gabi, die in der Woche vor ihrem Verschwinden Geld abhob und ihr Kind von der Schule abmeldete. Oder Klaus, der Anweisungen für die Pflege seiner Haustiere gab. Manche wiegen ihre Angehörigen noch in falsche Sicherheit: Andreas zum Beispiel, der Stunden vor seinem Verschwinden bei seiner Mutter zu Mittag aß – wie immer. Oder Sandra, die ihrem Mann sagte, daß sie nur schnell bei ihrem Vater vorbeifahren will. Der Ehemann wußte nicht, daß die gepackten Koffer schon im Auto waren. Die meisten aber haben unmittelbar vor ihrem Verschwinden ein

„schwarzes Loch". Der Kopf ist leer, das Handeln mechanisch und willenlos: Wie bei Marc, der eine Reifenpanne auf der A 3 hatte. Der Wagenheber lag noch auf der Standspur, als die Polizei das Fahrzeug fand. Marc war spurlos verschwunden. 8 Wochen später tauchte er wieder auf. Er war per Anhalter zum Düsseldorfer Flughafen gefahren und hatte sich in ein Flugzeug nach Amerika gesetzt.

Der häufigste Grund für das Verschwinden von Menschen sind Schulden. Spielschulden, Schulden, die sich durch Arbeitslosigkeit angesammelt haben. Schulden, die entstanden sind, weil ein „Kredithai" die neue Schlafzimmereinrichtung finanziert hat und die Zinsen immer mehr statt weniger wurden. Andere Gründe sind Einsamkeitsgefühle, Überforderung, Probleme in der Ehe, Alkoholmißbrauch, Drogen. Die wenigsten wissen, daß es wirklich gute Hilfsangebote gibt: Beratungsstellen, Selbsthilfegruppen, Gesprächskreise, Therapiezentren, Schutzhäuser.

Selbstverständlich hat jeder erwachsene Mensch das Recht, dahin zu gehen und dort zu bleiben, wo es ihm gefällt. Die wenigsten allerdings, die einfach abhauen, machen sich Gedanken über die Sorgen und die Verzweiflung ihrer Angehörigen.

Die folgenden Seiten sollen praktische Hilfe sein für Menschen, die in einer Krise stecken. Mehr als 100 Adressen und Telefonnummern stehen zur Auswahl für diejenigen, die einen Rat oder ein gutes Gespräch brauchen. Dies ist natürlich nur ein Bruchteil der Angebote, die es in Deutschland gibt. Mit Sicherheit aber ein Leitfaden für jeden, der sich aufmachen will, seine Probleme zu lösen.

Die Redaktion hat in jedem Bundesland eine große Stadt herausgegriffen und sich bemüht, eine Auswahl des dortigen Angebots an Beratungsstellen aufzulisten. Es empfiehlt sich, die Stadt auszuwählen, die dem eigenen Heimatort am nächsten liegt und über die dortigen Beratungsstellen Angebote in der unmittelbaren Umgebung zu erfragen. Bei allen Beratungsstellen, die in diesem Buch verzeichnet sind, kann jeder, unabhängig von Alter oder Nationalität, um Hilfe bitten. In aller Regel sind die Beratungen kostenlos. Alle Telefonnummern, Öffnungszeiten und Adressen sind auf dem neuesten Stand. Sollte sich dennoch die eine oder andere Angabe zwischenzeitlich einmal geändert haben, bittet die Redaktion um Nachsicht.

Örtliche Anlaufstellen

Berlin

Frauenzufluchtswohnung Wedding
Berlin, Tel.: 030/4565938, Mo–Fr 9–15 Uhr
In diesem Frauenhaus des Diakonischen Werkes können acht Frauen mit ihren Kindern bis zu einem halben Jahr wohnen.

Anti-Kummer e.V. (AKEV)
Ackerstr. 13, 10115 Berlin, Tel.: 030/2823894, werktags 10–19 Uhr
Träger: Kinder – und Jugendnotdienst e.V.
Angebot: Telefonische Sofortberatung, Beratung für Kinder und Jugendliche, Elternberatung, Gruppenarbeit, Krisenintervention, Kleiderstube

Familien- und Schuldnerberatungsstelle Ost
Märkisches Ufer 28, 10179 Berlin, Tel.: 030/2792783, werktags 8–16 Uhr
Träger: Deutscher Familienverband e.V., Landesverband Berlin
Angebot: Schuldnerberatung, Familienberatung, Beratung alleinerziehender Mütter und Väter, Sozialberatung

NEUhland Beratungsstelle und Krisenunterkunft für selbstmordgefährdete Kinder, Jugendliche und deren Eltern
Richard-Sorge-Str. 73, 10249 Berlin Tel.: 030/8730111, werktags 9–17 Uhr
Angebot: Telefonische Sofortberatung, Familien- und Lebensberatung, Jugendberatung, Krisenintervention, Beratung für Kinder und Jugendliche

Jugendnotdienst
Tschaikowskistr. 13, 13156 Berlin, Tel.: 030/483393235, täglich, auch am Wochenende rund um die Uhr
Träger: Senatsverwaltung für Jugend und Familie
Angebot: Jugendberatung, Telefonische Sofortberatung, Krisenintervention, Elternberatung, Mädchennotdienst, Unterbringung für Jugendliche, „Mutter und Kind"-Wohnungen

Psychologische Beratungsstelle für Kinder, Jugendliche und Eltern

Pfalzburger Str. 18, 10719 Berlin, Tel.: 030/86009433
Träger: Caritasverband
Angebot: Telefonische Sofortberatung, Beratung alleinerziehender Mütter und Väter, Erziehungsberatung, Familienberatung, Jugendberatung

Familien- und Schuldnerberatung Weißensee/Hohenschönhausen

Trarbacherstr. 3, 13088 Berlin, Tel.: 030/4001075, werktags 9–15 Uhr
Träger: Julateg e.V.
Angebot: Telefonische Sofortberatung, Beratung alleinerziehender Mütter und Väter, Lebensberatung, Hilfe und Beratung für Frauen

Psychosozialer Krisendienst

Träger: Senatsverwaltung für Gesundheit
Angebot: Telefonische Krisenberatung für jeden und alle Problemfälle – auch anonym oder im sofortigen persönlichen Gespräch. In Berlin gibt es sechs Stadtteildienste, der nächste Gesprächspartner ist also nie weit weg.
Lichtenberg/Friedrichsfelde: Tel.: 030/4226460, täglich, auch am Wochenende 18–24 Uhr
Marzahn/Hellersdorf: Tel.: 030/9309090, Fr, Sa, So, Mo 17–24 Uhr
Pankow/Prenzlauer Berg/Weissensee: Tel.: 030/4825696, täglich, auch am Wochenende 18–24 Uhr
Mitte/Schöneberg: Tel.: 030/7818585, Mo–Do 18–24 Fr, Sa, So 22–8 Uhr
Wedding/Moabit: Tel.: 030/4553030, täglich, auch am Wochenende 18–24 Uhr
Charlottenburg/Wilmersdorf: Tel.: 030/3222020, Mo–Do 18–24 Uhr, Fr, Sa, So 15–24 Uhr

Bremen

Frauenhaus

Tel.: 0421/349573, täglich, auch am Wochenende rund um die Uhr
Träger: Arbeiterwohlfahrt
Angebot: Frauenberatung und ein Haus mit 46 Übernachtungsplätzen

Psychosoziale Beratungs- und Behandlungsstelle für Suchtkranke und Drogenabhängige

Kolpingstr. 3, 28195 Bremen, Tel.: 0421/335730, Mo–Do 8.30–17.30, Fr 8.30–15 Uhr
Träger: Caritasverband
Angebot: Partnerberatung, Suchtberatung, Vermittlung von Selbsthilfegruppen, Telefonische Sofortberatung

Beratungsstelle für Kinder, Jugendliche und Eltern

In ganz Bremen gibt es sieben städtische Beratungsstellen, darunter die Auf dem Hohen Ufer 62A, 28759 Bremen, Tel.: 0421/6597381, werktags 9–16 Uhr
Träger: Stadtgemeinde Bremen
Angebot: Familienberatung, Erziehungsberatung, Jugendberatung, Beratung alleinerziehender Mütter und Väter, Telefonische Sofortberatung, Vermittlung von Selbsthilfegruppen, Gruppenarbeit, Krisenintervention

Dienstleistungszentren der Arbeiterwohlfahrt

Gröpelingen: Gröpelinger Heerstr. 248, 28239 Bremen, Tel.: 0421/6914266
Walle: Reuterstr. 23, 28217 Bremen, Tel.: 0421/3902122
Findorff: Magdeburgerstr. 17, 28215 Bremen, Tel.: 0421/377890
Neustadt: Lahnstr. 65, 28199 Bremen, Tel.: 0421/504242
Hemelingen: Hermann-Osterloh-Str. 117, 28307 Bremen, Tel.: 0421/488098
Osterholz: St. Gotthard-Str. 17, 28325 Bremen, Tel.: 0421/405858
Vahr: Berliner Freiheit 9c, 28327 Bremen, Tel.: 0421/4680326
Die Zentren sind geöffnet Mo–Fr 9–13 Uhr sowie Mi bis 16 Uhr, außer Walle (Di bis 16 Uhr) und Findorff (Do bis 16 Uhr)
Angebot: Sozialberatung für ältere Menschen, Beratung für Angehörige pflegebedürftiger Menschen, Nachbarschaftshilfe, Zivi-Vermittlung, Begegnungsstätten, Rechtsberatung

Cottbus

Sozialpädagogische Familienhilfe

Max-Grünebaum-Str. 2, 03042 Cottbus, Tel.: 0355/724051, werktags 9–16 Uhr
Träger: Märkisches Sozial- und Bildungswerk e.V.
Angebot: Familienberatung, Sozialberatung, Erziehungsberatung

Psychologische Beratungsstelle des Kinder- und Jugendärztlichen Dienstes

Am Turm 25a, 03046 Cottbus, Tel.: 0355/22805, Mo–Do 9–17 Uhr, Fr 9–13 Uhr
Angebot: Beratung für Kinder und Jugendliche, Beratung alleinerziehender Mütter und Väter, Familienberatung

Psychologische Beratungsstelle, Suchtberatung und Kriseninterventionszentrum

Wernerstr. 21 und Sachsenhauser Str. 22, 03046 Cottbus, Tel.: 0335/791588, täglich, auch am Wochenende 8–22 Uhr
Träger: Stadtverwaltung Cotttbus
Angebot: Ehe-, Familien- und Lebensberatung, Gruppenarbeit, Krisenintervention, Partnerberatung, Sexualberatung, Sozialberatung, Telefonische Sofortberatung.
Suchtberatung unter Tel.: 0335/22719 (tgl. 8–22 Uhr)
Beratung für psychisch Kranke unter Tel.: 0355/24470 (tgl. 8–22 Uhr)

Stadtmission Cottbus e.V. Sozialdiakonischer Dienst

Bahnhofstr. 52, 03046 Cottbus, Tel.: 0355/793033, werktags 8.30–12 Uhr und 13.30–17 Uhr
Angebot: Telefonische Sofortberatung, Beratung alleinerziehender Mütter und Väter, Beratung für Ausländer, Ehe-, Familien- und Lebensberatung, Gruppenarbeit, Krisenintervention, Beratung für Kinder und Jugendliche, Beratung für psychisch Kranke, Schuldnerberatung, Sozialberatung

Dresden

Frauenschutzhaus Dresden e.V.

Postfach 210130, 01261 Dresden, Tel.: 0351/2817788, täglich, auch am Wochenende rund um die Uhr
Angebot: Telefonische Sofortberatung, Hilfe und Beratung für Frauen, und ein Haus mit 30–35 Plätzen für Frauen und deren Kinder.

Telefon des Vertrauens

Tel.: 0351/8041616, täglich, auch am Wochenende von 17–23 Uhr
Träger: Stadt Dresden
Angebot: Telefonische Sofortberatung bei allen Problemen

Evangelische Ehe-, Lebens-, Erziehungs- und Schwangerenberatung

Kreuzstr. 7, 01067 Dresden, Tel.: 0351/4923366
Träger: Stadtmission Dresden
Angebot: Ehe-, Familien- und Lebensberatung, Erziehungsberatung, Jugendberatung, Partnerberatung, Schwangerenberatung, Schwangerschaftskonfliktberatung nach § 218, Sexualberatung

Beratungszentrum „GUTER RAT"

Königsbrücker Straße 6a, 01099 Dresden, Tel.: 0351/8044594, werktags 9–16 Uhr
Träger: Demokratischer Frauenbund e.V.
Angebot: Ehe-, Familien- und Lebensberatung, Familienplanungsberatung, Hilfe und Beratung für Frauen, Gruppenarbeit, Beratung für Kinder und Jugendliche, Partnerberatung, Beratung für psychisch Kranke, Schwangerenberatung, Sozialberatung, Suchtberatung

Kinder- und Jugendnotdienst Dresden

Rudolf-Bergander-Ring 43, 01219 Dresden, Tel.: 0351/2754004 oder Tel.: 0351/2753663, täglich, auch am Wochenende rund um die Uhr
Träger: Jugendamt Dresden
Angebot: Krisenintervention, Telefonische Sofortberatung, Beratung für Kinder und Jugendliche, Lehrer- und Elternberatung

Erfurt

Frauenhaus Erfurt

Postfach 30, 99001 Erfurt, Tel.: 0361/7462145, Mo–Do 8–17 Uhr, Fr 8–15 Uhr
Träger: Magistrat Erfurt
Angebot: Beratung alleinerziehender Mütter, Hilfe und Beratung für Frauen und Unterkunft für 35 Frauen und deren Kinder

Frauen- und Familienberatungszentrum Erfurt e.V.

Fischmarkt 10, 99084 Erfurt, Tel.: 0361/5626228, werktags und jeden 1. Samstag im Monat 8–17 Uhr
Angebot: Kinderbetreuung, Beratung alleinerziehender Mütter und Väter, Beratung für Ausländer, Familien- und Lebensberatung, Hilfe und Beratung für Frauen, Schuldnerberatung, Vermittlung von Selbsthilfegruppen, Sozialberatung

Erziehungs-, Ehe-, Familien- und Lebensberatung

Mainzerhofstr. 11, 99084 Erfurt, Tel.: 0361/6422716, Mo und Mi-Fr 9–13 Uhr, Di 13–19 Uhr
Träger: Caritasverband Erfurt
Angebot: Ehe-, Familien- und Lebensberatung, Erziehungsberatung, Gruppenarbeit, Krisenintervention, Partnerberatung, Sexualberatung, Beratung für Kinder und Jugendliche

Arbeiterwohlfahrt Erfurt

Josef-Rieß-Str.15, 99086 Erfurt, Tel.: 0361/6439093, werktags 7–17 Uhr
Angebot: Ehe-, Familien- und Lebensberatung, Erziehungsberatung, Hilfe und Beratung für Frauen, Gruppenarbeit, Jugendberatung, Krisenintervention, Partnerberatung, Beratung für psychisch Kranke, Sozialberatung

Kinder und Jugendliche in Not – Sorgentelefon

Holzheienstr. 9b, 99084 Erfurt, Tel.: 0361/5624688, werktags 8–16 Uhr
Träger: Verein Kinder und Jugendliche in Not e.V. Thüringen
Angebot: Beratung für Kinder und Jugendliche, Sexualberatung. Telefonische Sofortberatung unter Tel.: 0361/11103 (kostenfrei) täglich, auch am Wochenende rund um die Uhr

Erziehungs- und Familienberatungsstelle

Schillerstr. 33, 99096 Erfurth, Tel.: 0361/5623607,
Mo und Mi 7.30–16 Uhr, Di und Do 7.30–18 Uhr, Fr 7.30–14 Uhr
Träger: Magistrat Erfurt
Angebot: Beratung alleinerziehender Mütter und Väter, Ehe- und Familienberatung, Sozialberatung, Gruppenarbeit, Krisenintervention, Jugendberatung, Partnerberatung, Vermittlung von Selbsthilfegruppen

Frankfurt

Frauenhaus

Postfach 700306, 60553 Frankfurt, Tel.: 069/6312614, rund um die Uhr
Angebot: Beratung alleinerziehender Mütter, Frauenberatung, 32 Unterkunftsplätze.

Mädchenhaus

Hinter den Ulmen 19, 60433 Frankfurt, Tel: 069/519171 und 069/531070, werktags 10–12 Uhr und 14–16 Uhr

Träger: Feministische Mädchenarbeit e.V.

Angebot: Beratung für Mädchen, insbesondere nach sexuellem Mißbrauch, Therapie, offener Treff, Berufsberatung, Lebensberatung, Zufluchtshaus für sieben Mädchen

Jugend- und Drogenberatung

Musikantenweg 39, 60316 Frankfurt, Tel.: 069/4950999, Mo–Do 9–17, Fr 9–16 Uhr

Träger: Jugendberatung und Jugendhilfe e.V.

Angebot: Telefonische Sofortberatung, Krisenintervention, Suchtberatung – insbesondere Designerdrogen, Jugendberatung, Aidsberatung, Schuldnerberatung, Sozialberatung, Selbsthilfegruppen – Vermittlung

Pro Familia e.V.

Auf der Körnerwiese 5, 60322 Frankfurt, Tel.: 069/599286, Mo–Fr 9–12 Uhr, Mo–Do 14–17 Uhr

Angebot: Ehe-, Familien- und Lebensberatung, Jugendberatung, Beratung alleinerziehender Mütter und Väter, Frauenberatung, Sexualberatung, Partnerberatung, Familienplanungsberatung, Schwangerenberatung, Schwangerschaftskonfliktberatung nach §218, Telefonische Sofortberatung, Sozialberatung, Vermittlung von Selbsthilfegruppen, Krisenintervention, Beratung für Ausländerinnen (insbesondere Türkinnen)

Arbeitskreis Partnerschaftskrise, Trennung, Scheidung e.V.

Eschersheimer Landstr. 531, 60431 Frankfurt, Tel.: 069/519573, Di und Do 10–13 Uhr

Angebot: Beratung bei Trennung und Scheidung, außergerichtliche Hilfestellung (Mediation), Ehe-, Familien- und Lebensberatung, Telefonische Sofortberatung, Gruppenarbeit, Krisenintervention

Psychosoziale Beratungsstelle

Oberschelder Weg 23, 60439 Frankfurt, Tel.: 069/575000, Mo–Fr 8–16.30 Uhr

Träger: Sozialwerk Main-Taunus e.V.

Angebot: Beratung für psychisch Kranke, Telefonische Sofortberatung, Sozialberatung, Vermittlung von Selbsthilfegruppen, Gruppenarbeit, Krisenintervention

Kinder-Jugend-Elternberatung der Stadt Frankfurt
Sachsenhausen: Metzlerstr. 34, 60594 Frankfurt, Tel: 069/21235126
Höchst: Kurmainzerstr.1, 60929 Frankfurt, Tel.: 069/31065459
Goldstein: Straßburger Str. 31, 60529 Frankfurt, Tel.: 069/21232960
Gallus: Kostheimer Str. 11, 60326 Frankfurt, Tel.: 069/21235993
Bornheim: Böttgerstr. 22, 60389 Frankfurt, Tel.: 069/21234980
Stadtmitte: Kurt-Schumacher-Str. 41, 60311 Frankfurt,
Tel.: 069/21234758
Alle sind erreichbar Mo–Do 8.30–15 Uhr, Fr 8.30–13.30 Uhr
Träger: Stadt Frankfurt
Angebot: Ehe-, Familien- und Lebensberatung, auch Beratung bei Trennung und Scheidung, Partnerberatung, Erziehungsberatung, Jugendberatung, Beratung alleinerziehender Mütter und Väter, Telefonische Sofortberatung, Beratung bei schulischen Problemen, Krisenintervention, Beratung für Ausländer

Hamburg

Frauenhaus des Diakonischen Werkes
Tel.: 040/245934, rund um die Uhr

Jugendhilfe e.V.
Pinneberger Weg 22–24, 20257 Hamburg, Tel.: 040/85312035 oder -37, werktags 9–13 Uhr
Angebot: Suchtberatung, Jugendberatung, Erziehungsberatung, Aidsberatung, Telefonische Sofortberatung, Sozialberatung, Beratung für Ausländer

Kindersorgentelefon – Beratungsstelle für Kinder und Jugendliche
Tel.: 040/437373, Mo–Fr 15–19 Uhr
Angebot: Telefonische Sofortberatung, Beratung für Kinder und Jugendliche, Elternberatung

KODROBS- Bergedorfer Suchtberatung
Lohbrügger Landstr. 6, 21031 Hamburg, Tel.: 040/7216038 oder -39, Mo, Di, Do, Fr 10–19 Uhr, So 11–19 Uhr
Angebot: Suchtberatung, Aidsberatung, Telefonische Sofortberatung, Vermittlung von Selbsthilfegruppen, Gruppenarbeit

SOS-Treffpunkt und Beratung

Elsässer Str. 27a, 22049 Hamburg, Tel.: 040/684558, werktags 9–15 Uhr
Träger: SOS-Kinderdorf München e.V.
Angebot: Ehe-, Familien- und Lebensberatung, Jugendberatung, Beratung alleinerziehender Mütter und Väter, Frauenberatung, Telefonische Sofortberatung, Sozialberatung, Vermittlung von Selbsthilfegruppen, Gruppenarbeit, Krisenintervention

Alkohol- und Suchtberatung für junge Leute

Winterhuder Weg 11 (2. Stock), 22085 Hamburg, Tel.: 040/29882472, werktags 8–16 Uhr
Träger: Jugendamt Hamburg
Angebot: Lebensberatung, Beratung für Kinder und Jugendliche, Jugendberatung, Sexualberatung, Partnerberatung, Suchtberatung, Sozialberatung, Gruppenarbeit, Krisenintervention, Telefonische Sofortberatung

Vertrauensstelle für Ehe-, Partnerschafts- und Trennungsberatung

Winterhuder Weg 31, 22085 Hamburg, Tel.: 040/29843453, Mo–Fr 9–13 Uhr, Mo–Do 14–16 Uhr
Träger: Stadt Hamburg
Angebot: Eheberatung, Sexualberatung, Partnerberatung, Gruppenarbeit, Scheidungsberatung

Hannover

Frauenschutzhaus

Postfach 6162, 30020 Hannover, Tel.: 0511/698646, rund um die Uhr
Träger: Verein zum Schutz mißhandelter Frauen und Kinder e.V.
Angebot: Frauenberatung, Beratung alleinerziehender Mütter, 33 Übernachtungsplätze

Jugend-, Familien- und Erziehungsberatungsstelle

Am Marstall 2, 30159 Hannover, Tel.: 0511/1686522, werktags 8.30–18 Uhr
Träger: Stadt Hannover
Angebot: Familienberatung vor allem bei Trennung, Erziehungsberatung, Jugendberatung, Gruppenarbeit

Beratungsstelle für Betroffene von körperlicher und seelischer Gewalt

Marienstraße 63, 30171 Hannover, Tel.: 0511/323262, werktags 9–17 Uhr

Träger: Verein zum Schutz mißhandelter Frauen und Kinder e.V.

Angebot: Frauenberatung, Partnerberatung, Telefonische Sofortberatung, Sozialberatung

Fachambulanz für Alkohol- und Medikamentenabhängige

Marienstraße 3, 30171 Hannover, Tel.: 0511/325101, werktags 9–18 Uhr

Träger: GmbH für paritätische Sozialarbeit.

Angebot: Suchtberatung, ambulante Therapie, Gruppenarbeit, Beratung für Angehörige, Telefonische Sofortberatung, Sprechstunden ohne Voranmeldung Mo, Do 16–18 Uhr, Mi 9–10.30 Uhr

Jugend- und Elternberatung

Plathnerstr. 51, 30175 Hannover, Tel.: 0511/853502, werktags 8.30–16 Uhr

Träger: Caritasverband Hannover e.V.

Angebot: Familienberatung, Erziehungsberatung, Jugendberatung, Beratung alleinerziehender Mütter und Väter, Krisenintervention, Telefonische Sofortberatung

Kiel

Beratungs- und Behandlungsstelle für Suchtkranke

Wall 38, 24103 Kiel, Tel.: 0431/974370, Mo–Do 7.30–15.30 Uhr, Fr 7.30–14 Uhr

Träger: Evangelische Stadtmission e.V.

Angebot: Frauenberatung, Suchtberatung, Telefonische Sofortberatung, Obdachlosenhilfe, Vermittlung von Selbsthilfegruppen

Jugendberatung EXE

Knooper Weg 29, 24103 Kiel, Tel.: 0431/970703, Mo, Di, Mi 14–16 Uhr, Fr 10–12 Uhr

Träger: Stadt Kiel

Angebot: Jugendberatung, Lebensberatung, Sozialberatung

Beratungsstelle für Ehe-, Familien- und Lebensfragen

Adolfstr. 31, 24105 Kiel, Tel.: 0431/562606, werktags 8–12.30 Uhr und 14–17 Uhr
Träger: Erzbistum Hamburg
Angebot: Ehe-, Familien- und Lebensberatung

Köln

Frauenhaus

Tel.: 02203/81091, rund um die Uhr
Träger: Frauen helfen Frauen e.V.

Katholische Beratungsstelle für Ehe-, Familien- und Lebensfragen e.V.

Steinweg 12, 50667 Köln, Tel.: 0221/2582271 oder -72, werktags 9–12 Uhr und 15–17.30 Uhr
Träger: Gesamtverband der katholischen Kirchen in Köln
Angebot: Ehe-, Familien- und Lebensberatung, Beratung von alleinerziehenden Müttern und Vätern, Partnerberatung, Gruppenarbeit, Krisenintervention, Beratung bei Sektenfragen

Rat und Tat e.V., Hilfsgemeinschaft für Angehörige von psychisch Kranken

Kempenerstr. 135, 50733 Köln, Tel.: 0221/7390734, Mo, Mi 13–16 Uhr, Di, Do 10.30–12.30 Uhr
Angebot: Telefonische Sofortberatung, Vermittlung von Selbsthilfegruppen, Gruppenarbeit, Einzelberatung

Telefon-Notruf für Suchtgefährdete

Tel.: 0221/315555, täglich, auch am Wochenende rund um die Uhr
Träger: Phönix-Haus, Gesellschaft für Soziale Integration
Angebot: Suchtberatung per Telefon, Krisenintervention

Familienberatung der Stadt Köln

(Zentrale) Waisenhausgasse 53, 50676 Köln, Tel.: 0221/2215432, werktags 9–16 Uhr
Träger: Stadt Köln
Angebot: Familienberatung, Kinder- und Familientherapie, Erziehungsberatung und Jugendberatung in neun Stadtteilberatungsstellen

Beratungsstelle für Eltern, Jugendliche und Kinder
Rathausstr. 8, 51143 Köln, Tel.: 02203/55001, Mo–Do 8–12 Uhr,
13–17 Uhr, Fr 8–12 Uhr
Träger: Caritasverband Köln e.V.
Angebot: Erziehungsberatung

Magdeburg

Kinder- und Jugendnotdienst
Gerhart-Hauptmann-Str. 46a, 39108 Magdeburg, Tel.: 0391/7310114,
täglich, auch am Wochenende rund um die Uhr
Träger: Stadt Magdeburg
Angebot: Telefonische Sofortberatung, Erziehungsberatung, Jugend-
beratung, Kriseninterventíon, Übergangswohnung für acht Jugendliche

Der Weg e.V. Hilfe für psychisch Kranke und deren Angehörige
Georg-Singer-Str. 32, 39128 Magdeburg, Tel.: 2529228, Mo–Do
10–18 Uhr, Fr 10–16 Uhr
Angebot: Telefonische Sofortberatung, Beratung für psychisch Kranke,
Gruppenarbeit, Krisenintervention, Lebensberatung, Sozialberatung

Psychologische Erziehungs- und Familienberatungsstelle
Jean-Burger-Str. 14, 39112 Magdeburg, Tel.: 0391/42115,
Mo 7.30–17 Uhr, Di 7.30–18 Uhr, Mi und Do 7.30–16 Uhr,
Fr 7.30–12 Uhr
Träger: Magistrat Magdeburg
Angebot: Ehe-, Familien- und Lebensberatung, Erziehungsberatung,
Beratung alleinerziehender Mütter und Väter, Gruppenarbeit, Krisen-
intervention, Jugendberatung

Mainz

Beratungsstelle für Kinder, Jugendliche und Eltern
Kaiserstr. 37, 55116 Mainz, Tel.: 06131/611242, werktags 8–12 Uhr
Träger: Evangelische Dekanate Ingelheim-Mainz-Oppenheim
Angebot: Erziehungsberatung, Hausbesuche

Jugend- und Drogenberatungsstelle BRÜCKE

Münsterstr. 31, 55116 Mainz, Tel.: 06131/234577, Mo, Mi, Do 10–16 Uhr, Di 14–18 Uhr, Fr 10–14 Uhr
Träger: Stadt Mainz
Angebot: Ehe-, Familien- und Lebensberatung, Jugendberatung, Sexualberatung, Aidsberatung, Beratung für psychisch Kranke, Suchtberatung, Telefonische Sofortberatung, Sozialberatung, Vermittlung von Selbsthilfegruppen, Gruppenarbeit, Krisenintervention

Sozialberatungsstelle der Caritas

Grebenstr. 9, 55116 Mainz, Tel.: 06131/28460, Mo–Fr 9–12 Uhr, 13.30–16 Uhr
Angebot: Kinder- und Jugendberatung, Ehe-, Familien- und Lebensberatung, Beratung von alleinerziehenden Müttern und Vätern, Frauenberatung, Schwangerschaftskonfliktberatung nach § 218, Telefonische Sofortberatung, Gruppenarbeit, Krisenintervention, Schuldner-, Arbeitslosen-, Erziehungsberatung, Sozialdienst für ausländische Bürger

Telefonseelsorge – Beratungsstelle

Schusterstr. 54, 55116 Mainz, Tel.: 06131/220511, täglich außer Sonntag 10–12 Uhr, Mo–Fr 15–19 Uhr
auch in: 65193 Wiesbaden, Platterstr. 5–7, Tel.: 0611/598715, Di 9–17 Uhr, Do 9–12 Uhr, Fr 10–15 Uhr
Träger: Evangelische und Katholische Kirche
Angebot: Sofortige telefonische und persönliche Beratung bei allen Problemen, auch anonym

Beratung und Behandlung von Suchtkranken und deren Angehörigen

Backmuhlstr. 10, 55120 Mainz, Tel.: 06131/686863, werktags 8–17 Uhr
Träger: Caritasverband Mainz
Angebot: Suchtberatung, Familienberatung, Vermittlung von Selbsthilfegruppen, Gruppenarbeit, Partnerberatung

Trauerwege; Beratung und Begleitung von Menschen in Verlust- und Krisensituationen

Greiffenklaustr. 15, 55116 Mainz, Tel.: 06131/231100, Mo, Mi 10–12 Uhr und Mi 18–19 Uhr
Träger: Deutscher Paritätischer Wohlfahrtsverband
Angebot: Einzelberatung, Gruppenarbeit, Vermittlung von Selbsthilfegruppen, Seminare

München

Frauenhaus
Tel.: 089/645169, täglich, auch am Wochenende rund um die Uhr
Träger: Frauen helfen Frauen e.V.
Angebot: Telefonische Sofortberatung, Frauenberatung, Beratung für
mißhandelte Frauen, Unterkunft für max. 18 Frauen und deren Kinder

Münchner Insel
U-Bahnhof Marienplatz im Sperrengeschoß, Mo–Mi und Fr 9–18 Uhr,
Do 11–18 Uhr
Träger: Evangelisch-lutherisches Dekanat München und Erzbischöfli-
ches Ordinariat München
Angebot: Lebensberatung, Krisenintervention, sofortige Beratung für
jeden

Drogenberatungsstelle der Stadt München
Pestalozzistr. 2, 80469 München, Tel.: 089/23322844, werktags 10–15
Uhr
Angebot: Suchtberatung, Beratung für Angehörige von Suchtkranken,
Vermittlung von Selbsthilfegruppen, Gruppenarbeit, Telefonische So-
fortberatung, auch anonym

Jugendinformationszentrum
Paul-Heyse-Str. 22, 80336 München, Tel.: 089/51410660, Mo–Fr 9–18
Uhr, Do bis 20 Uhr
Träger: Kreisjugendring und die Stadt München
Angebot: Beratung für Kinder und Jugendliche, Anlaufstelle für Ausrei-
ßer, Telefonische Sofortberatung

TuSch – Trennung und Scheidung
Grimmstr. 1, 80336 München, Tel.: 089/774041, Mo–Fr 10.30–12.30
Uhr, Mi 14.30–16.30 Uhr
Träger: Frauen für Frauen e.V.
Angebot: Frauenberatung in Trennungs- und Scheidungssituationen,
Sozialberatung, Krisenintervention, Rechtsberatung, Telefonische So-
fortberatung

Familien-Notruf München e.V.
Pestalozzistr. 46, 80469 München, Tel.: 089/269194, Mo, Di, Mi, Fr
9–12 Uhr, Mo–Do 15–17 Uhr

Angebot: Beratung bei Ehekrisen, Trennung und Scheidung, Beratung alleinerziehender Mütter und Väter, außergerichtliche Hilfestellung (Mediation)

STÜPS – Stützpunkt und Beratung für Jugendliche
Schäufeleinstr. 18, 80687 München, Tel.: 089/576798, Mo–Do 13–17 Uhr
Träger: schule-beruf-resozialisierung e.V.
Angebot: Schulbegleitende Sozialarbeit, Gruppenarbeit, Berufsberatung, Beratung für arbeitslose Jugendliche

Die Arche – Selbstmordverhütung und Hilfe in Lebenskrisen e.V.
Viktoriastr. 9, 80803 München, Tel.: 089/334041, werktags 8.30–17.30 Uhr, Fax: 089/395354
Angebot: Krisenintervention, Beratung bei Selbstmordgefährdung, Beratung von Angehörigen Selbstmordgefährdeter, Telefonische Sofortberatung, Gruppenarbeit, Ehe-, Familien- und Lebensberatung, Jugendberatung, Beratung für psychisch Kranke

IETE – Intakte Elternschaft trotz Trennung/Scheidung e.V.
Germersheimerstr. 26, 81541 München, Tel.: 089/496411, Mo, Mi, Fr 9–12 Uhr, Mo, Do 17–19 Uhr
Angebot: Beratung in Scheidungs- und Trennungsituationen und in Familienkrisen, Krisenintervention, Telefonische Sofortberatung, Partnerberatung

Saarbrücken

Frauenhaus
Tel.: 0681/991800, täglich, auch am Wochenende rund um die Uhr
Träger: Arbeiterwohlfahrt
Angebot: 40 Plätze insgesamt für Frauen und deren Kinder

Beratung und Hilfe in Lebensfragen
Seilerstr. 6, 66111 Saarbrücken, Tel.: 0681/936520, täglich, auch am Wochenende 7.30–18 Uhr
Träger: SOS Kinderdorf e.V. München
Angebote: Jugendberatung, Sozialberatung

Sozialberatungsstelle

Dragonerstr. 7–9, 66117 Saarbrücken, Tel.: 0681/5860534, werktags
9–15 Uhr
Träger: Caritasverband
Angebot: Telefonische Sofortberatung und Krisenintervention bei allen
Problemen, Vermittlung von Selbsthilfegruppen
Außerdem: Ein Notübernachtungshaus für Männer und Frauen, Telefon 0681/47622, täglich, auch am Wochenende rund um die Uhr

Psychosoziale Beratungsstelle für junge Menschen

Saargemünderstr. 76, 66119 Saarbrücken, Tel.: 0681/985410, Mo–Fr
10–12 Uhr, 14–16 Uhr
Träger: Aktionsgemeinschaft Drogenberatung e.V.
Angebot: Suchtberatung, Jugendberatung, Telefonische Sofortberatung, Beratung für psychisch Kranke, Gruppenarbeit für Suchtkranke
und deren Angehörige, ambulante Therapie, Krisenintervention

Evangelische Beratungsstelle für Erziehungs-, Ehe- und Lebensberatung

Heinestr. 11, 66121 Saarbrücken, Tel.: 0681/65722 oder 65743,
Mo–Do 8–13 Uhr, 14–17 Uhr, Fr 8–12 Uhr
Träger: Diakonisches Werk an der Saar
Angebot: Ehe-, Familien- und Lebensberatung, Erziehungsberatung,
Jugendberatung, Beratung von alleinerziehenden Müttern und Vätern,
Frauenberatung, Sexualberatung, Partnerberatung, Telefonische Sofortberatung, Vermittlung von Selbsthilfegruppen, Gruppenarbeit,
Krisenintervention, Schwangerschaftskonfliktberatung nach § 218, Familienplanungsberatung

Schwerin

Evangelische Beratungsstelle für Ehe-, Lebens-, Familien- und Schwangerschaftsberatung

Friedrichstaße 1, 19055 Schwerin, Tel.: 0385/5507500, Di 9–18 Mi–Fr
8–13 Uhr, sonst nach Vereinbarung
Träger: Diakonisches Werk
Angebot: Krisenintervention, Ehe-, Familien- und Lebensberatung,
Erziehungsberatung, Partnerberatung, Schwangerschaftskonfliktberatung nach §218, Sexualberatung

Allgemeine Sozialberatungsstelle
Klosterstr. 24, 19053 Schwerin, Tel.: 0385/591690, werktags 8–16.30 Uhr
Träger: Caritasverband
Angebot: Sozialberatung, Behindertenarbeit, Schwangerenberatung, Beratung für Ausländer, Erziehungsberatung.

eigenständig-feminin-aktiv (efa)
Anne-Frank-Straße 31, 19061 Schwerin, Tel.: 0385/321070, werktags 10.30–19 Uhr
Träger: Rotes Kreuz
Angebot: Sexualberatung, Beratung bei sexuellem Mißbrauch, Beratung von alleinerziehenden Müttern, Frauenberatung, Sozialberatung

Der Anker, Psychosoziales Zentrum
Rogahnerstr. 2, 19061 Schwerin, Tel.: 0385/614032, werktags 8–16 Uhr
Träger: Initiativgruppe Sozialarbeit e.V.
Angebot: Beratung für psychisch Kranke, Tagesstätte, betreutes Wohnen

Stuttgart

Sorgentelefon für Kinder und Jugendliche
Tel.: 0711/2368888, Mo–Fr 15–19 Uhr
Träger: Deutscher Kinderschutzbund e.V.
Angebot: Telefonische Sofortberatung bei allen Problemen und Sorgen von Kindern und Jugendlichen

Städtisches Frauenhaus
Postfach 106034, 70049 Stuttgart, Tel.: 0711/6491085, Beratung Mo–Do 9–17 Uhr, Frauenberatung 9–16 Uhr und Notdienst unter derselben Nummer rund um die Uhr
Träger: Stadt Stuttgart
Angebot: Beratung alleinerziehender Mütter, Frauenberatung, Unterkunft für 32 Frauen und Kinder

Jugend- und Drogenberatungsstelle
Holzstr. 17, 70173 Stuttgart, Tel.: 0711/2162513,

Mo, Di, Do, Fr 9–12 Uhr, Mo, Di, Mi, Do 13–18 Uhr, Fr 13–16.30 Uhr
Träger: Stadt Stuttgart
Angebot: Erziehungsberatung, Jugendberatung, Sexualberatung, Partnerberatung, Suchtberatung, Telefonische Sofortberatung, Gruppenarbeit, Krisenintervention

Notfalldienst in Stuttgart
Tel.: 0711/2054381, Fr 18 Uhr – Mo 6 Uhr (rund um die Uhr)
Träger: Evangelische Gesellschaft e.V.
Angebot: Telefonische Sofortberatung, Beratung für psychisch Kranke, Krisenintervention, Übernachtungsplätze für Notfälle, in schwerwiegenden Fällen auch Hausbesuche

Psychologische Beratungsstelle für Ehe-, Familien- und Lebensfragen
Hospitalstr. 26, 70174 Stuttgart, Tel.: 0711/2262055, Mo–Fr 8–12 Uhr, 13–17 Uhr
Träger: Katholische Diözese Rottenburg-Stuttgart
Angebot: Krisenintervention, Ehe-, Familien- und Lebensberatung, Gruppenarbeit, Beratung für psychisch Kranke, Beratung für Selbstmordgefährdete, Hausbesuche. Die Beratungsstelle ist gekoppelt mit der Telefonseelsorge Stuttgart (Tel.: 0711/11101), Soforthilfe ist deshalb auch vielfach noch spät abends möglich

Beratungsstelle für ältere Menschen
Reinsburgstr. 46–48, 70178 Stuttgart, Tel.: 0711/621721, werktags 9–12 Uhr
Träger: Wohlfahrtswerk für Baden-Württemberg
Angebot: Psychosozialberatung, Rechtsberatung, besonders für depressive Senioren und deren Angehörige

Beratungsstelle für Ehe-, Familien- und Lebensfragen
Esslinger Str. 14, 70182 Stuttgart, Tel.: 0711/233267, werktags 9–12.30 Uhr, 14–17 Uhr
Träger: Freie Beratungsstelle Stuttgart e.V.
Angebot: Partnerberatung, Ehe-, Familien- und Lebensberatung, Sexualberatung, Beratung von Alkoholabhängigen, Rechtsberatung

215

Bundesweite Telefondienste

Neben den örtlichen Anlaufstellen gibt es zwei bundesweite Telefondienste, die schnell und unbürokratisch helfen.

Kinder- und Jugendtelefon

Tel.: 01308/11103, werktags von 15–19 Uhr (kostenfreie Sondernummer)

Ein Servicetelefon des Deutschen Kinderschutzbundes. Hier können Kinder und Jugendliche über ihre Probleme sprechen, auch anonym: schlechte Noten in der Schule, Streit mit den Lehrern oder Eltern, Liebeskummer, finanzielle Sorgen oder Einsamkeit. Am anderen Ende sitzt immer ein geschulter Mitarbeiter, der erst einmal zuhört und dann mit dem Anrufer das Problem bespricht, ohne dabei irgendwelche Lösungen „aufstülpen" zu wollen.

Telefonseelsorge

Tel.: 11101 oder 11102 (in den meisten Großstädten), täglich, auch am Wochenende rund um die Uhr

Ein Service der großen Kirchen in Deutschland. Hier bekommen die Anrufer sofort Hilfe, wenn sie einen Menschen brauchen, mit dem sie einfach reden wollen. Die rund 6000 Mitarbeiter dieses Servicetelefons sind verschwiegene Gesprächspartner. Jeder Anruf wird ernstgenommen, auch wenn er anonym ist. Zuhören und Ermutigen steht bei diesem Angebot im Vordergrund. Hier bekommt man auch Auskunft über die richtigen Fachleute in der Nähe. Ein Tip für Anrufer aus kleineren Ortschaften: Wählen Sie die Vorwahl der nächstgrößeren Stadt und dann die 11101 oder 11102.

Bundesweite Anlaufstellen

In Deutschland gibt es eine große Anzahl von Einrichtungen, die für jedes Problem den richtigen Ansprechpartner nennen können. Es empfiehlt sich, die zentrale Geschäftsstelle dieser Einrichtungen anzurufen. Dort kann in aller Regel nicht mit langen Telefonaten geholfen werden, aber mit der Vermittlung von Anlaufstellen in der Nähe des Anrufers. Sollten Sie sich entscheiden, eine solche Dachorganisation um Hilfe zu bitten, nennen Sie Ihren Wohnort und versuchen Sie Ihr Problem möglichst genau zu beschreiben. Man wird Ihnen dann eine Stelle nennen, die sich speziell mit Ihrem Problem ganz in Ihrer Nähe befassen kann.

Anonyme Alkoholiker (AA)
Postfach 460227, 80910 München, Tel.: 089/3164343, werktags 8–16 Uhr
In Deutschland gibt es über 2300 AA-Selbsthilfegruppen. In der Münchner Geschäftsstelle bekommt man die Kontakttelefonnummern von AA-Gruppen aus der Stadt, in der man lebt. Außerdem kann man hier Informationsmaterial beziehen: die Monatszeitschrift „AA-Informationen" für 3,50 DM pro Heft oder für 25,00 DM das Standardwerk „Anonyme Alkoholiker". In akuten Notfällen wird Anrufern unter der Rufnummer 19295 täglich, auch am Wochenende zwischen 19–22 Uhr geholfen. Diese Nummer funktioniert mit der jeweiligen Vorwahl in 40 großen Städten.

Anonyme Spieler e.V.
Eilbeker Weg 20, 22089 Hamburg, Tel.: 040/20990–09 oder -19, Mo–Fr 19–21 Uhr
Spielsüchtig – das hat nichts mit Lotto zu tun. Es geht nicht ums große Geld, sondern um eine Sucht, die genauso funktioniert wie Alkohol oder Drogen. Spielsucht hat viele Gesichter: Computer, Karten, Wetten, einarmige Banditen oder Casinos. An die 100.000 Spielsüchtige gibt es in Deutschland, die Dunkelziffer ist hoch. Für sie gibt es Hilfe bei etwa 100 Selbsthilfegruppen im ganzen Bundesgebiet. Deren Kontakttelefonnummern kann jeder bei der Hamburger Adresse erfragen – anonym natürlich. Dort gibt es auch Hilfe für die Angehörigen von Spielsüchtigen. Ebenfalls bei der Hamburger Adresse erhältlich: Für 20,00 DM das Buch zum Thema, 212 Seiten stark.
Vorsicht! Oft ist es schwierig, abends telefonisch durchzukommen. Dann hilft nur eine Nachricht auf dem Anrufbeantworter, der tagsüber angeschaltet ist, oder eine Postkarte.

Arbeiterwohlfahrt
Oppelner Str. 130, 53119 Bonn, Tel.: 0228/66850, werktags 8–16 Uhr
Die Arbeiterwohlfahrt bietet Hilfe in wirklich allen Krisensituationen an. Der Verein will die Ratsuchenden erreichen, die nicht zu kirchlichen Organisationen gehen wollen. Bundesweit arbeiten 7500 Einrichtungen und Dienste der Arbeiterwohlfahrt. Was es wo gibt, kann in der Bonner Zentrale erfragt werden.

Arbeitslosenverband Deutschland e.V.
Pettenkoferstr. 32, 10247 Berlin, Tel.: 030/4222053, werktags 9–17 Uhr

Der Verein hilft denen, die durch die Arbeitslosigkeit in eine Krise geraten sind. Es gibt 190 Zentren und 60 Schuldnerberatungsstellen des Verbandes, die zur Zeit allerdings noch ausschließlich auf dem Gebiet der ehemaligen DDR tätig sind. Angeboten werden: psychologische Betreuung, Erfahrungsaustausch in Selbsthilfegruppen und juristische Beratung. In Ausnahmen werden Ratsuchende sogar auf dem komplizierten Weg durch die Ämter begleitet. Das Angebot vor Ort ist regional sehr unterschiedlich, die Berliner Bundesgeschäftsstelle hilft mit Adressen und Telefonnummern weiter.

Bundesarbeitsgemeinschaft „Hilfe für Behinderte" (BAGH)

Kirchfeldstr. 149, 40125 Düsseldorf, Tel.: 0211/310060, Mo–Do 8.30–12.30 Uhr und 13.30–15.30 Uhr, Fr 8.30–13 Uhr

Wenn ein Mitglied der Familie schwer krank wird, zieht das oft eine schwere Krise nach sich. Viele Familien, die in eine solche Situation geraten, sind ratlos. Die Bezeichnung „Hilfe für Behinderte" ist ein bißchen irreführend, denn hier kann tatsächlich zu jeder Krankheit und Behinderung Rat eingeholt werden. Die BAGH ist der Zusammenschluß von 68 bundesweiten Selbsthilfeorganisationen. Jede einzelne kümmert sich um eine ganz bestimmte Krankheit.

Bei der BAGH kann man erfragen, an welche Selbsthilfeorganisation man sich in seinem speziellen Fall wenden kann. Dort gibt es auch Informationsbroschüren zu jeder Krankheit, Adressen und Tips für Bücher, die weiterhelfen.

Bundeskonferenz für Erziehungsberatung e.V.

Amalienstr. 6, 90763 Fürth, Tel.: 0911/977140, Fax: 0911/745497, Mo–Do 8–17 Uhr, Fr 8–12 Uhr

Kinder versuchen oft auf Konflikte aufmerksam zu machen, indem ihr Verhalten für die Eltern ganz plötzlich undurchschaubar wird. Viele Familien werden mit solchen Situationen nicht alleine fertig. In den über 1100 Erziehungsberatungsstellen in Deutschland sitzen Fachleute, die sowohl den Kindern, als auch deren Erziehungsberechtigten helfen können. Bei der Bundeskonferenz für Erziehungsberatung bekommt man telefonisch Adressen von Beratungsstellen in der Nähe genannt. Der Anrufer kann angeben, ob er eine kirchliche, städtische oder private Beratungsstelle möchte.

Bundesverband Alzheimer Gesellschaft e.V.

Büchsenstr. 34–36, 70174 Stuttgart, Tel.: 0711/2268598, werktags 9–12 Uhr und 13.30–16.30 Uhr

In Deutschland gibt es eine Millionen Menschen, die an der Alzheimer-Krankheit leiden. Wenn die Diagnose gestellt ist, wissen die Angehörigen oft nicht, was auf sie zukommt. In den 40 Alzheimer-Gesellschaften Deutschlands finden sie Menschen, die genau diese Situation schon erlebt haben. Es gibt Beratungen und Angehörigenclubs, in denen Erfahrungen mit der Krankheit ausgetauscht werden, außerdem Vorträge und die Vermittlung von ehrenamtlichen Pflegehilfen. Die Adresse der nächstgelegenen Gesellschaft ist in der Stuttgarter Zentrale zu haben. Hier bekommen die Anrufer praktische Tips, Bücher, Broschüren und Videocassetten.

Bundesverband der Angehörigen psychisch Kranker e.V.
Thomas-Mann-Str. 49a, 53111 Bonn, Tel.: 0228/632646, werktags 9–16 Uhr
Die Angehörigen von psychisch Kranken sind oft überfordert, schämen sich, sind ratlos. Für sie gibt es Hilfe bei den 500 selbständigen Selbsthilfegruppen. In der Bonner Geschäftsstelle bekommen interessierte Anrufer in jedem Fall die Telefonnummer des zuständigen Landesverbandes. Und der wiederum gibt die Kontaktadresse der nächstgelegenen Gruppe weiter.

Bundesverband der Elternkreise drogengefährdeter und -abhängiger Jugendlicher e.V.
Köthener Straße 38, 10963 Berlin, Tel.: 030/2626089, werktags 9–15 Uhr
Hier sind seit neun Jahren die 170 Selbsthilfegruppen für Eltern von Drogenabhängigen in Deutschland organisiert. Wenn Eltern herausfinden: „Hilfe, mein Kind nimmt Drogen!", ist das ein Schock. In den Gruppen treffen sich Eltern, die das schon alles erlebt haben. Hier gibt es Antwort auf die Frage: „Wie kann ich meinem Kind helfen?" Die Berliner Verbandszentrale gibt interessierten Anrufern die Kontaktadresse des nächstgelegenen Elternkreises.

Deutsche AIDS-Hilfe e.V.
Dieffenbachstr. 33, 10967 Berlin, Tel.: 030/6900870, Mo 11–17 Uhr, Di-Fr 10–17 Uhr
Dieser Dachverband gibt Auskunft über Gesprächskreise und Selbsthilfegruppen in nahezu allen deutschen Städten. Die Deutsche AIDS-Hilfe e.V. verschickt auch Informationsmaterial zum Thema AIDS. Anders als beim AIDS-Beratungstelefon (siehe unten) sind hier jedoch keine Gesprächspartner anzutreffen, die in ausführlichen Telefonaten helfen können.

AIDS-Beratungstelefon
Tel.: 030/19411
Diese Berliner Rufnummer ist Tag und Nacht besetzt und bietet Rat
und Hilfe an. In 20 deutschen Großstädten kann man auch ohne Vorwahl und damit billiger gleich die Tel.:19411 wählen. Aber Achtung!
Dieser Service versteht sich nicht rund um die Uhr. Nähere Auskünfte
bekommt man über die oben genannte Berliner Nummer.

Deutscher Caritasverband e.V.
Karlstr. 40, Postfach 420, 79104 Freiburg, Tel.: 0761/2000, werktags
7–19 Uhr
Im Caritasverband sind alle sozialen Einrichtungen und Aktivitäten der
katholischen Kirche Deutschlands zusammengefaßt. An den Caritasverband kann sich jeder wenden – nicht nur Katholiken. Aber man muß
wissen, daß die Fachleute dort nach der katholischen Lehrmeinung beraten. Vor allem bei Erziehungs-, Ehe- und Schwangerschaftsberatung.
Ebenfalls im Angebot der Caritas: Schuldnerberatung, Beratung für
Sucht- und AIDS-Kranke und Berufsberatung. In der Freiburger Zentrale erhalten interessierte Anrufer Auskunft, wo in ihrer Nähe die passende Beratungsstelle liegt.

Deutscher Kinderschutzbund e.V.
Schiffgraben 29, 30159 Hannover, Tel.: 0511/304850, werktags 11–17
Uhr
Hier kann jeder anrufen, der um ein Kind in Sorge ist – sei es sein eigenes, oder eines in der Nachbarschaft. In der Bundesgeschäftsstelle gibt
es zwar keine Beratung, aber Auskunft, welche Filiale des Kinderschutzbundes die nächstgelegene ist. Das Angebot des Kinderschutzbundes
reicht von Hausaufgabenhilfe, Spielgruppen bis hin zum schnellen Ein-
greifen, wenn Kinder vernachlässigt, geschlagen oder sexuell miß-
braucht werden.

Deutsches Rotes Kreuz
Friedrich-Ebert-Allee 71, 53113 Bonn, Tel.: 0228/5411, werktags
7.30–17 Uhr
Die älteste private Hilfsorganisation der Welt hat von allen großen sozialen Einrichtungen in Deutschland das engste Netz von Anlaufstellen.
Die meisten denken beim Roten Kreuz an Rettungs- und Sanitätsdienst,
aber es wird auch soziale Beratung geleistet: bei Schwangerschaftskri-
sen, Erziehungsproblemen, bei finanziellen Problemen. Die Bonner
Zentrale nennt interessierten Anrufern die Adresse des zuständigen

Kreisverbandes oder – wenn möglich – gleich die passende Beratungsstelle vor Ort.

Das Diakonische Werk

Stafflenbergstr. 76, 70184 Stuttgart, Tel.: 0711/21590, werktags 7–18 Uhr

Hier sind alle sozialen Dienste der Evangelischen Kirchen in Deutschland zusammengefaßt. Richtlinie der Diakonie ist es: „Wir schicken keinen heim". Wer in ein örtliches Beratungszentrum kommt, wird gleich beraten. Auch für Menschen ohne Obdach wird gesorgt. Das Beratungsangebot der Diakonie greift bei vielen Notsituationen. In der Stuttgarter Zentrale kann die nächstgelegene Beratungsstelle telefonisch abgefragt werden.

Informationstelefon zur Suchtvorbeugung

Tel.: 0221/892031, täglich, auch am Wochenende von 10–22 Uhr

Das Thema Sucht ist breit gefächert und geht von Drogen, Alkohol, Tabak über Schnüffelstoffe und Medikamente bis hin zu Eßstörungen und Spielsucht. Beim Informationstelefon sind alle Beratungsstellen in Deutschland gespeichert, die in diesen Fällen helfen können: von Selbsthilfegruppen bis hin zu den meisten großen Wohlfahrtsverbänden. Jeder interessierte Anrufer kann diese außergewöhnlich umfassende Adressensammlung nutzen. Der Datensatz wird jährlich von der Deutschen Hauptstelle gegen Suchtgefahren (Postfach 1369, 59003 Hamm) aktualisiert.

Katholischer Verband für soziale Dienste in Deutschland e.V. (SKM)

Ulmenstr. 67, 40476 Düsseldorf, Tel.: 0211/941050, werktags 8–16 Uhr

Der SKM gehört zum Caritasverband. Sein Hauptarbeitsgebiet ist die Obdachlosenhilfe. Seine 115 Ortsgruppen leisten zur Not in Krisenfällen auch unbürokratisch Hilfe. Ein weiteres Arbeitsfeld des SKM ist die Unterstützung von Gefängnisinsassen und deren Wiedereingliederung in die Gesellschaft. Als einer der wenigen sozialen Verbände beschäftigt sich der SKM mit Jugendlichen, die in kriminelle Kreise geraten sind. Beim Problemfall „Hilfe, mein Kind ist straffällig geworden" bietet der SKM Hilfe für die Eltern an. In der Düsseldorfer Zentrale gibt es Auskunft über die nächstgelegene SKM-Stelle.

Malteser-Telefon

Tel.: 0221/341011, werktags 8–18 Uhr

Hier kann man einfach anrufen und reden, auch anonym. Egal wie alt man ist, egal, welches Problem man hat. Das Telefon wird von einer Sozialarbeiterin und zwei Zivildienstleistenden betreut. Die Mitarbeiter verfügen über eine Datenbank, die 78.000 Adressen enthält. Nach Alphabet, Stichworten und Postleitzahlen geordnet finden sich hier kirchliche, weltliche, freie und private Organisationen, die bei fast allen Problemen weiterhelfen können. Falls die Mitarbeiter nicht gleich fündig werden, rufen sie zurück.

Nationale Kontakt- und Informationsstelle zur Anregung und Unterstützung von Selbsthilfegruppen (NAKOS)

Albrecht-Achilles-Str. 65, 10709 Berlin, Tel.: 030/8914019, Di-Fr 10–15 Uhr

Oft hilft es, wenn man in einer Krisensituation einfach mit Menschen reden kann, die das gleiche Problem haben. Aus diesem Grund sind viele Selbsthilfegruppen entstanden. Bei der NAKOS kann man erfragen, ob eine Selbsthilfegruppe zum persönlichen Problemfeld bereits besteht. Außerdem gibt es Hilfe und Informationsmaterial, wenn jemand selbst eine Gruppe gründen will.

Pro Familia

Stresemannallee 3, 60596 Frankfurt, Tel.: 069/639002, werktags 10–12 Uhr und 14–16 Uhr

Pro Familia ist ein Verein, der sich ausschließlich um Probleme mit Sexualität und Partnerschaft kümmert. Jeder wird beraten, Frauen und Männer, Mädchen und Jungen. Der Verein ist von den Kirchen unabhängig. Oberstes Ziel von Pro Familia ist die vernünftige Familienplanung. In Frankfurt kann die nächstgelegene Pro Familia-Filiale erfragt werden. Beratungstermine sind oft nicht kurzfristig zu bekommen, nur in ausgesprochenen Krisensituationen werden Ausnahmen gemacht.

Sozialdienst katholischer Frauen

Agnes-Neuhaus-Str. 5, 44135 Dortmund, Tel.: 0231/5570260, Mo–Do 8–12.30 Uhr und 13–16.30 Uhr, Fr 8–12.30 Uhr

Auch eine Organisation, die zum Caritasverband gehört, sich aber ausschließlich um Frauen in Not kümmert. Der Sozialdienst unterhält 35 Frauenhäuser und berät Frauen jeden Alters und jeder Konfession vor allem bei folgenden Problemen: „Ich habe Angst vor meinem Mann", „Ich schaffe es nicht mehr, mein Kind alleine großzuziehen", „Ich will ein Kind adoptieren". Aber auch bei Obdachlosigkeit oder sexuellem Mißbrauch wird Hilfe angeboten. Anruferinnen bekommen über die Dortmunder Zentrale die Adressen der Beratungsstellen in ihrer Nähe.

Verband alleinstehender Mütter und Väter (VAMV)
Von-Groote-Platz 20, 53173 Bonn, Tel.: 0228/352995, Mo–Do 8–16 Uhr, Fr 8–14.30 Uhr
Wenn Mütter oder Väter ihr Kind alleine erziehen müssen, wachsen ihnen oft die Probleme über den Kopf. Manchmal hilft es schon, wenn sie sich mit Menschen austauschen können, die in der gleichen Situation sind. VAMV bringt diese Menschen zusammen. Darüber hinaus leistet der Verband praktische Hilfe zum Beispiel bei Arbeits- und Wohnungssuche, bei Ämtergängen oder bei Unterhalts- und Scheidungsfragen. Die Kontaktadressen der Ortsgruppen können in der Bonner Zentrale erfragt werden. Wer sich in Gruppen nicht wohlfühlt, kann die Ratschläge auch schwarz auf weiß bekommen: Gegen eine Gebühr von drei Mark in Briefmarken gibt es das Taschenbuch „Alleinerziehend – Tips und Informationen" über die oben genannte Adresse.